U0498292

四川省2018年软科学计划项目

XINDONGNENG

CHENGZHANG ZHICHENG SICHUAN LÜSE ZHIZAO TIXI YANJIU

新动能成长支撑
四川绿色制造体系
研究

徐 彬 ○ 著

西南财经大学出版社
Southwestern University of Finance & Economics Press
中国·成都

图书在版编目(CIP)数据

新动能成长支撑四川绿色制造体系研究/ 徐彬著.—成都:西南财经大学出版社,2018.12

ISBN 978-7-5504-3853-8

Ⅰ.①新… Ⅱ.①徐… Ⅲ.①制造工业—工业发展—研究—四川

Ⅳ.①F426.4

中国版本图书馆 CIP 数据核字(2018)第 275689 号

新动能成长支撑四川绿色制造体系研究

徐彬　著

责任编辑:汪涌波
封面设计:何东琳设计工作室
责任印制:朱曼丽

出版发行	西南财经大学出版社(四川省成都市光华村街55号)
网　　址	http://www.bookcj.com
电子邮件	bookcj@ foxmail.com
邮政编码	610074
电　　话	028-87352211　87352368
照　　排	四川胜翔数码印务设计有限公司
印　　刷	成都金龙印务有限责任公司
成品尺寸	170mm×240mm
印　　张	13.75
字　　数	255 千字
版　　次	2018 年 12 月第 1 版
印　　次	2018 年 12 月第 1 次印刷
书　　号	ISBN 978-7-5504-3853-8
定　　价	88.00 元

1. 版权所有,翻印必究。

2. 如有印刷、装订等差错,可向本社营销部调换。

前 言

绿色发展已成为世界经济发展的重要趋势，许多国家和地区将发展绿色产业作为推动经济结构调整的重要举措。当前，我国正处于调结构、转方式的关键时期，社会发展也在实现新的转变，尤其是党的十八大已明确提出"创新、协调、绿色、开放、共享"五大发展理念，将绿色发展作为新的要求。绿色发展是以效率、和谐、持续为目标的经济增长和社会发展方式。改革开放的近 40 年里，以牺牲环境为代价的传统经济发展方式使我国面临了严峻的能源与环境问题，已不符合绿色发展的要求。因此，亟须加快推进科技含量高、资源消耗低、环境污染少的绿色产业发展。这既能有效缓解资源能源约束和生态环境压力，也能加快产业的转型升级，实现绿色增长。

四川制造业作为当地国民经济的主体，现已建成门类齐全、独立完整的产业体系。但在内需改善而外需走弱和资源约束的挑战下，"高投入、高消耗、高排放"的粗放型发展模式亟待转变。"推进绿色发展、循环发展、低碳发展"和"建设美丽中国"已成为对制造业发展大势的深刻把握和自觉认知。制造业发展不能再依靠大量的投资和产能扩张来实现，不能以牺牲环境为代价，要在符合我省省情的基础上，贯彻减量化、再利用、资源化的原则，全面推行绿色发展，走生态文明的发展道路。

随着《中国制造 2025》《工业绿色发展规划（2016—2020 年）》等国家政策的发布，绿色制造体系成为实务界和学术界共同探讨的热点问题。四川的制造体系具有独特的地域、经济、文化等属性，其发展道路与东部制造体系有所差异。由于四川制造业升级的基础薄弱，大多数制造行业还处于初级阶段，缺乏先进的绿色技术与创新能力。当前，我国正处于新动能与传统动能持续转换的关键时期，因此，四川绿色制造体系的建设需要新动能异军突起和传统动能改造提升形成的"新引擎""新能量"；而新动能成长也需要绿色制造体系的支撑。李克强总理指出，要加快培育新动能，着眼提高全要素生产率，结合实施"中国制造2025""互联网+"，推动各类企业注重技术创新，创造新的有效供给，更好适应需求结构升级。因此，基于新动能成长探索四川绿色制造体系建设的路径是我国制造业实现区域协调发展、绿色发展、创新发展的重要内容和全新课题，既符合四川的省情与实际发展需要，又可以进一步完善制造业发展的理论体系。

本书以四川制造业新动能成长路径及制造体系建设为研究对象，立足绿色发展理念，运用管理学与区域经济、产业经济相关理论，探索了新动能成长与绿色制造业发展的内在联系，分别研究了国内外制造业发展概况；四川制造业及制造体系的发展沿革；四川制造体系发展中存在的问题；等等。探明了"绿色化"是四川制造业未来的发展趋势，是建设四川绿色制造体系的前提。如何培育并发挥新动能系统的能效，解析新动能成长的内在机制，探索新动能成长支撑四川绿色制造体系建设的实施路径，是本书研究的主要内容。其包括以下五个方面：

第一，系统评估四川制造业及制造体系的发展现状。四川制造业与制造体系是构成绿色制造体系的现实基础。系统评估四川制造业与制造体系的现状，分析存在的问题，探索发展趋势，是构建绿色制造体系的前提。通过建立指标体系，从经济创造能力、科技竞争能力、资源利用能力、环境友好程度、社会效应等维度对制造业与制造体系进行系统评估，剖析四川制造业与制造体系"绿色化"的问题，科学论证四川制造业与制造体系"绿色化"趋势。

第二，剖析绿色制造体系的内涵与构成。绿色制造体系是遵循可持续发展理念而设计的多个子系统的有机组合，通过子系统之间相互作用、相互影响、相互制约而达到资源低熵化的开放系统。四川绿色制造体系不仅考虑了消费者需求、环境承载力、资源效率、社会效益、企业效益之间的协调，还包含产业之间、地区之间的均衡发展，是一种高效、清洁、低碳、循环的新型制造体系，具体包括绿色产品、绿色工厂、绿色企业、绿色园区、绿色供应链、绿色监管等核心内容。

第三，四川绿色制造体系的新动能系统解构及运行机制。四川绿色制造体系的构建与发展离不开动能系统的推动。了解动能系统运行机制是绿色制造体系构建与发展的关键。随着我国人口红利降低、结构性产能过剩、资源环境承载压力不断增大，传统动能的动力明显减弱。同时，技术创新、"互联网+"产业、结构与制度改革等新动能释放的能效尚不稳定。本研究在明晰动能系统的内涵及特征的基础上，剖析动能系统现状及问题；再结合新动能成长规律，探索新动能形成过程；最后采用系统论的思想建立动能系统与绿色制造系统间的耦合关系评价模型，对二者间的耦合关系进行测算。

第四，探索构建四川绿色制造体系的路径及对策。传统动能与新动能组合而成的新动能系统是四川绿色制造体系建设的动力源，但新动能系统的能效释放不稳定，作用方向具有不确定性，不能直接对绿色制造体系的构建与发展产生推动力。

第五，根据绿色制造体系建设的思路，以新动能系统为动力源，探索绿色制造体系构建的六条路径；再根据四川内部的空间差异，利用灰色系统理论进行路径选择与优化，并结合案例予以验证，提出具有针对性、时效性、操作性的对策建议。

本书创新性地运用管理学、区域经济与产业经济相关理论，针对四川制造业在转型过程中面临的诸多问题，从技术创新、以"互联网+"为代表的信息化发展与变革、制度与结构改革三个维度进行研究，提出了绿色制造体系新动能成长的路径，对四川制造业的绿色化与转型升级提供了全面的指导，具有重要的现实意义和广泛的应用前景。

本书是四川省软科学"新动能成长支撑四川绿色制造体系建设研究（18RKX0635）"项目，同时也是国家社科基金重点项目"基于新动能成长的西部地区绿色制造体系构建研究（16AGL003）"的阶段性成果。

感谢揭筱纹教授团队、刘金华、徐林、杨帆、洪运、吴茜在本书写作中给予的宝贵建议与帮助。

感谢成都建工集团为第六章案例分析提供的素材。

感谢四川省软科学项目基金和四川省社会科学院科研处的资助。

感谢四川省社会科学院、四川省科技厅给予的大力支持和帮助。

感谢参考文献中的所有作者，他们的真知灼见给了我极大的启示。书中对引用资料的标注若有遗漏，在此致歉。

感谢西南财经大学出版社对本书的出版给予的支持。

管理学、区域经济与产业经济的研究博大精深，本书所涉及内容仅是冰山一角，在本书完成之际，有大量的研究成果还在不断涌现。由于笔者知识结构的局限，本书所构建的框架体系与分析等还存在不尽如人意之处，尚待进一步深入研究与完善。若有不当或错误之处，敬请各位专家、学者和广大读者提出宝贵意见！

徐　彬

2018 年 10 月于四川省社会科学院

目 录

1 绪论 // 1

  1.1 研究背景与意义 // 1

    1.1.1 研究背景 // 1

    1.1.2 研究意义 // 2

  1.2 相关概念界定 // 4

    1.2.1 制造业概念 // 4

    1.2.2 制造体系 // 8

    1.2.3 绿色制造体系 // 10

  1.3 研究内容 // 12

  1.4 研究方法 // 13

  1.5 主要创新点与特色 // 14

    1.5.1 主要创新点 // 14

    1.5.2 研究特色 // 15

2 四川制造业及制造体系概述 // 16

  2.1 制造业发展概况 // 16

    2.1.1 国外制造业发展现状 // 16

    2.1.2 国内制造业发展现状 // 18

  2.2 四川制造业与制造体系发展沿革与现状 // 20

    2.2.1 发展历史进程 // 20

    2.2.2 四川制造业产业结构与分布现状 // 22

    2.2.3 四川制造业发展现状 // 23

  2.3 四川制造业与制造体系存在的主要问题 // 26

    2.3.1 四川制造业存在的主要问题 // 26

    2.3.2 四川制造体系存在的主要问题 // 26

  2.4 经验借鉴与发展趋势 // 27

    2.4.1 经验借鉴 // 28

    2.4.2 我国制造业与制造体系的发展趋势 // 29

  2.4.3 西部制造业与制造体系发展趋势 // 31

  2.4.4 四川制造业与制造体系发展趋势 // 37

3 绿色制造体系概述 // 39

 3.1 **绿色制造理论基础 // 39**

  3.1.1 可持续发展理论 // 39

  3.1.2 循环经济理论 // 40

  3.1.3 产品生命周期理论 // 40

  3.1.4 自然资源基础理论 // 40

 3.2 **绿色制造体系的内涵与特征 // 41**

  3.2.1 绿色制造体系的内涵 // 41

  3.2.2 绿色制造体系的特征 // 42

 3.3 **绿色制造体系的主要内容 // 43**

  3.3.1 绿色产品 // 44

  3.3.2 绿色生产 // 49

  3.3.3 绿色企业 // 51

  3.3.4 绿色园区 // 55

  3.3.5 绿色供应链 // 62

  3.3.6 绿色监管 // 64

 3.4 **绿色制造体系评价 // 66**

  3.4.1 建立绿色制造体系评价指标体系 // 66

  3.4.2 绿色制造体系评价指标选取 // 67

  3.4.3 评价模型与方法 // 70

  3.4.4 评价结果与分析 // 75

4 绿色制造体系的新动能成长路径 // 83

 4.1 **动能与动力的基本概念 // 83**

 4.2 **动能系统构成要素 // 86**

  4.2.1 传统动能 // 86

  4.2.2 新动能 // 89

 4.3 **新动能成长路径 // 94**

  4.3.1 新动能成长维度 // 94

  4.3.2 传统动能改造提升 // 95

 4.4 **新动能成长评价体系构建与测评 // 98**

  4.4.1 指标体系构建 // 98

   4.4.2　评价模型 // 100

   4.4.3　实证分析 // 100

  4.5　运行机制 // 128

   4.5.1　技术创新的作用机理 // 129

   4.5.2　以"互联网+"为代表的信息化发展与变革的作用

    机理 // 129

   4.5.3　制度与结构改革的作用机理 // 130

5　四川绿色制造体系模型构建 // 132

  5.1　体系构建的理论依据 // 132

   5.1.1　生态承载力 // 132

   5.1.2　循环经济 // 133

   5.1.3　产业生态学 // 134

   5.1.4　产业协同 // 136

   5.1.5　产业融合 // 136

   5.1.6　产业关联 // 137

  5.2　构建思路 // 138

   5.2.1　面临的困境 // 138

   5.2.2　总体思路 // 139

   5.2.3　主要内容 // 141

  5.3　四川省绿色制造体系模型设计与选择 // 142

   5.3.1　以技术创新为源动力的四川绿色制造体系构建模型 // 142

   5.3.2　以"互联网+"为源动力的四川绿色制造体系构建

    模型 // 145

   5.3.3　混合动力的四川绿色制造体系模型构建 // 153

6　基于新动能成长的四川绿色制造体系实施路径 // 156

  6.1　传统制造体系发展的路径依赖 // 156

  6.2　建设四川省绿色制造体系的路径障碍 // 157

  6.3　基于新动能的四川绿色制造体系路径创造 // 158

   6.3.1　以资源环境承载力为基础，优化产业布局，解决内部结构性

    问题 // 158

   6.3.2　以技术创新为核心，开发绿色技术与产品，建设绿色

    工厂 // 159

6.3.3 以制度与结构改革为指导，推行集群式发展模式，打造绿色园区 // 159

6.3.4 以"互联网+产业"模式为主导，打造共享平台，构建绿色供应链 // 160

6.3.5 以提升产品绿色价值为前提，塑造绿色品牌，建立绿色企业 // 160

6.3.6 以健全法律体系为保障，推行社会责任报告制度，强化绿色监管 // 161

7 绿色制造业发展的典型行业分析 // 162

7.1 典型制造业绿色发展分析 // 162

7.1.1 劳动密集型制造业 // 162

7.1.2 资源密集型制造业 // 164

7.1.3 资本技术密集型制造业 // 168

7.2 绿色制造业发展典型个案分析 // 171

7.2.1 典型绿色制造业——建筑工业产业化简介 // 171

7.2.2 建筑工业产业化是绿色制造体系建设的必然趋势 // 172

7.2.3 建筑工业产业化对绿色城市建设的推进作用 // 174

7.2.4 案例分析 // 176

7.3 绿色制造业小镇建设分析 // 179

7.3.1 新型城镇化与制造业绿色发展的互动关系 // 179

7.3.2 绿色发展理念下小城镇的产业布局 // 180

7.3.3 制造业对小城镇发展的推动作用 // 184

7.3.4 小城镇推进绿色制造业的发展路径 // 185

8 绿色制造体系路径优化 // 191

8.1 路径优化的背景 // 191

8.2 路径优化的准则 // 193

8.2.1 绿色制造体系发展水平的地理分布 // 194

8.2.2 新动能能效水平的地理分布 // 195

8.2.3 绿色制造体系与新动能的匹配程度 // 197

8.3 路径优化的具体措施 // 198

8.3.1 匹配地区 // 198

8.3.2 非匹配地区 // 199

参考文献 // 201

1 绪论

随着《中国制造 2025》《工业绿色发展规划（2016—2020 年）》等国家政策的发布，绿色制造体系成为实务界和学术界共同探讨的热点问题。四川的制造体系具有独特的地域、经济、文化等属性，其发展道路与东部制造体系有所差异。构建具有四川特色的绿色制造体系既符合四川的现实背景与实际发展需要，又进一步完善了制造体系发展理论。本章介绍了绿色制造体系的研究背景，明确了研究的相关概念，概括性地说明了研究内容与研究方法，为整个研究报告奠定了基础。

1.1 研究背景与意义

1.1.1 研究背景

制造业是国民经济的主体，是立国之本、兴国之器、强国之基。制造业的发展与进步，使人类历史薪火相传，也为实现国家现代化提供了坚实的产业基础。而现代化发展到新的历史阶段又对制造业提出了新的要求，并推动制造业在结构、产品、业态、模式等内涵特征上产生革命性变化。

2008 年由美国次贷危机引发的金融危机最终导致世界经济危机，严重伤害了实体经济，至今尚在缓慢复苏中。危机促使人们反思：如何通过重振制造业，重建实体经济与虚拟经济之间的平衡？人们看到，新自由主义的自私与放任、追求杠杆效益、提倡"去工业化"，引致制造业日趋"空心化"。为此，美国设计并启动了"重振美国制造业框架"，实施"先进制造伙伴计划"；德国发布《工业 4.0》提出实现智能化工厂和智能制造，由数字化向智能化迈进；日本在《2014 制造业白皮书》中提出重点发展机器人产业，等等。在世界范围内，新一轮科技革命和产业变革蓄势待发，现代制造业正迎来又一个发展机遇。

虽然我国经过三十多年的快速发展，制造业规模跃居世界第一位，但区域发展不均衡成为我国制造业和制造体系发展的瓶颈，使自主创新能力不足、信息化与工业化融合不够、产业结构不合理、资源环境消耗大等问题更显突出。实现制造业的转型升级，必须弥补西部制造业的短板，实现东西部之间的协同发展。四川省位于西部地区的核心区域，其资源丰富，劳动力充裕，投资成本较低，有极大的发展潜力。但四川制造体系作为我国制造体系中的组成部分，多以资源型、粗加工为主，其技术创新能力薄弱、产业集中度较低、规模经济不足，亟须加快发展四川新型制造业、构建新型制造体系。

党中央于 2015 年 3 月、5 月、7 月先后发布了《关于深化体制机制改革，加快落实创新驱动发展战略的若干指导意见》《中国制造 2025》《"互联网+"行动指导意见》，提出加快建设制造强国，积极构建高效、清洁、低碳、循环的绿色制造体系。2016 年 7 月 18 日发布的《工业绿色发展规划（2016—2020年)》进一步指出，要强化产品全生命周期绿色管理，支持企业推行绿色设计，开发绿色产品，建设绿色工厂，发展绿色工业园区，打造绿色供应链，全面推进绿色制造体系建设。绿色发展是制造业全领域全过程的普遍要求，构建绿色制造体系成为四川制造业发展的必然趋势，能够促进要素有序自由流动、资源高效配置和市场深度融合，推动制造业结构调整与优化升级。

由于四川制造业升级的基础薄弱，大多数制造行业还处于初级阶段，缺乏先进的绿色技术与创新能力。所以四川绿色制造体系的建设与发展需要新的动能系统。动能系统是一种全要素系统，能产生倍加的效能。当前，我国处于新动能与传统动能持续转换的关键时期，绿色制造体系的构建需要新动能异军突起和传统动能改造提升形成的"新引擎""新能量"；而新动能成长也需要绿色制造体系的支撑。李克强总理指出，要加快培育新动能，着眼提高全要素生产率，结合实施《中国制造 2025》"互联网+"，推动各类企业注重技术创新，创造新的有效供给，更好地适应需求结构升级。因此，基于新动能成长探索构建四川绿色制造体系与路径是我国制造业实现区域协调发展、绿色发展、创新发展的重要内容和全新课题。

1.1.2　研究意义

1.1.2.1　学术价值

第一，丰富绿色制造体系的理论内涵。绿色化发展已经成为我国制造体系的内在要求与必然趋势。本研究以制造体系为对象，以系统理论为指导，充分考虑资源利用效率、生态系统承载能力、产业空间结构、产业内部结构等因素，对四川绿色制造体系的构建过程进行研究，阐释了绿色制造体系的内涵、构成与核心内容，从而对四川绿色制造体系进行了较全面的理论诠释。

第二，创新四川绿色制造体系的系统构建路径。四川绿色制造体系的构建过程非常复杂，对其全面考察是一个系统的实践活动。鉴于此，本研究在分析传统动能能效减弱的基础上，提出新动能系统作为绿色制造体系的动力源。以此为基础创新了四川绿色制造体系的构建路径并阐释了运行机制，同时建立了不同区域的路径优化模型，并选取典型制造企业进行验证，明晰了绿色制造体系的构建过程。

第三，拓展绿色制造体系的学科研究领域。就目前的研究来看，制造行业属于工学范畴，制造产业属于经济学研究领域，但是制造业的转型升级却涉及工业、经济、社会、环境的协调统一。本研究引入管理学理论，从系统的角度对制造业进行研究，提出并剖析了绿色制造体系及其动能系统，促进管理学与经济学融合。通过学科融合，拓展跨学科的制造业研究新领域。

1.1.2.2 应用价值

第一，提升四川制造企业的绿色竞争力。绿色消费理念的普及与绿色技术的提升，使得绿色产品的需求不断增加，企业生产绿色产品的积极性增强，如何提升绿色竞争力已成为制造企业的发展重点。绿色竞争力的提升需要绿色技术、绿色品牌与绿色生产作为基础。本研究利用新动能系统，有效地推动了绿色制造体系的构建，其中，技术创新促使绿色技术的提升，"互联网+产业"的模式有利于绿色品牌的建立，绿色生产是绿色产品的保障。因此，绿色制造体系的构建有益于提升制造企业的绿色竞争力，获取竞争优势，创造更好的经济效益。

第二，促进制造业的绿色化与转型升级。我国制造业长期依靠自然资源与廉价劳动力等传统要素，陷入高消耗、高污染、低附加值的困境。与此同时，我国制造业正面临着发达国家"高端回流"和发展中国家"中低端分流"的双向挤压，传统发展模式已难以为继，迫切需要向智能化、绿色化、服务化方向转型升级。本研究以新动能系统为动力源，探究了绿色制造体系的构建过程，实现了降低能耗、减轻污染的绿色化目标。同时，绿色制造体系的构建包括技术水平与消费者地位的提升，有助于智能化、服务化的发展。因此，绿色制造体系的构建能大力推动制造业的转型升级。

1.1.2.3 社会意义

第一，促进产业与环境友好发展。四川制造业的发展主要依赖于自然资源、劳动人口、资本等传统要素，长期处于高投入、高消耗、高排放的粗放模式，导致环境污染日益严重。依托新动能系统构建的绿色制造体系，能减轻对传统要素的依赖，增加对技术创新、互联网等新要素的运用，强化制度与结构改革，降低高污染、高能耗产业比重，提高绿色产业比重，实现产业结构的优化升级。同时，绿色制造体系的构建提高了资源使用效率，减轻了环境污染，实现了对传统制造业的绿色化改造。因此，绿色制造体系的构建能实现产业与环境协调友好发展。

第二，实现产品的绿色制造与市场秩序的健康发展。我国现行的监管体系尚不完善，尚不能满足绿色制造体系的要求。通过建立多层次、全方位的绿色监管体系，制定产品的绿色标准，可以对企业进行有效的绿色审计，开展绿色评价，从而保证产品的绿色制造。绿色监管体系的构建，有利于建立公开、透明的市场机制，统一产品的检测标准和认证体系，突破绿色产品的市场瓶颈，减少恶性竞争，为促进市场秩序健康发展提供有力保障。

第三，推动物质文明、生态文明与精神文明的协调发展。我国传统制造体系更多考虑国家战略布局与经济利益的最大化，忽视了物质文明、生态文明与精神文明的协调发展。而绿色制造体系通过使用绿色技术、生产绿色产品、倡导绿色消费、建立绿色企业来实现三种文明的协调发展。绿色技术缓解了资源环境压力；绿色产品与绿色消费改变了生活方式；绿色企业构建了绿色的市场环境。本研究剖析了绿色制造体系的内涵与特征，提出了构建路径，因此推动了物质文明、生态文明与精神文明的协调发展。

1.2　相关概念界定

1.2.1　制造业概念

为明晰"制造业"的概念，首先结合文献对"制造"的概念予以界定。迄今，学术界比较认可的定义为国际生产工程协会对"制造"的解释，即制造是人类按照所需目的，运用主观和客观掌握的知识和技能，借助于手工或可以利用的客观物质工具，采用有效的方法，将原材料转化为最终物质产品，并投放市场的全过程。具体包括市场调研和预测、产品设计、选材和工艺设计、加工、销售及售后服务等产品的寿命周期等一系列相互关联的活动。

明晰"制造"的概念后，还需对制造业企业进行定义才能对制造行业有准确的理解。学术界对制造业企业的认识不断深化，随着制造模式的不断变化，制造企业的概念也在拓展。表1.1即为制造业企业概念的代表性观点。

表1.1 制造业企业概念的代表性观点

制造业企业概念界定	来源
制造业企业就是将可利用的资源、能源借助手工或者机械的制造过程，转化为人们使用和利用的工业品或者生活消费品的具备独立法人资格、自主经营、自负盈亏、独立核算的经济实体。从原料到最后的产品转化过程中，一般包括市场调研预测、产品设计、选择和工艺设计、生产制造、销售及产品回收利用的全过程。制造企业所生产的产品来源于多个节点，如客户、供应商、研发中心、生产部门、营销部门，等等	周焰骏：《制造业企业绿色竞争力影响因素研究》
制造业企业是指对原材料（采掘业的产品及农产品）进行加工或再加工，以及对零部件装配的工业部门的总称。在整个价值网中，制造业企业占很大的比率，制造业企业将一些生产要素进行组合，通过一定的加工过程制造成某种可供使用的新的产品，从价值增值环节来说，制造业企业是价值增值的关键点	李荣生：《低碳经济下我国制造业企业核心竞争力研究》
制造业企业概念可从如下4方面理解： （1）制造业企业通过生产制造，对生产要素进行组合，将价值较低的物质材料转换为价值较高的工业品与生活消费品； （2）制造业企业的所有活动包括对物质材料的获取、对产品的设计、生产流程改进，销售渠道扩展，还包括企业的管理活动和创新活动； （3）制造业企业的管理活动包括对人、资金、信息、制度、原材料、机械设备的管理； （4）人力资源结构中除了一般性管理人员、销售人员、服务人员，工人、技术人员及生产运作管理人员在制造企业中占有重要地位。特征：专业化生产、规模化生产、适应性生产	袁小量：《制造企业低碳竞争力演化研究》

资料来源：根据相关文献整理。

　　通过对文献的回顾，本研究将制造业企业定义为：通过生产制造，对生产要素进行组合，将价值较低的物质材料转换为价值较高的工业品与生活消费品，是价值增值的关键点。制造业是制造企业的集合，对该集合的解释也处于不断变化中，表1.2即为制造业概念的代表性观点。

表1.2 制造业概念的代表性观点

制造业概念界定	来源
制造业是指通过有机整合和利用原料、能源、设备、工具、资金、技术、信息和人力等要素，制造出符合市场需求的工业品与生活消费品的部门。"制造业是现代经济增长中最令人瞩目的行业之一"	张平：《全球价值链分工与中国制造业成长》

表1.2(续)

制造业概念界定	来源
制造业是指对制造资源，依据市场需求，通过制造过程，转体为可供人们使用的生产资料和生活资料的过程。制造资源既包括通常意义上的物料、能源、设备、工具，又包括资金、技术、信息和人力等。通常我们所提到的制造业是指扣除采掘业、公用业后共计30个行业。包括：原料采购、产品设计、产品制造、订单处理、仓储运输、批发经营与零售等	马传永：《制造业企业成本控制有效性的研究》
制造业属于第二次产业，指对原材料（采掘业的产品和农产品）进行加工或再加工，以及对零部件进行装配的工业部门的统称，是技术的载体和转化的媒介。它包括产品制造、设计、原料采购、仓储运输、订单处理、批发经营、零售、循环再利用等环节。	涂颖清：《全球价值链下我国制造业升级研究》
制造业是将原材料经物理变化或化学变化后成为新产品的产业的总称。按产业分类，制造业属于工业，指对原材料进行加工以及对零部件进行装配的工业部门的总称。在国际上又将制造业分为：消费品制造业和资本品制造业。我国所说的装备制造业就是资本品制造业，是指为国民经济和国防建设提供生产技术装备的制造行业的总称	杜鹏：《中国制造业产业升级研究》
制造业是多个产业集合的概述，一般是指遵循市场规律、通过制造过程将要素或者资源转化为可供人们使用或者利用的工业品与生活消费的生产行业的总称。国家统计局的国民经济行业分类，将制造业概括为是经物理变化或者化学变化后成为新产品，不论是动力机械制造，还是手工制作，也不论产品是批发销售还是零售销售，均视为是制造，包括农副产品加工、食品制造、纺织、家具制造等大大小小30个行业	庄志彬：《基于创新驱动的我国制造业转型发展研究》
制造业是指对采掘的自然物质和工农业生产的原材料进行加工和再加工，为国民经济其他部门提供生产资料，为全社会提供日用消费品的生产部门。制造业的劳动对象是各种自然产品或工农业生产的原材料，其生产过程是加工和制造，产出则是生产资料或日用消费品。	李金华：《中国现代制造业体系构建》
制造业是对采掘工业和农业所生产的原材料进行加工或再加工及对零部件进行装配的工业的总称，即以经过人类劳动生产的产品作为劳动对象的工业。也就是将可用资源与能源通过制造过程，转化为可供人们使用或利用的工业品或生活消费品的行业。	张淑芳：《制造业企业产品创新模式与战略选择研究》
按国家统计局统计设计管理司最新发布的三次产业划分规定，制造业是第二产业中剔除采矿业、电力、热力的生产和供应业、燃气生产和供应业、水的生产和供应业、建筑业这五大行业之外的其余所有行业。从定义看，制造业是指对农副产品和采掘品进行加工和再加工的物质生产部门的统称，是我国三次产业发展中的主要产业	简晓彬：《制造业价值链攀升机理研究》

资料来源：根据相关文献整理。

基于不同学者对制造业的不同解释，本研究结合当前经济技术发展状况，将制造业定义为：制造业是指对采掘的自然物质和工农业生产原材料进行加工和再加工，为国民经济其他部门提供生产资料，为全社会提供日用消费品的生产部门。制造业的劳动对象是各种自然产品或工农业生产的原材料，其生产过程是加工和制造，产出是生产资料或日用消费品。

制造业的分类直接决定着研究对象，通过对文献和相关政策的归纳与研究，将制造业分类的代表性观点整理如下，具体如表1.3所示。

表1.3　　　　　　　　　　　　制造业分类代表性观点

制造业分类	来源
从研究和应用的需要出发，学界对制造业进行过不同分类，典型的如按生产要素密集度分为劳动密集型、资本密集型、技术密集型和知识密集型产业；按提供生活消费品和生产资料用品划分为轻工业和重工业；按技术含量分为传统制造业和高新技术制造业，等等	简晓彬：《制造业价值链攀升机理研究》
制造业可分为加工制造业和装备制造业。加工制造业，以采掘业的劳动产品和农产品等原料为劳动对象，为社会提供各种必需的生活用品，满足居民和政府部门的物质生活消费；装备制造业，是为国民经济各部门的简单再生产活动和扩大再生产活动提供技术装备的制造部门	李金华、李苍舒：《国际新背景下的中国制造业悖论与解困之策》
根据产品用途，可以将当代制造业分为轻工业和重化工两大部门。轻工业是指主要提供生活消费品和制作手工工具的工业，重工业则是为国民经济各部门提供物质技术基础的主要生产资料的工业； 根据产品生产工艺过程的特点，可以将制造业分为离散型制造和流程型制造两大类。离散型制造的产品往往由多个零件经过一系列不连续的工序加工并最终装配而成；流程型制造业在生产过程上具有连续生产、流程作业的特征，所使用的物料在形态上具有不规则性	杜宏宇：《中国制造业结构优化的政策效率研究》
按制造业性质分：直接对采掘工业的产品进行加工的原材料工业； 按要素密集度分：劳动密集型、资本密集型、技术密集型、知识密集型； 按产品用途分：消费品制造业和资本品制造业、民用制造业和军用制造业； 按技术含量分：传统制造业、先进制造业	涂颖清：《全球价值链下我国制造业升级研究》
钱纳里（1989）根据投入产出联系，在研究工业化国家制造业结构变动过程中对分类进行扩展：消费品行业、重工业中间产品行业、轻工业中间产品行业、资本品行业	王霄琼：《中国制造业结构变动和生产率增长的相关性分析》
本门类包括13～43大类，指经物理变化或化学变化后成为新的产品，不论是动力机械制造，还是手工制作；也不论产品是批发销售，还是零售，均视为制造	《国民经济行业分类与代码》（GB/T 4754-2017）

资料来源：根据相关文献整理。

我国经济增长所面临的资源、环境约束日趋紧张，这也要求我们从依赖有形要素投入的粗放型经济增长方式，转变为依赖技术等知识投入的集约型增长方式。因此有必要从要素密集度出发考察制造业结构变动趋势，本研究将我国制造业分为劳动密集型、资源密集型、资本技术密集型三类（见表1.4）。

表1.4 制造业分类

资源密集型	劳动密集型	资本技术密集
C15 酒、饮料和精制茶制造业 C16 烟草制品业 C20 木材加工和木、竹、藤、棕、草制品业 C22 造纸和纸制品业 C25 石油加工、炼焦和核燃料加工业 C29 橡胶和塑料制品业 C30 非金属矿物制品业	C13 农副食品加工业 C14 食品制造业 C17 纺织业 C18 纺织服装、服饰业 C19 皮革、毛皮、羽绒及其制品和制鞋业 C21 家具制造业 C23 印刷和记录媒介复制业 C33 金属制品业 C43 金属制品、机械和设备修理业	C24 文教、工美、体育和娱乐用品制造业 C26 化学原料和化学制品制造业 C27 医药制造业 C28 化学纤维制造业 C29 橡胶和塑料制品业 C31 黑色金属冶炼和压延加工业 C32 有色金属冶炼和压延加工业 C34 通用设备制造业 C35 专用设备制造业 C36 汽车制造业 C37 铁路、船舶、航空航天和其他运输设备制造业 C38 电气机械和器材制造业 C39 计算机、通信和其他电子设备制造业 C40 仪器仪表制造业 C42 废弃资源综合利用业

1.2.2 制造体系

制造业与制造体系有着紧密的联系，但是也有很大的区别。制造业是制造体系的主要载体，制造体系很大程度上影响着制造业的发展。制造业是一种行业，其理论基础是产业经济学。制造体系是各种系统的组合，其理论基础是系统论。制造体系是建立在制造业基础上的多种系统的有机组合。

20世纪以来，随着制造理念的变化，新兴制造系统层出不穷。例如，1973年，美国学者Joseph Harrington率先提出了计算机集成制造（CIM）的概念与两个重要观点，即系统观点与信息化观点，并在此基础上建立了计算机集成制造系统（CIMS）；1988年，美国防御分析研究所（IDA）提出了并行工程概念，随后被广泛采用；1990年，美国麻省理工学院的James P. Womack与Daniel T. Jones等学者，系统总结了日本制造业几十年来的成功经验，并在《改变世界的机器》一书中首次归纳总结出"精益生产"的生产系统；1991年，美国亚科卡研究所发布了《21世纪制造企业发展战略报告》，提出了一种新的制造管理体系——敏捷制造；1991 年 1 月，日本发起了智能制造系统（IMS）的国际合作研究开发计划。从最初的计算机集成制造系统、敏捷制造系统到智能制造系统、绿色制造系统、云制造系统，不仅体现出技术的发展，更反映出管理思想的改变。绿色化、智能化、服务化已成为制造系统未来的发展趋势。国内学者对各种不同制造体系进行了大量的研究（见表 1.5）。

表 1.5　　　　　　　　制造体系概念有代表性的观点

制造体系概念	来源
高效制造体系是减少企业内部决策层次的扁平（flat）组织，是去除不必要的人员和组织的精练（lean）组织，是能够应对外部环境变化的柔性（flexible）组织，而且也是重视学习的革新（innovative）组织	孙明华：《企业高效制造体系研究》
智能化制造体系的目的主要是实现多个系统的信息集成与生产的有效组织管理，实现数据信息化、管理智能化、控制自动化。智能化制造体系的构建，向上需要同设计产品数据管理系统集成，从而实现设计、工艺、制造一体化；向下需要各种现场的生产信息实时写入信息管理系统，实现设计、工艺、制造、管理一体化。大致分为 4 个部分：业务数字化、物联网应用、设备联网、数据撷取	马铸：《企业智能化制造体系构建与实施》
智能制造体系：基于互联网及大数据的智能活动、核心智能制造能力、智能制造的知识管理活动以及基于互联网与大数据的智能联盟四个基本子系统构成，将消费者与智能联盟纳入体系中，成为企业与消费者、与合作伙伴协同演化动态能力的重要基础	毛蕴诗等：《基于互联网及大数据的智能制造体系与中国制造企业转型升级》
云制造体系结构共分为 5 层，分别为：物理资源层、虚拟化层、核心中间件层、应用层、用户层。云制造是一种面向网络协同的制造模式，继承了网络化制造的共有特征，如敏捷响应、资源共享、协同设计与制造等，同时，也继承了云计算的规模化、低成本、弹性等基本特征	李春泉等：《云制造的体系结构及其关键技术研究》
共享既是网络化制造的目的，也是其手段：通过设计资源、设备资源的共享来降低企业成本；通过智力资源共享，即跨企业、专业的设计人员进行产品协同开发，以提升产品开发的创新能力和敏捷性；通过市场资源共享整合企业优势资源。因此，网络化制造系统的体系结构可以分为两个层次：资源提供服务层和产品协同开发层	罗亚波：《网络化制造体系结构与技术架构选型研究》

资料来源：根据相关文献整理。

　　结合前期研究，根据制造体系发展现状与要求，本研究将制造体系定义为，制造体系是由一系列制造业行业、制造业相关行业与利益相关者组成，为实现其发展目标按照一定的秩序和内部联系所构成的有机整合体。它涵盖产业集聚、空间布局、技术体系、产业链、社会环境与自然环境等秩序，包括制造业各行业之间、制造业与相关行业之间、制造业与利益相关者之间的多种耦合关系。我国制造体系不仅考虑消费者需求、环境承载力、资源效率、社会效益、企业效益之间的协调，还涉及产业、区域之间的平衡发展。

1.2.3 绿色制造体系

关于绿色制造体系研究，学者们更多的是从绿色制造系统的角度出发，对其内涵定义、特征、影响因素、评价指标体系及构建路径进行了研究。

1.2.3.1 绿色制造体系内涵及定义

刘飞、张华、陈晓慧（1999）认为，绿色集成制造系统（Green Integrated Manufacturing System，GIMS）是一种可持续发展的企业组织、管理和运行的新模式。它综合运用现代制造技术、信息技术、自动化技术、管理技术和环境技术，将企业各项活动中的人、技术、经营管理、物能资源和生态环境，以及信息流、物料流、能量流和资金流有机集成，并实现企业和生态环境整体优化，从而达到产品上市快、质量高、成本低、服务好、环境影响小，使企业赢得竞争，取得良好经济效益和社会效益。沈德聪与阮平南（2006）认为，总体贯穿可持续发展理念而设计的制造业系统称之为绿色制造系统，它是社会经济系统的一个子系统，是以实现经济、生态和社会效益协调发展为目标，能够通过人力、资源、经济、技术、管理、环境等子系统以及外部自然环境、社会环境的相互作用、相互影响、相互制约而达到资源低熵化的开放系统。郑季良与邹平（2006）从产品生命周期的线性观出发，指出绿色制造系统可划分为绿色能源、绿色生产过程、绿色产品三个部分。

1.2.3.2 绿色制造系统影响因素

有些学者根据波特竞争理论对绿色竞争力影响因素进行了分析，且生产因素、需求因素和技术水平等对我国钢铁企业绿色竞争力水平有显著影响，其中技术水平是最重要的影响因素，随后构建了绿色制造体系结构，提出了实施绿色制造体系结构是提升我国钢铁企业绿色竞争力的有效途径。

1.2.3.3 绿色制造系统的评价指标体系

张华等学者综合考虑资源优化利用和环境影响的制造系统问题，提出绿色制造的技术标准体系及生态评价体系等；有些学者以系统可持续发展综合性能指标（SDI）为基本评价指标，以系统净能值产出率（NEYR）、能值扩大率（ERA）、环境负载率（ELR）为内因，分析辅助指标对绿色制造系统性能的评价；有些学者重点探讨了绿色制造战略环境评价的理论支撑体系、技术支撑体系和社会支撑体系，等等。

1.2.3.4 绿色制造系统的构建

刘志峰、刘光复（1998）提出了绿色制造的系统模型，具体包括两个过程（产品制造过程与产品的生命周期过程）、三个内容（绿色能源、绿色生产过程及绿色产品）、三条途径（改变观念，加强立法、宣传和教育；技术途径；管理途径）和两个目标（资源综合利用与环境保护）。谢世坤、桂国庆、李强征等（2006）为有效减少资源消耗和环境污染，建立了冲压加工的绿色制造体系结构，研究了冲压加工中实现绿色制造的两个目标、三项内容和两个层次，并对冲压加工中的资源（如原材料、设备和能源）消耗和环境（如固体、液体、气体等废弃物和噪声污染）影响进行了详细分析，且采用 TOP-SIS 方法对冲压加工的绿色制造工艺进行综合评价。尹勇、周祖德、龙毅宏（2009）分析了面向能量节约和环境影响绿色制造体系结构，建立了从原材料加工制造成成品的过程的微观能耗模型，构建了绿色制造系统中的机械制造加工系统能耗模型，且从宏观的角度构建了绿色产品制造的整个生命周期中的物能资源消耗模型。

根据我国制造业与制造体系的现状，提出绿色制造体系是总体实现可持续发展而设计的多个子系统的有机组合，是以实现经济、社会和环境效益协调发展为目标，考虑区域与产业均衡发展，通过资源、人力、技术、管理等子系统之间相互作用、相互影响、相互制约而达到资源低熵化的开放系统。我国绿色制造体系是一种高效、清洁、低碳、循环的新型制造体系，具体包括绿色产品、绿色工厂、绿色企业、绿色园区、绿色供应链、绿色监管等核心内容。

绿色制造体系应具备四大特征：①污染小、能耗低，具有可持续发展潜力。绿色制造体系侧重在生产、流通、消费全过程的资源节约和高效利用，是低污染、低能耗，可循环的、可持续的系统工程。②行业结构优化，地域分布合理。按照产业相关或互补性原则进行集聚和耦合，形成有机的产业集群，使绿色制造体系之间的废弃物成为原料供应链中的重要组成部分，同时在特定区域里，如生态工业园区，对"三废"进行集中处理和再利用。③涉及多维信息的集成和优化。绿色制造体系除了涉及普通制造体系的所有信息外，还特别强调集成地处理和考虑与资源消耗和环境影响有关的信息，并将制造体系的信息流、物料流和能量流有机地结合，系统地加以集成和优化处理。④具有社会化集成特性。绿色制造体系是个复杂的系统工程，需要全社会的参与和社会化的集成。它不仅涉及法律行为、政府行为和企业行为的集成，还包含企业、产品、用户三者之间的新型集成关系。

1.3 研究内容

四川绿色制造体系是以实现经济、生态和社会协调发展为目标的资源低熵化的开放系统，包括绿色产品、绿色工厂、绿色园区、绿色供应链、绿色企业、绿色监管等核心内容。它既有其特性、可以自成体系，又是我国制造体系中的重要组成部分。如何培育并发挥新动能系统的能效，探索四川绿色制造体系构建与实施路径，成为亟待解决的重大问题。研究的内容主要包括四个部分：

第一，系统评估四川制造业及制造体系的发展现状。四川制造业与制造体系是构成绿色制造体系的现实基础。系统评估四川制造业与制造体系的现状，分析存在的问题，探索发展趋势，是构建绿色制造体系的前提。通过建立指标体系，从经济创造能力、科技竞争能力、资源利用能力、环境友好程度、社会效应等维度对制造业与制造体系进行系统评估，剖析四川制造业与制造体系"绿色化"问题，科学论证四川制造业与制造体系"绿色化"趋势。

第二，剖析绿色制造体系的内涵与构成。绿色制造体系是遵循可持续发展理念而设计的多个子系统的有机组合，通过子系统之间相互作用、相互影响、相互制约而达到资源低熵化的开放系统。四川绿色制造体系不仅应考虑消费者需求、环境承载力、资源效率、社会效益、企业效益之间的协调，还包含产业之间、地区之间的均衡发展，是一种高效、清洁、低碳、循环的新型制造体系，具体包括绿色产品、绿色工厂、绿色企业、绿色园区、绿色供应链、绿色监管等核心内容。

第三，四川绿色制造体系的新动能系统解构及运行机制。四川绿色制造体系的构建与发展离不开动能系统的推动。了解动能系统运行机制是绿色制造体系构建与发展的关键。随着我国人口红利降低、结构性产能过剩、资源环境承载压力不断增大，传统动能的动力明显减弱。同时，技术创新、"互联网+产业"、结构与制度改革等新动能释放的能效尚不稳定。本研究在明晰动能系统的内涵及特征的基础上，剖析动能系统现状及问题；再结合新动能成长规律，探索新动能形成过程；最后采用系统论的思想建立动能系统与绿色制造系统间的耦合关系评价模型，对二者间的耦合关系进行测算。

第四，探索构建四川绿色制造体系的路径及对策。传统动能与新动能组合而成的新动能系统是四川绿色制造体系建设的动力源，但新动能系统的能效释放不稳定，作用方向具有不确定性，不能直接对绿色制造体系的构建与发展产生推动力。本研究根据绿色制造体系的构建思路，以新动能系统为动力源，探索绿色制造体系构建的六条路径。再根据四川内部的空间差异，利用灰色系统理论，进行路径选择与优化。最后选取典型制造企业进行检验，提出具有针对性、时效性、操作性的对策建议。

1.4　研究方法

文献研究法。一是以四川省图书馆、四川省社会科学院图书资料库及CNKI、EBSCO、SCI、ScienceDirect、SpringerLink、Wiley 等中外文电子数据库为基础，搜集国内外与绿色制造体系相关的图书、期刊、学位论文、科学报告、档案及相关政策文件，梳理制造业转型升级、绿色制造、制造业绿色化、动能系统等理论与政策；二是通过问卷调查、结构性访谈、半结构性访谈等方式开展实地调研，获取第一手的真实资料和相关数据。

扎根理论法。一方面梳理和分析可持续发展、循环经济、绿色供应链、产业结构、产业空间布局、产品生命周期、动能系统等与绿色制造相关的理论；另一方面以我国制造业与制造体系发展的经验事实为依据，建立四川制造体系与绿色制造体系的联系，浓缩和提炼四川绿色制造体系的构建基础。

田野调查法。本研究拟选取制造业中的典型行业，通过向相关企业、政府机构、科研单位等发放调查问卷、以结构化或半结构化访谈等方式获取第一手的真实资料和相关数据，从而使本研究更具有应用价值与实践意义。

案例分析法。按行业、要素、规模、空间等分类原则选取四川典型制造企业进行案例研究，总结归纳和探索不同典型制造行业的绿色制造体系构建路径。

多元统计法。运用回归与相关分析、因子分析等定量统计方法，分析前期调查获得的数据资料、既有的官方或研究机构的统计数据以及固定样本追踪调查数据。回归与相关分析法主要运用于"四川绿色制造体系的动能系统解构及运行机制""四川绿色制造体系构建的路径及对策"等部分。

综合评价法。主要采用层次分析法、指标赋权法等综合评价法，通过多个指标对多个评价单位进行综合的统计评价。层次分析法主要运用于"系统评估四川制造业及制造体系的发展现状""绿色制造体系的内涵与构成"等部分；指标赋权法主要运用于"四川绿色制造体系的动能系统解构及运行机制"。

结构分析法。在统计数据的基础上，通过产业结构指标、动能系统要素的计算，分析制造体系各组成部分及所占比重，进而揭示制造体系和绿色制造体系的总体性质、内部结构特征及其依时间推移而表现出的发展规律。结构分析法主要运用于"系统评估四川制造业及制造体系的发展现状""绿色制造体系的内涵与构成""四川绿色制造体系的动能系统解构及运行机制"等部分。

系统分析法。从系统的着眼点和角度来分析四川绿色制造体系的现实基础和构建背景，把构建绿色制造体系作为一个系统的工程来研究。通过系统目标分析、系统要素分析、系统结构分析和系统管理分析，有效地提出基于新动能成长的四川绿色制造体系建设的路径和对策建议。

1.5 主要创新点与特色

1.5.1 主要创新点

1.5.1.1 全面系统地提出了我国绿色制造体系的全新概念

在系统评估我国制造体系现状的基础上，结合我国制造体系所面临的重大挑战以及对工业文明的反思，提出我国经济与制造业的持续发展需要构建绿色制造体系。本研究从目标、特征、内容、本质属性等维度，将绿色制造体系界定为总体实现可持续发展而设计的多个子系统的有机组合，是以实现经济、社会和环境效益协调发展为目标，考虑区域与产业均衡发展，通过资源、人力、技术、管理等子系统之间相互作用、相互影响、相互制约而达到资源低熵化的开放系统，是高效、清洁、低碳、循环的新型制造体系。

1.5.1.2 论证了推动我国绿色制造体系构建的新动能系统并剖析了其运行机制

制造业的发展离不开动能系统的推动。随着我国人口红利降低、结构性产能过剩、资源环境承载压力不断增大，传统动能的效用明显减弱，新动能释放的能效尚不稳定。新动能系统不是简单地在传统动能与新动能之间二者择其一，而是通过重塑产业链、供应链、价值链对传统动能进行改造提升，以及通过稳定能效、补充短板的培育方式，加快新动能成长，由改造提升的传统动能与加快培育的新动能相互作用、有机集合而成。并在此基础上，探索了新动能系统与我国绿色制造体系建设的耦合关系。

1.5.1.3 提出了我国绿色制造体系的空间布局理论

本研究结合我国制造体系发展趋势，界定了绿色制造体系、新动能系统等相关概念的内涵，根据我国绿色制造体系的内容与特征，基于管理学、经济学等多维视角的结合，以产业结构优化理论、循环经济理论为基础，分别从经济水平、资源禀赋、环境容量三个维度深入分析各主体功能区的城镇化发展水平、环境承载力、资源利用效率，确定各区域绿色制造体系的发展重点和开发强度，提出我国制造体系"绿色化"空间布局理论。

1.5.2　研究特色

（1）多学科理论协同攻关的研究范式

针对绿色制造体系内涵与结构、推动绿色制造体系构建的新动能系统以及绿色制造体系的实现路径，本研究采用管理学、应用经济、理论经济等多维视角的结合，以产业结构优化理论、循环经济理论、产品生命周期理论等为基础，明晰新动能系统与我国绿色制造体系构建的耦合关系，且着重以新动能成长剖析构建我国绿色制造体系的新思路和新方法。

（2）研究问题的选择重视靶向瞄准

绿色制造体系构建是战略性的问题，本研究以此为基点，在绿色制造体系构建的战略框架引领下，具体问题的研究特别注重靶向瞄准：针对我国制造业与制造体系现状与存在的问题进行系统评估；针对我国绿色制造体系构建的推动力探索新动能系统的形成与运行机制；针对我国绿色制造体系构建的路径注重空间布局的绿色化与城镇化、产业化与区域经济发展同步。

（3）研究导向注重应用性

本研究按照"实践—理论—应用"的研究框架，特别注重研究成果的实用性与可操作性。提出评估我国制造体系的指标体系可以系统、全面地评估我国制造体系的现状；围绕资源能源利用效率和清洁生产水平提升，打造绿色技术、塑造绿色品牌，为制造企业构建绿色运营体系提供指导；通过确定区域绿色制造业的发展重点与开发强度，为各主体功能区结合其资源承载力、环境容量、产业结构特征，实施绿色化布局提供可行性思路；设计绿色制造体系构建的路径，为地区政府及相关部门分区域、分类型、因地制宜地构建绿色制造体系提供政策参考。

2 四川制造业及制造体系概述

制造业是国民经济的主体，制造业的发展和进步，使人类历史薪火相传。正是在这一历史演进中，人们又不断探索，重新认识制造业及其发展道路，推进制造业生生不息，持续发展。"推进绿色发展、循环发展、低碳发展"和"建设美丽中国"，这是对当今世界和当代中国制造业发展大势的准确把握和自觉认知。四川制造业升级的基础薄弱，大多数制造行业还处于初级阶段，缺乏先进的绿色技术与创新能力。明晰国内外制造业发展概况，了解四川制造业及制造体系的发展沿革，探析四川制造体系"绿色化"发展进程中存在的问题，探索四川制造体系"绿色化"趋势，是建设四川绿色制造体系的前提。

2.1 制造业发展概况

自工业革命以来，从英国到欧洲大陆，从美国到日本，大国兴起总是与其制造业的快速发展相伴。制造业作为国民经济基础，关乎国家安全与民族强盛。提升制造业的国际竞争力，是建设世界强国的必由之路。明晰制造强国的制造业现状与我国制造业发展现状，有助于了解我国与制造强国之间的差距，并根据我国制造业现实背景及发展需要探索出具有中国特色的制造业与制造体系的发展趋势。

2.1.1 国外制造业发展现状

德国凭借强大的机械和装备制造业，占据全球显著地位的信息技术能力，以及在嵌入式系统和自动化工程领域具有的高技术水平，在工业制造方面一直处于欧洲领头羊的地位，是全球制造业中最具竞争力的国家之一。德国是工业大国和工业强国，智能制造的工业基础健全且强大，核心技术和部件基本上都可以自主研发制造；德国的《工业4.0》已经成为知晓度极高的"智能制造"概念的代名词，软件密集型嵌入式系统的发展是其核心技术之一；政府颁布了耗资上百亿欧元的高科技战略，将《工业 4.0》作为国家计划，聚集了顶尖的工业企业；依托强大的工业基础以及政府的有效组织，《工业 4.0》的雏形已经在众多项目中显现。德国具备独立发展智能制造的完整生态系统。

先进的技术和创新发展将是未来制造业的主要特征，制造业目前正处于一个可持续、智能、安全和迅速崛起的阶段，而美国将是这一行业转型的领导者。美国正在开发先进的制造技术，包括智能互联的产品和工厂。同时，美国在预测分析以及先进材料方面也居世界领先地位，而这些因素正是未来的核心竞争力的体现。而在个人、技术、资本和公司间建立联系、产生协同效应方面，美国的成就也很突出，形成了一个紧密联系的创新生态系统，并通过研发投资创造巨大价值。中国与美国处在制造业大国的头两名，各占全球制造业产值的 20% 左右。中国制造业从业人员有 1.3 亿人，而美国只有约 0.12 亿人。美国在知识密集型和创新密集型的高科技制造业居领先地位，如计算机、电子、半导体、医疗器械、精密仪器、光电元件等领域。中国在三种制造业领域中领先：一是劳动力密集型，如纺织、服装、皮革、玩具、家具；二是资源密集型，如煤矿、造纸、炼铁；三是能源密集型，如焦化、钢铁、水泥、橡胶、塑料。

日本作为东亚"雁阵模式"的领头雁，其制造业在国民经济发展中发挥着至关重要的作用。二战后，日本通过发展原料工业与重化工业，迅速实现了经济的恢复与赶超。20 世纪 80 年代，日本通过产业结构调整与技术密集型产业发展，在工业机器人、半导体与集成电路等高端制造业领域实现了突破，经济实现了长期稳定增长。即使进入"衰退的十年"，日本制造业增加值占 GDP 的比重也一直维持在 19% 以上，制造业仍然支撑着日本经济的恢复与发展，并且仍是当今日本经济复苏的根本动力。20 世纪 90 年代以来，受新兴经济体的崛起以及国内劳动成本上升等因素影响，日本制造业空心化开始加剧。2008 年国际金融危机爆发后，面对国内外环境的新变化，日本制造业也开始了新的调整。一方面，日本传统制造业企业开始积极剥离辅业，布局智能城市、新能源等新兴高科技产业，积极进行产业升级；另一方面，日本在关键设备、精密零部件等方面的技术水平仍处于世界领先地位，随着制造业的回流，向高端制造业转型的产业逐渐增加。

2008 年由美国次贷危机引发的金融危机最终导致世界经济危机，严重伤害了实体经济，至今尚在缓慢复苏中。危机促使人们反思：怎样看待制造业？如何通过重振制造业，重建实体经济与虚拟经济之间的平衡？人们看到，新自由主义的放任自私、追求杠杆效益、倡行"去工业化"，引致制造业日趋"空心化"。当代制造业重新成为全球经济竞争的制高点，各国纷纷制定以重振制造业为核心的再工业化战略。一方面，美国发布《先进制造业伙伴计划》《制造业创新网络计划》，德国发布《工业4.0》，日本在《2014制造业白皮书》中提出重点发展机器人产业，英国发布《英国制造2050》等；另一方面，越南、印度等一些东南亚国家依靠资源、劳动力等比较优势，也开始在中低端制造业上发力，以更低的成本承接劳动密集型制造业的转移。

2.1.2 国内制造业发展现状

经过中华人民共和国成立60多年特别是改革开放以来的快速发展，我国制造业取得了举世瞩目的成就，已经成为支撑国民经济持续快速发展的重要力量，建成了门类齐全、独立完整的产业体系。但我国仍处于工业化进程中，大而不强的问题依然突出，与先进国家相比还有较大差距，未来的发展之路依然任重而道远。

自主创新能力弱，关键核心技术与高端装备对外依存度高，以企业为主体的制造业创新体系不完善。近年来我国科技创新取得了显著成就，专利申请数量大幅上升，2017年我国授权的发明专利共计32.7万件，连续5年位居世界首位。但关键核心技术受制于人的局面仍然没有得到根本上的改变，大量的关键零部件、系统软件和高端装备基本都依赖进口。与发达国家相比，我国制造企业开展技术创新的动力不足、活动不够活跃，尚未真正成为技术创新的主体。我国基础研究投入不足是缺乏重大突破性、颠覆性创新的重要原因之一。据统计，我国基础研究的比例不足5%，仅仅是发达国家的1/4。原隶属于各工业部门的院所改制为企业之后，更多的资金、人力和管理开始从共性技术领域转到应用技术和商业化领域，不再从事共性技术的研发，产业共性技术的研发和产业化主体弱化。同时，高等学校、科研院所与企业拥有不同的评价机制和利益导向，各自创新活动的目的严重分化，科研成果转化率仅为10%左右，远低于发达国家40%的水平，"产学研"合作创新的有效机制尚未形成。由于创新能力不强，我国在国际分工中尚处于技术含量和附加值较低的"制造—加工—组装"环节。

产品档次不高，缺乏世界知名品牌和跨国企业。我国制造业竞争力不强，缺乏世界知名品牌，领军企业发展不足。首先，我国产品质量和技术标准整体水平不高。国家监督抽查产品质量不合格率高达10%，出口商品长期处于国外通报召回问题产品数量首位，制造业每年直接质量损失超过2 000亿元，间接损失超过万亿元。其次，我国企业在品牌设计、品牌建设和品牌维护等方面投入严重不足,品牌发展滞后。最后,我国标准体系整体水平不高。据统计,我国主导制定的国际标准占比不到 0.5%,标准更新速度缓慢,"标龄"高出德、美、英、日等发达国家 1 倍以上。

资源能源利用效率低,环境污染问题较为突出。我国以重化工业为主的工业结构导致资源能源需求强劲,环境污染问题日益突出。而且,一些地方和企业单纯依靠大规模要素投入获取经济增长速度和经济效益,造成能源资源利用率偏低和环境污染严重。据英国 BP 公司统计,我国单位 GDP 能耗约为世界平均水平的 1.9 倍、美国的 2.4 倍、日本的 3.65 倍,同时高于巴西、墨西哥等发展中国家。《2017BP 统计年鉴》指出:中国 2016 年的能源消费量仅增长了 1.3%,是自 1997 年以来的最低水平,但仍是全球能源消费增长最快的国家。资源与环境成本低廉、资源与环境价值未能得到体现,市场机制难以发挥合理配置资源环境要素的基础性作用。环境监管不力与违法成本偏低也是诱发环境问题的重要原因。《2017 年中国生态环境状况公报》显示,我国空气质量平均超标天数比例为 22%,比 2016 年下降 0.8%,全国 338 个地级及以上城市,仍有 239 个城市空气环境质量超标。《2016 年中国国土资源公报》显示,我国海洋生态环境状况基本稳定,但是近岸局部海域污染较严重。

产业结构不合理,高端装备制造业和生产性服务业发展滞后。长期以来,我国制造业发展主要依靠要素低成本优势、通过引进技术和管理迅速形成生产力来实现规模扩张,依靠投资进行拉动,传统产业产能过剩矛盾突出,工业发展尚缺乏统筹协调,区域产业发展同质化问题严重。在产业结构方面,我国制造业中资源密集型产业比重过大,技术密集型产业偏低,钢铁、电解铝、平板玻璃、水泥等供给能力大幅超出需求,光伏、风电等新兴产业也开始出现产能利用不足。我国的生产性服务业发展还处于起步阶段,主要停留在批发零售、运输仓储等低端服务领域,许多关键领域自主研发能力不强,直接影响到向服务转型的程度和效果。部分传统行业集中度相对偏低,产业集聚和集群发展水平不高,工业发展尚缺乏"全国一盘棋"的统筹协调机制。

信息化水平不高,与工业化融合深度不够。"两化"深度融合是建设制造强国、走新型工业化道路和转变发展方式的重要动力,是打造工业竞争新优势,在向工业化迈进的过程中抢占先机的重要条件。不过,我国的信息化水平仍然不高,"两化"融合仍有巨大潜力可挖。信息基础设施建设和应用水平仍然滞后于发达国家。《2016 年全球信息技术报告》指出:我国网络就绪度指数(NRI 指数)名列全球 59 位,远低于美、日、德、韩等国家。企业利用信息技术改造传统生产方式和工艺流程的意愿偏低,大部分地区和行业仍处于以初级或局部应用为主的阶段，且不同地区、行业及不同规模企业间信息化水平差距明显。关系国家经济、社会安全的高端核心工业软件主要依赖进口，信息化与信息安全相关领域人才储备严重不足。

在现有的制造业产业链格局中，美国等发达国家负责产业链上游的研发设计和关键零部件的提供，而将一些制造加工活动外包到中国，中美两国更多的是一种产业链的协同关系，双方分处产业链的不同环节，彼此占有不同的国际市场。随着第三次工业革命的到来，各国都在布局高科技产业。从中国来看，中国经济进入一个中高速增长的新常态，传统依靠劳动力等资源投入的粗放型增长模式已无法持续，制造业转型升级十分迫切。从美国来看，在"再工业化"政策实施后，美国并非回归传统制造业，主要是聚焦可再生能源、智能电网、新材料、信息技术、工业机器人等先进制造业领域，而这些领域与我国在 2010 年提出的战略性新兴产业不谋而合，其必然会以多种方式限制我国制造业向高级化发展。

2.2 四川制造业与制造体系发展沿革与现状

四川制造业在改革开放后始终坚持稳步发展，在西部大开发战略实施后更是站到新的历史起点上，四川省开始承接产业转移后其综合实力与国内竞争力显著增强。本节从四川制造业及制造体系发展历史进程、产业结构与分布现状、发展现状三个方面阐述四川制造业及制造体系的发展沿革。

2.2.1 发展历史进程

在长期计划经济作用下，四川迅速形成制造业特别是重型制造业占主要成分的超前工业结构。改革开放初期，国有经济比重长期持续过高，导致工业结构调整缓慢；同时，四川轻型制造业得到恢复性增长，这二者共同导致制造业比重难以下降。当改革开放进行到 20 世纪 90 年代时，东、西部比较优势发生转变，四川省制造业开始受到来自东部的有力竞争而逐渐衰退，资源采掘与初级加工产业优势凸显。随着西部大开发顺应了这一趋势，提出按照比较优势改革产业结构的指导思想和相应政策，四川资源型制造业进入了长期而深入的发展。

2.2.1.1 发展沿革

早在三千年以前，四川盆地被誉为"天府之国"，农业、手工业和商业相当发达，成都和重庆成为当时的政治中心和商业中心。鸦片战争后，重庆成为长江流域开放的商埠之一；经过长期发展，重庆市不仅商业进一步繁荣，而且工业、内河航运业等都有了极大的发展，成为当时全国的政治、经济和文化中心。中华人民共和国成立后的"三线"建设时期，国家在成渝地区进行了大规模的现代工业和基础设施建设，带动了成渝地区的工业化进程和城市建设。1997 年，重庆成为中国最年轻的直辖市后，学界和政府部门就开始考虑通过合作促进重庆与四川省的经济社会协调发展问题。2006 年，国家四川大开发"十一五"规划中明确提出建设成渝经济区。2007 年 4 月，四川发改委联合重庆向国家发改委上报《关于编制成渝经济区发展规划的请示》；同年 6 月，国家发改委在京组织召开《成渝经济区发展规划》编制前期工作启动会。2010 年 7 月，国家发改委编制完成《成渝经济区区域规划》（征求意见稿）；同年 12 月，《成渝经济区区域规划》经国家发改委主任办公会审议通过，上报国务院审批。2011 年 3 月，《成渝经济区区域规划》获得国务院原则通过。

2.2.1.2   基本概况

作为西南中心四川省，不仅是西南大发展的战略支撑，也是国家推进新型城镇化的重要示范区。四川省的成都、自贡、泸州、德阳、绵阳（除北川县、平武县）、遂宁、内江、乐山、南充、眉山、宜宾、广安、达州（除万源市）、雅安（除天全县、宝兴县）、资阳等 15 个市，总面积 18.5 万平方千米，2014 年常住人口 9 094 万人，地区生产总值 3.76 万亿元，分别占全国的1.92%、6.65%和5.49%。

2.2.1.3   产业结构与特色

从表 2.1 可以看出，成都产业结构以第二、三产业为主，正在形成以高新产业为主的新兴工业及新兴服务业结构；自贡、泸州、德阳、绵阳（除北川县、平武县）、遂宁、内江、乐山、南充、眉山、宜宾、广安、达州（除万源市）、雅安（除天全县、宝兴县）、资阳等 14 个市产业结构也以第二、三产业为主导，但第一产业仍有一定比例，说明在解决农业发展问题方面仍有待提高。

表 2.1　　　　　　2015 年四川各城市产业结构构成情况　　　　单位：亿元

城市	生产总值	按产业分			按行业分
		第一产业	第二产业	第三产业	工业
成都	10 801.2	373.2	4 723.5	5 704.5	4 056.2
14 个市	15 717.27	1 150.15	7 069.30	7 497.75	5 557.52

资料来源：中华人民共和国国家统计局. 中国统计年鉴（2016 年）[J]. 北京：中国统计出版社，2017.

2007 年发布的《四川省产业集群发展报告》认为，四川省具有全国或世界范围竞争力的产业集群发展到了十余个，从表 2.2 可以看出，比较著名的包括以长虹集团为代表的绵阳家电产业集群、以第二重型机械集团为代表的德阳重大技术装备产业集群、以迪康股份为代表的成都生物制药产业集群、以泸州老窖为代表的泸州白酒产业集群、以作为国家软件产业基地的天府软件园为基础的成都软件产业集群，还有成都家具产业集群、成都鞋业产业集群、夹江陶瓷产业集群、广汉钻机产业集群、沿成南高速的纺织产业集群，等等。产业集群的形成：一是来自早期国家投资建设的工业基础；二是核心城市的区位、交通、科教、金融、人才和商贸等方面的综合优势和对周边的辐射作用。四川省的产业集群都基本上位于成都市及其周边。

表 2.2   **四川产业城市集群**

城市	产业群	典型企业
绵阳	家电产业群	长虹集团
德阳	技术装备产业群	第二重型机械集团
成都	生物制药产业群	迪康股份
泸州	白酒产业群	泸州老窖
成都	软件产业群	天府软件园
成都	家具产业群	全友家居
广汉	钻机产业群	宏华集团

另外，四川的重大装备、航空航天等制造业在全国处于领先水平，为下游的资源加工型、劳动密集型和具有市场需求的资本密集型产业向上游转移奠定了坚实的基础，可布局战略性新兴产业集聚区和创新型产业集群。此外，在宜宾、泸州、绵竹等地可借助生态水资源和农作物资源，以五粮液、国窖 1573、郎酒、剑南春为重点的品牌，壮大白酒制造业基地，辐射周边区域发展饮料和精制茶制造业和农副食品加工等制造业。

2.2.2 四川制造业产业结构与分布现状

四川正处于加快工业化和城镇化的进程之中，四川需要更多的产业发展作为工业化的内容和城镇化的支撑，对东部的转移产业具有强大的需求。近年来，四川产业转移承接加速，促进了四川经济的快速发展和产业结构的明显变化。

从全国层面来看，西部制造业中交通运输、有色金属、黑色金属、非金属、医药制造、石油加工、烟草制造、饮料制造、食品制造和农副食品加工行业在全国具有较强的集聚优势。其中，饮料制造、石油加工和食品制造十年间集聚优势明显增强。从西部制造业总体分布来看，四川省制造业的发展在四川处于明显的优势地位，处于西部第一集团。内蒙古、广西、重庆、陕西紧随其后，所占份额均大于平均份额，处于西部第二集团，其中内蒙古十年间增长强劲，已经略为领先于其他三省（市、区）。云南、甘肃、新疆略低于平均份额，处于西部第三集团，云南、甘肃两省制造业份额近年来不断下降，值得警惕。贵州、宁夏、青海制造业发展则相对落后。

从四川各制造业前三位地区的地理集中度来看，化学纤维和通信设备行业的地理集中度最高，超过80%；通信设备、仪电仪表、交通运输、烟草制造、农副食品加工与纺织业地理集中度较高，超过70%；造纸、饮料制造、专用设备、食品制造、石油加工、金属制品与非金属的地理集中度较低，只有60%~70%；电气设备、医药制造、黑色金属、化学原料与有色金属的地理集中度最低，尚不足60%。此外，从2000—2010年间各个制造业地理集中度的变换趋势来看，通信设备、金属制品、化学纤维与食品制造业四个行业集中度增长明显，仪电仪表、交通运输、专业设备、非金属、化学原料、造纸、纺织业、饮料制造与农副食品加工行业集中度也均有小幅的增长，而通信设备、电气设备、有色金属、黑色金属、医药制造、石油加工、饮料制造行业集中度有不同幅度的下降，其中石油加工行业的下降幅度最大。

从各制造业在四川的集聚程度来看，通信设备、专用设备、通用设备、金属制品、非金属、化学纤维、医药制造、化学原料、造纸、纺织业、饮料制造和农副食品加工12个产业上具有集聚优势。而西部其他省（市、区）：贵州在黑色金属、非金属、医药制造、化学原料、烟草制造和饮料制造6个产业具有集聚优势；云南在有色金属、黑色金属、医药制造、化学原料和烟草制造5个产业具有集聚优势；陕西在仪电仪表、电气设备、交通设备、专用设备、通用设备、医药制造和石油加工7个产业具有集聚优势；甘肃在电气设备、有色金属、黑色金属和石油加工4个产业具有集聚优势；内蒙古在有色金属、黑色金属、化学原料、纺织业、食品制造和农副食品加工6个产业上具有集聚优势；广西在交通运输、专业设备、黑色金属、非金属、造纸和农副食品加工6个产业具有集聚优势；重庆在仪电仪表、电气设备、交通运输、通用设备、金属制品和造纸6个产业具有集聚优势；青海在有色金属、黑色金属、非金属和化学原料4个产业具有集聚优势；宁夏在仪电仪表、有色金属、非金属、化学原料、石油加工、造纸、纺织业和食品制造8个产业具有集聚优势；新疆在电气设备、黑色金属、化学纤维、化学原料、石油加工、纺织业和食品制造7个产业具有集聚优势。

2.2.3 四川制造业发展现状

2017年四川GDP增速持续领跑全国，四川经济持续发展，战略地位不断提升。2017 年，四川省规模以上工业增加值同比增长 8.5%，超年度预期目标 0.5 个百分点，比全国平均水平（6.6%）高 1.9 个百分点，增速在全国十大经济省列第 1 位。

分年度看，2013—2017 年规模以上工业增速分别为 11.1%、9.6%、7.9%、7.9%、8.5%，2017 年实现了在 2015 年、2016 年触底基础上的增长加速，走出一条"止滑—触底—回升"的发展轨迹。

分市州看，四川有 16 个市（州）全年累计增速高于全省平均水平，其中，甘孜（21.5%）、泸州（10.9%）、巴中（10.7%）、德阳（10.5%）、绵阳（10.5%）、宜宾（10.5%）、南充（10.2%）7 个市（州）累计增速在 10%以上。成都、甘孜、达州、自贡、广安、德阳、宜宾、资阳、绵阳 9 个市（州）累计增速较 2016 年加快 0.5 个百分点以上，发展势头均较好。

2017 年，四川全省累计工业用电量 1 377.1 亿千瓦时（创 3 年来用电总量新高），同比增长 2.9%，比上年提升 1.7 个百分点。直购电量 520 亿千瓦时以上，省调水电外送电量 359 亿千瓦时，同比增长 35.7%，创历史新高。

工业品价格持续明显回升。从 2016 年 10 月份开始，全省工业品出厂价格（PPI）连续 15 个月保持正增长。2017 年内 PPI 累计涨幅呈现逐月提升态势，全年累计上涨 6.5%，涨幅比上年（-1.1%）提高 7.6 个百分点。

先行指标保持扩张态势。12 月份，四川制造业 PMI 为 50.4%，连续 4 个月运行在扩张区间，全年有 9 个月位于扩张区间。四川制造业 PMI 全年月均值为 50.4%，比上年高 0.7 个百分点。

2.2.3.1 工业总量不断扩张，规模扩大

2015 年，我国实现工业增加值 278 243.74 亿元，西部完成 53 257.25 亿元，占全国总额 19.14%。与 2011 年相比，西部工业增加值增加了 11 220.73 亿元，工业总量得到大幅提升，年均增幅为 6.67%，高于东部地区 5.36%的年均增速，已成为支撑西部经济增长的主要力量。但西部与东部沿海地区相比仍有较大差距（见表 2.3）。

表 2.3　　　　　　　　2011—2015 年我国四大地区工业增加值　　　　单位：亿元

地区	工业增加值				
	2015	2014	2013	2012	2011
东部	143 094.78	140 801.6	133 752.61	125 047.37	117 854.01
中部	59 760.81	59 744.1	57 323.39	53 675.768 6	48 974.758 9
西部	53 257.25	54 121.63	50 593.6	47 003.09	42 036.52
东北	22 130.9	23 823.48	23 450.28	22 428.25	20 849.09

资料来源：根据 2012—2016 年《中国环境统计年鉴》整理。

2.2.3.2　工业增速放缓，但总体上仍快于东部

我国 2015 年工业增加值的增速为 6.1%，制造业增长 7%，制造业东部、西部 2015 年年底工业增加值增速相比 2013 年同期增速下降 1.8%、0.7%。总体上我国工业经济增速较快的地区仍然大部分分布于西部。四川省工业的增速得益于国际经济缓慢复苏，国内扩大基础设施建设、中小企业税负减免、定向降准等有针对性的"稳增长"政策效果显现，以及四川从东部承接部分产业转移发挥的效应。

2.2.3.3　四川承接产业转移步伐进一步加快

随着土地、劳动力等要素成本上升，东部沿海地区一些产业特别是劳动密集型产业的边际收益下降，产业升级、转型压力和产业转移要求日益增强；同时四川交通、能源、信息网络等基础设施建设的不断完善及一系列产业转移对接活动加快了纺织、机械、能源、化工、建材等传统产业向四川转移，四川的新能源、新材料、装备制造等战略新兴产业也逐渐走上发展的"快车道"。主要表现为四川投资增速明显超过经济发展水平较高的东部沿海地区。

虽然受制造业产能过剩、需求不足的影响，但随着中央"丝绸之路经济带""西南桥头堡""渝新欧通道"等战略构想的推动下，四川承接产业转移步伐将进一步加快。产业的加快转移也保障了四川工业的快速发展，促进四川提高产业水平、更新产业结构，更好地发挥资源与劳动力优势，加快四川经济发展（见表 2.4）。

表 2.4　　　　　2011—2015 年全国及四大地区固定资产投资额　　　单位：亿元

地区	固定资产投资额				
	2015	2014	2013	2012	2011
东部	82 757.73	73 910.63	62 914.7	51 377.200 9	46 480.249 3
中部	55 298.312 3	49 674.4	42 524	34 765.157 9	27 649.411 9
西部	29 922.902 3	29 586.460 1	25 705.5	22 127.480 1	17 388.189
东北	15 207.51	16 582.81	16 560.7	14 671.41	11 195.426 9

资料来源：根据国家统计局官网相关数据整理。

2.2.3.4　产业集群发展水平明显提升

四川通过大力发展产业集群这种产业组织形式，鼓励和引导中小企业与龙头骨干企业开展多种形式的经济技术合作，建立稳定的供应、生产、销售等协作、配套关系，提高专业化协作水平，完善产业链，打造创新链，提升价值链，培育和发展一批成长性好的产业集群，逐步聚焦集群战略导向，形成兼具规模经济优势和主导产业特色的专业化产业集群。

2.3　四川制造业与制造体系存在的主要问题

四川大开发十余年来，四川快速发展，近年来四川经济增速明显高于东部地区，支撑经济高增长的传统动力主要靠消费、投资、出口。但随着经济发展进入新常态，资源环境约束越来越强，劳动力成本优势逐渐减弱，部分传统产业产能过剩问题凸显。人口、资金、自然资源传统动能的增速减弱，同时技术创新、"互联网+"、制度与结构改革等新动能释放的能效尚不稳定，新产业的增速还未显现，四川制造业与制造体系的可持续发展出现动能"青黄不接"的结构性问题。

2.3.1　四川制造业存在的主要问题

2.3.1.1　制造业企业生产经营困难加剧

四川制造业企业在生产经营过程中面临着日益增长的劳动力成本和资源要素成本，依靠低成本衍生出来的高资本回报率优势丧失。随着城市化与工业化进程的加快及土地政策的收紧，土地资源日趋紧张，土地价格不断上涨。生产要素的供给持续趋紧，在一定程度上加快了人工、土地等生产要素成本的上升势头。同时企业转型过程中在环保、技术改造方面的投入不断增加，将导致企业经营成本进一步提高。除了成本上升带来的困境，很多企业还面临资金方面的压力。四川企业亏损额达到亿元，而利润总额同比下降。在人口红利消失、生产成本上升、全要素生产率偏低等供给层面的约束下，制造业企业依靠低成本赚取高回报的优势消失殆尽，生产经营难度进一步加大。

2.3.1.2　科学技术水平不高

四川制造业大多为传统产业，设备陈旧，技术水平普遍落后，因受资本短缺制约，整体技术更新换代困难。近年来发展起来的现代制造业也普遍存在着数量少、规模小、资本投入不足和自身技术创新能力差等问题。四川制造业目前面临着技术相对落后，产品更新困难，市场竞争力下降的困境。

2.3.2　四川制造体系存在的主要问题

四川制造体系产业结构不合理，四川以重化工业为主的工业结构导致资源能源需求强劲，环境污染问题日益突出。以传统产业为主的四川制造业多属于"夕阳产业"，在产品种类、产品结构、产业技术、产业组织等方面都比较落后。因而，四川制造业的发展面临着产业全面转型、产品结构调整、产业结构和技术升级以及产业组织创新等多重困难。而且，一些地方和企业单纯依靠大规模要素投入获取经济增长速度和经济效益，造成能源资源利用率偏低和环境污染严重。

制造业集聚地与资源集聚地匹配不均衡，资源配置效率有待提高。四川制造业聚集一味追求与经济发展水平相一致，缺乏综合考虑各区域资源禀赋与环境承载力，造成资源浪费、环境污染等问题。产业的协调程度、结构聚合质量有待提高，部分传统行业集中度相对偏低，产业集聚和集群发展水平不高，制造业发展尚缺乏"四川一盘棋"的统筹协调机制。

四川科技创新能力较弱，对制造体系"绿色化"发展支撑不足，四川的技术创新能力不强。从整体上看，四川高科技人才匮乏，制造企业开展技术创新的动力不足、表现不够活跃，尚未真正成为技术创新的主体。对高技术产业或产业高端的吸引力不强，主要承接的还是技术含量低、产业带动及升级动力不足的产业。因此，在全球产业梯度转移中，四川还是以产业价值链的低端被动进入跨国公司的生产体系。例如成都、绵阳等在快速推进的信息产业承接中，主要还是集中于承接信息产业中的最低的价值端生产者，集中于劳动密集型产业的承接，无法支撑制造体系"绿色化"的可持续发展。

四川制造业发展没有摆脱高投入、高消耗、高排放的粗放模式，制造业仍然是消耗资源能源和产生排放的主要领域，资源能源的瓶颈制约问题日益突出。

四川制造业中一些以能源及资源初加工为主的产业加重了对资源、环境的损耗，特别是火电、金属冶炼、矿产品初级加工等资源性企业主要产生二氧化硫排放、工业烟尘排放等环境污染问题。四川资源开发产生的负外部性，对矿山及其周围环境造成污染并诱发多种地质灾害，四川的总体资源环境承载力正逐步减弱，并逐渐向承载极限靠近。在未来发展中，四川资源环境承载力状况将不容乐观，这是四川在承接产业转移、加快工业化进程中需要特别考虑到的一个制约因素。

资源与环境成本低廉，资源与环境价值未能得到体现，市场机制难以发挥合理配置资源环境要素的基础性作用。环境监管不力与违法成本偏低也是诱发环境问题的重要原因。

2.4　经验借鉴与发展趋势

制造业是国民经济的主体，是立国之本、兴国之器、强国之基。制造业的发展与进步，使人类历史薪火相传，也为实现国家现代化提供了坚实的产业基础。而现代化发展到新的历史阶段又对制造业提出了新的要求，并推动制造业在结构、产品、业态、模式等内涵特征上产生革命性变化。明晰国内大环境下的发展趋势，根据四川资源、环境现状，探索具有四川特色的制造业及制造体系的发展趋势，是构建四川绿色制造体系的基础。

2.4.1 经验借鉴

中国虽已是制造业大国，但远不是制造业强国，其制造业尚处于产业价值链低端，面临要素成本上涨、产能过剩矛盾突出、市场竞争加剧、环境污染严重、转型升级步伐缓慢等诸多矛盾和难题。随着中国人口红利的逐渐消失、土地成本大幅上升以及一些对外商优惠政策的相继废除，外商在中国投资的成本将大大上升，哈佛商学院教授威利·石的研究显示，2000 年初，美国制造业的人工成本是中国的 10 倍，这一差距在 2014 年缩小到 3 倍。据波士顿咨询的预测，大概在 10 年之后，现有的外包产业将面临一个转折点，将会有 10%~30% 的产能转回美国。从外部竞争环境来看，一场影响深远的新产业革命正在孕育发生之中，新一轮全球产业深刻变革正在加速推进；与此同时，发达国家纷纷实施"再工业化"战略，重点发展高端制造业，以期在未来国际经济竞争中占据有利地位。面对国内外产业发展条件和竞争环境的变化，借鉴发达国家制造业发展战略，加快推进中国制造业转型升级步伐，显得尤为必要和迫切。

第一，将智能化、数字化和服务化作为制造业发展的基本方向。德国《工业 4.0》战略是在先进制造业发展的基础上，通过将物联网和服务网应用于制造业生产的全过程，构建起智能化、数字化的信息物理系统，加强制造业与服务业的有效融合，从而实现制造业的高端化发展。可以说，制造业的智能化、数字化和服务化代表了世界制造业发展的方向和潮流。中国制造业大多还停留在机械生产阶段，即"工业 2.0"阶段，信息化对制造业的作用水平总体不高，特别是在作为《工业 4.0》战略基本内容的智能化、数字化和服务化方面，中国制造业发展相对更为落后。中国必须借鉴德国《工业4.0》战略，把智能化、数字化和服务化作为制造业发展的重要方向。

第二，基于系统、关联、集成、协同与融合的视角，重构中国新型制造业产业体系。德国《工业 4.0》为德国提供了由区域产业集聚与布局、产业组织结构、产业链构成、企业协同网络以及企业内部系统集成共同构成的多层次、多结构、相互关联和影响的科学产业体系，为其制造业竞争力进一步提升奠定了良好的基础。目前，中国虽然也建立起了相对完整的工业体系，但主要产业的产业链不完整，智能化、数字化应用水平偏低。应借鉴德国《工业4.0》战略的思路，在区域层面，打造具有较强竞争力和影响力的工业产业集群，特别注重对智能产业集群的培育；在产业层面，打造网络型、智能化、数字化生产制造方式与产业运行新模式；在产业链层面，继续强化企业创新和竞争力提升，加快从现有产业链低端向中高端跃升，同时把握全球产业分工和价值链重组的新趋势，扬长补短，深度嵌入，向国际产业链中高端跃升。

第三，全面推行绿色制造。2008年国际金融危机发生后，为刺激经济振兴、创造就会机会、解决环境问题，联合国环境署提出绿色经济发展议题，在2009年的"20国集团"会议上被各国广泛采纳。各主要国家把绿色经济作为本国经济的未来，为抢占未来全球经济竞争的制高点，加强战略规划和政策资金支持，绿色发展已成为世界经济发展的重要趋势。欧盟实施绿色工业发展计划，投资1 050亿欧元支持欧盟地区的绿色经济；美国开始主动干预产业发展方向，再次确认制造业是美国经济的核心，瞄准高端制造业、信息技术、低碳经济，利用技术优势谋划新的发展模式。同时，一些国家为了维持竞争优势，不断设置和提高绿色壁垒，全球化面临新的挑战，绿色标准已经成为国际竞争的一大利器。

2.4.2 我国制造业与制造体系的发展趋势

2008年国际金融危机发生后我国制造业的资源价格、劳动力价格不断上升，迫使我国传统制造业的低成本优势逐步消减、利润逐步下降。在面临发达国家"高端回流"和发展中国家"中低端分流"的双向挤压的挑战下，我国对制造业的转型升级提出了更高的要求，2015年8月24日国务院总理李克强主持召开国务院常务会议提出"中国制造"有效供给应满足消费升级需求，我们应紧抓新一轮工业革命这一机遇期建设新型制造业，构建新型制造体系。

2.4.2.1 建设智能化、服务化、绿色化的新型制造业

我国制造业发展的总体思路是坚持走中国特色新型工业化道路，《中国制造2025》指出，我国制造业未来发展趋势要以促进制造业创新发展为主题，以推进智能制造为主攻方向；积极发展服务型制造，加快制造与服务的协同发展；全面推行绿色制造，加快制造业绿色改造升级。未来我国制造业发展的着力点不在于追求更高的增速，而是要追求高技术含量、高附加价值，符合低能耗、低污染的低碳经济要求，即智能化、服务化、绿色化发展。

（1）智能化。在大数据时代与我国新常态背景下，科技创新成为我国新型制造业抓发展、谋未来的中坚力量，加快形成以科技创新为主要动能支撑

的制造业发展模式，从"资源型制造业"向"智能型制造业"迈进。制造业企业必须紧抓智能化时代机遇，通过将新一代智能化与信息化技术广泛应用于产品设计、研发、生产、管理的全过程，推动生产方式向柔性、智能、精细转变，加快实现制造业信息化与工业化的深度融合。

（2）服务化。消费者自我意识的强化与信息技术的发展，驱使制造业企业不断重视"顾客满意度"的提升，重新看待制造业与服务业的界限，开始用融合发展的新理念重新定位产业路径。制造业企业应从产品设备供应商转向系统集成总承包和整体解决方案提供商，将价值链由以生产型制造向服务型制造延伸，发展个性化定制服务、全生命周期管理、网络精准营销和在线支持服务等，推动商业模式创新和业态创新，促进生产型制造向服务型制造转变，加快制造与服务的协同发展。

（3）绿色化。传统的低水平、资源型、高能耗的粗放发展方式不仅给人类社会造成了严重的环境污染与生态破坏，同时严重影响了我国经济质量水平。发达国家自 20 世纪 80 年代起就提出要以绿色、低碳技术及其产业化作为突破口，塑造新的竞争优势，抢占新的制高点。绿色制造已成为生态发展的需要，更是中国制造向高端发展的必然选择，绿色发展是破解资源、能源、环境瓶颈制约的关键所在，是实现制造业可持续发展的必由之路。

2.4.2.2　构建以"绿色化"为引领的新型制造体系

制造体系"绿色化"发展是当前我国制造业发展的必然趋势与选择，它是以实现经济、社会和环境效益协调发展为目标，强调区域协同发展、制造业智能化与服务化融合发展。

当前，我国经济发展进入新常态，习近平总书记从历史和现实的角度阐释了当前我国经济发展进入新常态的显著特征，论证了引领新常态的五大发展理念，强调提出在适度扩大需求总量的目标，着力推进供给侧结构性改革。新型制造体系建设应适应宏观经济背景的这一重要变化，依据新的阶段性特征来推进。经济发展不能再依靠大量的投资和产能扩张来实现，绝不能以牺牲环境为代价来获取经济发展，坚决贯彻减量化、再利用、资源化的原则，我国制造体系的新常态是全面推行绿色发展、循环发展、低碳发展，构建绿色制造体系，走生态文明的发展道路。

构建绿色制造体系是建设制造强国的内在要求。我国制造体系不能再以简单的数量增加和规模扩张去实现发展，而是要大力实施绿色技术创新，下大力气推动生产能力更新和绿色化。制造业要主动适应新常态，把绿色低碳转型、可持续发展作为建设制造强国的重要着力点，放在更加重要的位置，大幅提高制造业绿色化、低碳化水平，加快形成经济社会发展新的增长点。

　　我国制造业既要保持中高速增长、支撑国民经济合理增速，又要实现产业结构和生产方式绿色化、应对资源能源约束和生态环境压力，只有坚持把创新摆在制造业发展全局的核心位置，进一步强化工程科技的支撑地位，才能够实现质量更优、效率更高、消耗更少、污染更小、排放更低的绿色发展。全面推行绿色制造，推进工业转型升级，构建绿色制造体系，技术进步和创新仍将是决定性因素之一。绿色化与智能化是未来制造业发展的重要方向，绿色化、智能化的关键在于重大绿色技术的不断创新和推广应用，在于先进工程科技的不断突破和坚实支撑。要把全面推行绿色制造作为一项系统工程，进一步突出绿色工程科技的战略支撑作用，加强绿色科技创新，加快研发应用技术先进、经济可行的实用技术，积极组织实施能够统筹节能、降耗、减排、治污的集成化、系统化绿色解决方案，才能够实现质量更优、效率更高、消耗更少、污染更小、排放更低的绿色发展。只有制造业实现了绿色发展，才能既为社会创造"金山银山"的物质财富，又保持自然环境的"青山绿水"，实现建成制造强国的梦想。

　　我国制造业总体上处于产业链中低端，产品资源能源消耗高，劳动力成本优势不断削弱，加之当前经济进入中高速增长阶段，下行压力较大，在全球"绿色经济"的变革中，要建设制造强国，统筹利用两种资源、两个市场，迫切需要加快制造业绿色发展，大力发展绿色生产力，更加迅速地增强绿色综合国力，提升绿色国际竞争力。推进我国制造业绿色发展已到了非常紧迫和关键的时刻。一方面，中国对全球资源的需求量很大，我国原油需求量占全球原油需求量的11%、铁矿石需求对外依存度高达84%，铝土矿需求量将持续扩大。另一方面，我国重化工产品产量所占全球市场份额过大，我国粗钢产量约占全球产量的49.38%；电解铝占40%；成品油产量为33 516.75万吨，同比上涨19%；乙烯产量达1 704.43万吨，同比增长5%；化肥产量达到6 934万吨，而我国化肥需求量仅为4 894万吨，过剩产能近一半。这就要求我们形成节约资源、保护环境的产业结构、生产方式，改变传统的高投入、高消耗、高污染生产方式，建立投入低、消耗少、污染轻、产出高、效益好的资源节约型、环境友好型绿色制造体系，这既是强国制造的基本特征，也是制造强国的本质要求。

2.4.3　西部制造业与制造体系发展趋势

　　我国西部地区包括四川、重庆、贵州、云南、西藏、陕西、甘肃、青海、宁夏、新疆、广西、内蒙古12个省、自治区和直辖市，国土面积约占全国的71%。2017年西部地区GDP增速持续领跑全国，西部地区经济持续发展，战略地位不断提升。2017 年全年全部工业增加值 279 997 亿元，比上年增长 6.4%，其中制造业增长 7.2%。西部工业增加值同比增长 7.5%，增速比 2015 年回落 0.5 个百分点，仍领先于其他地区。

2.4.3.1 资源现状

我国地域辽阔，资源禀赋差异大。东部发达地区由于土地、资源及劳动力等要素资源变得日益稀缺，西部资源优势突出。西部的资源优势主要体现在丰富的自然资源禀赋、丰富而价廉的劳动力、丰富的特色农牧产品，等等。

第一，西部拥有丰富的矿产资源、能源、森林、草原等自然资源禀赋，是我国煤炭、天然气、有色金属、稀有金属、稀土金属、石棉、磷、钾肥的主要蕴藏地，更是石油、煤炭战略后备资源地。我国 60% 矿产资源储量分布在西部，有 45 种主要矿产资源已探明其工业储量。西部所拥有的矿产资源分布情况如表 2.5 所示。西部很多省（市、区）均是我国能源大省，能源储备

表 2.3　　　　　　　　　　西部资源分布情况

资源	品种	西部各省（市、区）拥有量及分布情况
主要能源	石油	西部占全国的 28.67%：其中新疆、陕西分别占全国的 15%、7%
	天然气	西部占全国的 81.19%，可开采储量占全国的 66%，主要分布在陕西、新疆、四川，分别占全国的 23%、21%、18%
	煤炭	西部探明储量占全国的 67%，可开采储量占全国的 50.61%，内蒙古、陕西、贵州、新疆分别占全国的 25%、8%、5%、4%
	水资源	长江、黄河、珠江、澜沧江等江河均发源于四川，这些江河上游水能资源占全国总量的 85% 以上，可开发装机容量占全国的 82%
主要黑色金属	铁矿石	西部占全国的 29.18%，其中四川、内蒙古分别占全国的 14%、6%
	锰矿石	西部占全国的 62.94%，其中西藏储量、贵州储量分别占全国的 35%、11%
	铬矿石	云南、内蒙古、甘肃分别占全国 39%、27%、22%
	钒、钛	西部钒占全国的 75.54%，四川、广西分别占全国的 57%、12%，钛矿资源占全国的 97.75%，仅四川储量占全国的 97.54%
有色金属	铜矿	西部占全国的 39.29%，云南、西藏、内蒙古储量分别占全国的 9%、8%、8%
	铅矿	西部占全国的 66.86%，云南、内蒙古分别占全国的 22%、19%
	锌矿	西部占全国的 77.05%，云南、内蒙古分别占全国的 34%、16%
	铝土矿	西部占全国的 54.64%，贵州、广西分别占全国的 28%、18%
	硫铁矿	西部占全国的 40.54%，四川约占全国的 22%
非金属矿产	磷矿	西部占全国的 52.11%，贵州、四川分别占全国的 21%、20%
	高岭土	西部占全国的 29.89%，仅广西约占全国的 28.39%

资料来源：根据相关文献整理。

极为丰富。据统计，全国 33.55% 的石油储量、51.25% 的煤炭储量以及 83.64% 的天然气储量均分布在西部各省（市、区）。西部可以利用资源优势，特别是积极吸引大型企业集团进入西部开发特色资源，以其强大的技术与资金投入提高矿产资源的综合开发率，并吸引和带动资源深加工产业，延伸产品链，增加产品附加值，由过去的原料基地变为重要的资源深加工基地。

第二，西部土地总量多、劳动力资源和特色农牧资源丰富，生产要素成本优势非常明显。西部土地广袤，拥有土地面积为 681 万平方千米，占全国土地总面积的 71% 左右，但是西部土地资源总量多，难利用、未利用的土地面积大，土地资源利用方式粗放，土地生产率低下。因此，西部土地资源利用率和生产率需要提升。西部人口总量约为 3.6 亿，其中大部分的劳动力在过去十多年中通过劳务输出到东部发达地区务工，培养了一大批有技术的熟练工人。如以黔东南州为例，总人口 400 万，外出打工口超过 100 万人。这些外出务工人员大多在建筑、服装、家具和电子等行业就业，这些产业与西部建设、制造业发展等需要一致。这不仅为西部提供了人力资源的支撑，更是为西部与东部地区形成产业合作和配套的天然纽带。

第二，西部因自然条件的多样性而拥有许多这些特色农牧产品不仅是其农牧业的比较优势所在，为西部承接东部轻工产业提供了极为良好的条件和基础，四川需要加大这些产业作为其轻工业发展方向，主动承接东部地区对于这些产业的转移，提高西部的轻工业发展比重，加快西部的产业结构调整。

2.4.3.2 环境现状

我国西部生态环境的特殊性。我国西部国土几乎占全国国土面积的 71%，其生态环境具有很强的特殊性，其生态状况大体可分为西北干旱区、青藏高原区和西南湿润区三大区域。其中，西北干旱区约占全国国土面积的 30%，包括新疆、甘肃、宁夏、内蒙古和陕北等地区，降雨量少蒸发量大，日温差大，冬春季风强，我国几大沙漠集中于该地区；青藏高原区约占国土面积的 25%，作为独特的生态地理区域，是世界上面积最大、海拔最高的高原，包括青海、西藏及四川等区域，平均海拔较高、空气稀薄、风力强、气温低，植被多属高寒类型，其中拥有现代冰川，是我国最为重要的固体淡水资源库，是长江、黄河的发源地；西南湿润区包括陕西秦岭以南、四川、重庆、云南、贵州、广西等地区，年降雨量充沛、气候湿热，是我国重要的生物多样性资源宝库。西部大部分地区生态脆弱，特别是西北干旱区和青藏高原区是我国的脆弱生态区域，抗干扰能力和自然恢复能力相对较弱，是受经济发展影响最严重的地区。西部是我国重要的生态资源富集区和主要的生态载体，集中了我国大部分的森林、草原、湿地、湖泊，成为我国赖以生存和发展的基本生态环境屏障。然而由于地质条件特殊，自然条件恶劣，水土流失严重，西部也是我国沙尘暴引发地，生态环境承载力极为脆弱。脆弱的西部生态环境已经威胁到当地人类社会的生存和发展，也构成了对国家的经济社会发展安全的影响。因此，保护好西部的生态环境不仅关系到西部生态安全与经济可持续发展，而且关系到全国的生态安全和可持续发展。

西部资源开发产生的负外部性，对环境造成极大的污染，严重透支了环境承载力。邱鹏（2009）指出，除青海、陕西、云南、四川、内蒙古、西藏等地的环境承载力尚有一定余地外，其余各省份（广西、甘肃、重庆、新疆、贵州、宁夏）均已处于超载状态，特别是经济发展落后的宁夏与贵州环境超载较严重；且西部总体资源环境承载力正逐渐减弱，逐步向承载极限逼近①。在未来发展过程中，西部资源环境承载力状况将不容乐观。

西部产业发展尚未摆脱高投入、高消耗、高排放的粗放模式，资源能源的瓶颈制约问题日益突出。制造业依然是消耗资源能源和产生污染排放的主要领域。一些以能源及资源初加工为主的产业加重了对资源、环境的损耗。在以内蒙古为代表的火电、金属冶炼、矿产品初级加工等资源性企业集中地中，二氧化硫及工业烟尘排放量大，环境污染问题严重。类似的资源性企业集中地中，规模以上工业生产总值远远落后于全国平均水平，但工业废气排放量、工业固体废物产生量、工业烟（粉）尘排放总量却远高于全国平均水平。通过对相关统计资料的进一步分析可知，东、中、西、东北四个区域工业排放量如图 2.1 ~ 图 2.3 所示，四川各省工业排放量如图 2.4 ~ 图 2.6 所示。

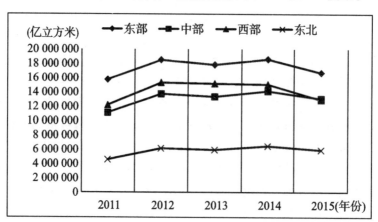

图 2.1　2011—2015 年四大区域工业废气排放总量

资料来源：根据 2012—2016 年《中国环境统计年鉴》整理。

---

① 邱鹏. 西部地区资源环境承载力评价研究 [J]. 软科学, 2009, 23（6）: 66-69.

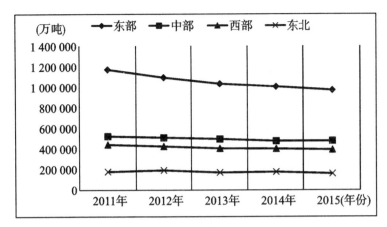

图 2.2 2011—2015 年四大区域工业废水排放总量

资料来源：根据 2012—2016 年《中国环境统计年鉴》整理。

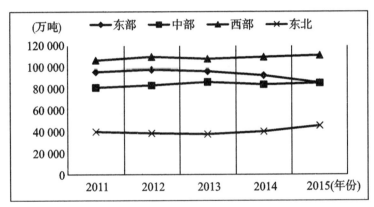

图 2.3 2011—2015 年四大区域一般工业固体废物产生量

资料来源：根据 2012—2016 年《中国环境统计年鉴》整理。

图 2.1、图 2.2、图 2.3 分别阐释了 2011—2015 年我国东、中、西东北四大区域的工业废气、废水、废物的排放总量及趋势。虽然数据显示东部地区的工业废气及废水的排放量远高于四川，这主要是由于东部地区工业企业数量众多导致的，将工业体量与三废排放量结合起来考虑，西部除了废水排放量处于较低水平外，废弃、废物排放量都处于高位。特别是废物排放量，即使在工业企业数量远低于东部的情况下，排放量仍处于第一。

首先，从污染水平指标变化趋势来看，东部地区的"三废"排放量呈现稳定下降的趋势，中部地区呈现出波动下降的趋势。而四川以及东北地区除了工业废气指标在 2014 年出现明显下降趋势外，工业废物和废水排放量有波动上升的趋势。

　　无论是从四大区域"三废"排放量的绝对值来看，还是从排放趋势来看，西部与东部发达地区都存在较大差异，属于高污染高排放的区域。这对西部构建绿色制造体系提出了更紧迫的要求。

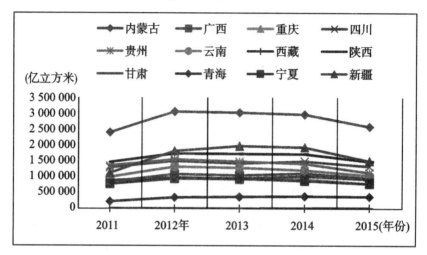

图 2.4　2011—2015 年西部各省工业废气排放总量

资料来源：根据 2012—2016 年《中国环境统计年鉴》整理。

　　其次，西部内部"三废"排放量的区域间差异逐渐拉大。关于废气排放，内蒙古、新疆、陕西等地排放量较其他省份相比明显偏高，虽然 2014 年有明显下降趋势，但仍高于其他省份。内蒙古排放量仍位居首位，四川省的排放量也在 2013 年首超贵州，位列第四。而在 2014 年废气排放量总体下降的趋势背景下，青海省仍出现稳定上涨的趋势。

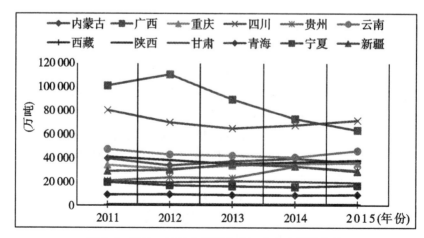

图 2.5　2011—2015 年西部各省工业废水排放总量

资料来源：根据 2012—2016 年《中国环境统计年鉴》整理。

关于废水排放，广西废水排放量逐年明显下降，而四川省呈现 U 形上升趋势，并在 2014 年首超广西，位列第一，且广西、四川两省份废水排放量远远高于其他省份。除贵州有波动上升趋势以外，其余省份处于稳定状态。

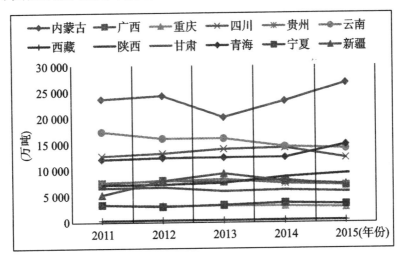

图 2.6　2011—2015 年西部各省一般工业固体废物产生量

资料来源：根据 2012—2016 年《中国环境统计年鉴》整理。

关于固体废物，内蒙古、青海、陕西增长趋势明显，不仅工业废气排放量位居前列，内蒙古一般工业固体废物产生量也位居第一，且明显高于其他省份。因为云南、四川两省固体废物产生量明显下降，在 2015 年，被青海反超，青海成为固体废物产生量的第二大省份。其余省份基本保持稳定。

2.4.4　四川制造业与制造体系发展趋势

四川制造业及制造体系经过 60 多年特别是改革开放以来的快速发展，在四川大开发战略实施后更是站到新的历史起点上，已经成为支撑四川国民经济持续快速发展的重要力量，其发展也取得了显著的成就。

改革开放四十年来，我国的工业文明发展成果丰硕。但是从工业文明迈向生态文明是社会发展的必然趋势。生态文明是工业文明发展的新阶段，是对工业文明的发展与超越。建设生态文明并不仅仅是简单意义上的污染控制和生态恢复，而是要克服传统工业文明的弊端，探索资源节约型、环境友好型的绿色发展道路。建设生态文明，必须全面推行绿色制造，不断缩小与世界领先绿色制造能力的差距，加快赶超国际先进绿色发展水平。全面推行绿色制造，加快构建起科技含量高、资源消耗低、环境污染少的产业结构和生产方式，实现生产方式"绿色化"，既能够有效缓解资源能源约束和生态环境压力，也能够促进绿色产业发展，增强节能环保等战略性新兴产业对国民经济和社会发展的支撑作用，推动制造业加快迈向产业链中高端，实现绿色增长。

依据现有国内外经济环境和四川的自然、资源、产业等基础条件，四川不可能再复制 20 世纪东部地区承接产业转移的成功经验，即通过承接国际产业和发展外向型制造业获得发展。因为，四川的基础条件没有东部基础条件好。同时，国际环境也发生了变化，"次贷"金融危机的后滞效应和深陷欧债危机的发达国家对我国的进口需求减少。我国已经不能再坚持出口依赖型的经济发展模式，发展内需是我国当前以及未来经济的现实选择。在当前的国际、国内环境下，四川要借助构建绿色制造体系，打破四川在国际国内分工体系中的弱势地位，需要立足于当前国家的内需战略，依托国内市场需求，实现内生性发展模式，即以满足本区域以及国内的市场需求为导向，基于区域内资源、资本和技术等要素禀赋、利用产业承接和自主创新，延长区域产业价值链，推动内生式经济增长。因为，如果四川只依赖资源、劳动力等静态比较优势将自身发展定位于价值链低端的代工模式就会走上东部的老路，会造成环境污染、资源消耗加剧、粗放增长无法扭转等一系列问题。这就要求我们形成节约资源、保护环境的产业结构、生产方式，改变传统的高投入、高消耗、高污染生产方式，建立投入低、消耗少、污染轻、产出高、效益好的资源节约型、环境友好型绿色制造体系，这既是强国制造的基本特征，也是制造强国的本质要求，更是四川制造业可持续发展之路。

3 绿色制造体系概述

我国制造业在面临自然资源、经济资源以及社会资源等多重约束下，亟须进行转型升级和提质增效。绿色制造是综合考虑环境影响和资源效率的科学制造问题，也是现代制造业的可持续发展模式。如何形成高效、清洁、低碳、循环的绿色制造体系，需要明确绿色制造体系的内涵与特征，抓住制造体系的核心内容。在供给侧改革主线下，摆脱产业低端锁定的状态，对我国传统制造业进行绿色化改造和升级。从而有效缓解资源能源约束和增加有效绿色供给，促进我国经济的绿色发展和生态文明建设。

3.1 绿色制造理论基础

3.1.1 可持续发展理论

可持续发展理论（Sustainable Development）是联合国布伦特兰委员会于 1987 年提出的，本意为既满足当代人的需求又不危及子孙后代满足其自身需要的发展。该理论提出的现实背景为在 20 世纪末期，人类面对日趋严重的环境危机对自身观念与行为的反思。在具体内容方面，主要指谋求经济、生态和社会的协调发展，要求在追求经济效率的同时，关注生态和注重社会公平。可持续发展的基础是经济建设与自然资源承载能力的均衡化。其核心内容是强调要正确处理人与自然的关系，以保持与人类发展相适应的可持续利用的资源和环境基础。

为实现可持续发展所要求的环境与经济双赢的战略目标，必须彻底摒弃过去"大量生产、大量消费、大量废弃"的粗放型经济发展模式，建立有利于环境保护的新的资源节约型生产方式和消费模式。

绿色制造指用先进的制造技术取代传统的制造技术，淘汰那些能耗大、污染重、效益低的"夕阳产业"，将"绿色"的概念引进到制造业中。这里的"绿色"，不仅仅是清洁的意思，还包括节约和优化利用资源的思想，它追求人与社会、经济、环境的整体的协调发展，保证资源的有序利用，具有可持续发展的内涵。因此，绿色制造是可持续发展的一个极其重要的组成部分，是可持续发展战略思想在制造业中的体现，是 21 世纪制造业的可持续发展模式。

3.1.2　循环经济理论

循环经济（Cycliceconomy）即物质循环流动型经济，是指在人、自然资源和科学技术的大系统内，在资源投入、企业生产、产品消费及其废弃的全过程中，把传统的依赖资源消耗的线形增长的经济，转变为依靠生态型资源循环来发展的经济。循环经济具有"减量化、再利用、再循环"的"3R"原则；循环经济不是单纯的经济问题，也不是单纯的技术问题和环保问题，循环经济是一项系统工程。而且还必须注意连接物质、能量循环利用在时间—空间配置上的可能性和合理性。

循环经济是以人类可持续发展为增长目的、以循环利用的资源和环境为物质基础，充分满足人类物质财富需求，生产者、消费者和分解者高效协调的经济形态。它将清洁生产和废物的综合利用融为一体，按照自然生态系统物质循环和能量流动规律重构经济系统，使经济系统和谐地融入自然生态系统的物质循环的过程中，建立起一种新形态的经济，其本质是一种生态经济。

3.1.3　产品生命周期理论

制造业对环境的影响贯穿于产品生命周期的各个阶段。L. Alting 提出将产品的生命周期划分为六个阶段：需求识别、设计开发、生产、分配、使用以及处置或回收。R. zust 等人进一步结合环境要素将产品的生命周期的四个阶段做出更为具体的界定：产品开发（从概念设计到详细设计过程中考虑产品生命周期的其他各个阶段）、产品制造（加工和装配）、产品使用及最后的产品处置（包括解体和拆卸、再使用、回收、开发、掩埋）。基于产品生命周期理论提出的绿色制造要求产品生命全过程的综合影响最小，并借助 LCA（生命周期评价）这一工具进行评估。

3.1.4　自然资源基础理论

自然资源基础理论（NRBV）是将环境保护的因素融入传统的资源基础理论（RBV）发展而来，主要强调企业必须将环保的相关考虑融入其战略决策及运营操作中（Hart，1995）。该理论可以用于指导企业合理配置和使用资源，且最终建立起可持续的市场竞争能力。自然资源基础理论的实施方法包括污染预防、产品监管和可持续发展。具体而言，污染预防是指通过持续优化企业的内部运营流程，从而有预见性地减少、改变并预防污染的排放；产品监管是指通过主动识别不同利益相关方的环保诉求并将其融入产品开发的过程，旨在帮助企业从源头减少其产品在整个生命周期内对环境产生的负面影响；可持续发展则是使用系统性的方法将企业的环保考量扩展到全球范围，并强调提高全价值链的环保表现。

3.2　绿色制造体系的内涵与特征

3.2.1　绿色制造体系的内涵

制造业在面对内需改善、外需走弱和资源约束的挑战下，其体系的内涵正在发生变化，这种变化不仅来自外部环境的压力，更多源于制造业的内生压力。这种内生压力要求制造业摆脱对外部资源和资本的高度依赖，注重依靠技术进步提高生产率以满足有效供给的能力；要求激发各子系统积极应对变化的能力，在提高生产效率的同时注重生态效益。这种由外生到内生的变化，不仅反映了我国绿色制造体系内涵的演变，更揭示了我国构建绿色制造体系的必然性和紧迫性。

关于绿色制造体系研究，国内学者多是从绿色制造系统的角度出发，对其内涵定义、特征、影响因素、评价指标体系及构建路径进行了研究。从产品生命周期的线性观来看，绿色制造系统可划分为绿色能源、绿色生产过程和绿色产品 3 个功能组成部分。绿色制造系统的内涵体现了企业的清洁生产组织过程（郑季良，邹平，2006）。绿色制造的体系结构则具有 2 个目标，即环境保护、资源优化利用；2 个过程，即物料转化过程、产品生命周期过程；3 项内容，即绿色资源、绿色生产过程、绿色商品（刘飞，1998，2000）。绿色制造系统将企业各项活动中的人、技术、经营管理、物能资源、生态环境，以及信息流、物料流、能量流和资金流有机集成，并实现企业和生态环境的整体优化，达到产品上市快、质量高、成本低、服务好、有利于环境，并赢得竞争的目的。而绿色制造系统的集成运行模式主要涉及绿色设计、产品生命周期及其物流过程、产品生命周期的外延及其相关环境等。总体贯穿可持续发展理念而设计的制造业系统称之为绿色制造系统。绿色制造系统是社会经济系统的一个子系统，是以实现经济、生态和社会效益协调发展为目标，能够通过人力、资源、经济、技术、管理、环境等子系统以及外部自然环境、社会环境的相互作用、相互影响、相互制约而达到资源低熵化的开放系统。绿色制造系统生产过程中要注意遵循减量化、再利用和再循环的原则；在空间上要求制造系统在利用资源和保护环境的同时，不危及其他产业系统的发展。

根据我国制造业与制造体系的现状，提出绿色制造体系是总体实现可持续发展而设计的多个子系统的有机组合，是以实现经济、社会和环境效益协调发展为目标，考虑区域与产业均衡发展，通过资源、人力、技术、管理等子系统之间相互作用、相互影响、相互制约而达到资源低熵化的开放系统。绿色制造体系是一种高效、清洁、低碳、循环的新型制造体系，具体包括绿色产品、绿色工厂、绿色企业、绿色园区、绿色供应链、绿色监管等核心内容。

3.2.2 绿色制造体系的特征

绿色制造系统是工业生态系统的一种工业子系统，绿色制造系统可以通过系统集成向工业生态系统发展。绿色制造体系应具备以下特征：

（1）污染小、能耗低，具有可持续发展潜力。绿色制造体系侧重在生产、流通、消费全过程中的资源节约和高效利用，是低污染、低能耗，可循环的、可持续的系统工程。

（2）行业结构优化，地域分布合理。按照产业相关或互补性原则进行集聚和耦合，形成有机的产业集群，使绿色制造体系之间的废弃物成为原料供应链中的重要组成部分，同时在特定区域里，如生态工业园区，对"三废"进行集中处理和再利用。

（3）涉及多维信息的集成和优化。绿色制造体系除了涉及普通制造体系的所有信息外，还特别强调集成地处理和考虑与资源消耗和环境影响有关的信息，并将制造体系的信息流、物料流和能量流有机地结合，系统地加以集成和优化处理。

（4）具有社会化集成特性。绿色制造体系是个复杂的系统工程，需要全社会的参与和社会化的集成。不仅涉及法律行为、政府行为和企业行为的集成，还包含企业、产品、用户三者之间的新型集成关系。

绿色制造体系与传统制造体系的对比如表3.1所示。绿色制造体系在管理理念上不同于传统制造体系的被动响应和过程控制，而是主动响应和系统调整；在管理方法上不同于传统制造体系的末端治理和过程控制，而是从源头控制，注重功能整合；在生命周期方面是全生命周期管理方式；在运行模式上不同于传统制造体系的以纵向为主，而是体现横向与纵向相结合；在环境责任方面不同于传统制造体系的被动履行环境责任，而是积极履行环境责任。

表 3.1　　　　　　　绿色制造体系与传统制造体系的对比

对比	维度	传统制造体系	绿色制造体系
不同点	管理理念	被动响应、内部整改	主动响应、系统调整
	管理方法	末端治理、过程控制	源头控制、功能整合
	生命周期	非全生命周期管理	全生命周期管理
	运行模式	以纵向为主	横向与纵向相结合
	环境责任	被动履行环境责任	积极履行环境责任
相同点	围绕生产制造过程实现产品价值化		

3.3　绿色制造体系的主要内容

绿色制造体系需要考虑消费者需求、环境承载力、资源效率、社会效益、企业效益之间的协调，是一种高效、清洁、低碳、循环的新型制造体系。其具体内容包括绿色产品、绿色生产、绿色园区、绿色供应链、绿色企业、绿色监管。绿色制造体系核心内容构成如图 3.1 所示。

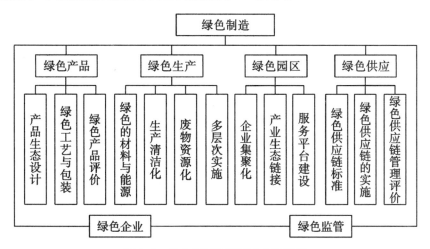

图 3.1　绿色制造体系核心内容构成

3.3.1 绿色产品

3.3.1.1 绿色产品概述

（1）绿色产品的内涵

产品是指任何提供给市场并能满足人们某种需要和欲望的东西。从产品的供给方面来看，日益突出的资源与环境问题对企业提出了新的挑战，绿色发展将成为企业的战略方向。从产品的需求方面来看，频繁发生的产品危害事件使得消费者越发关注产品的安全与环保，绿色消费即将成为主流的消费习惯。由此可知，绿色产品具有巨大的市场潜力。

绿色产品或称为环境协调产品，是一个相对于传统产品的概念。E. Zussman（1994）从产品回收的角度指出，绿色产品是在使用寿命完结时，其零部件可以翻新和重新利用，或者被安全的处理的产品。美国《幸福》双周刊于1995年发表题为"为再生而制造产品"的文章，其中指出绿色产品是重点放在减少部件，使原材料合理化和零部件可以重新使用的产品。该文章将绿色产品的概念拓展到原材料环节。在此基础上，刘志峰和刘光复（1996，1997）从产品生命周期出发提出，绿色产品就是在其生命周期全程中，符合特定的环境保护要求，对生态环境无害或危害极少，对资源利用率最高，能源消耗最低的产品。此定义不仅考虑了整个产品生产周期，还扩展了绿色理念。向东等（2000）认为绿色产品是指在其寿命周期中通过采用先进的技术，能经济地满足用户功能和使用性能的要求，同时实现节省资源和能源、减少或消除环境污染，且对劳动者（生产者和使用者）具有良好保护的产品。同时，他还归纳出绿色产品的三要素：技术先进性、绿色性、经济性。随着绿色标准的完善和消费者地位的提升，从营销学的角度对绿色产品的研究也不断增加。如在黎建新等（2014）的研究中，绿色产品是指通过绿色认证或者消费者主观感知节能、环保、有益健康、无害的产品。

绿色产品的研究从制造领域逐渐扩展到营销领域，反映其内涵在不断的发展与完善。通过以上概念的对比分析，结合当前经济技术环境，本研究从整个绿色制造体系的角度提出新的绿色产品的概念：以先进的制造技术和管理体系为支持，在多个产品生命周期内实现功能性、经济性和环保性平衡的产品及配套服务。

（2）绿色产品的特征

绿色产品的概念决定了绿色产品的特征，其中包括功能性、经济性、环保性、多生命周期性。

功能性是指绿色产品不仅必须满足人们不断提升的需求，同时保持人与产品的和谐性。产品不能以牺牲功能性来达到绿色化，产品要在不断升级的过程中保持绿色。绿色产品的开发一定是可以满足人们不断增长的物质文化需求，而不是盲目的回到原始状态。

经济性是指绿色产品的成本不能高于一般产品的成本，在价格上不能存在明显的劣势。经济性的目标是削弱短期上的价格劣势，实现长期上的价格优势。绿色产品强调可回收或者可重复使用，长远上可以降低成本。但是，由于绿色技术的使用造成了短期上的价格劣势，影响绿色产品的推广与使用。绿色产品必须增强消费者可感知的价值，实现经济性在长期与短期上的平衡。

环保性包括资源利用最大化与污染排放最小化两个方面。绿色产品的生命周期必须是循环性的，实现资源的最大化利用。绿色产品的设计、制造、转移、消费、循环的整个生命周期都必须保持对环境污染的最小。

多生命周期性是指绿色产品相对于一般产品而言，具有多个生命周期。一般产品的生命周期包括设计、制造、转移、消费、废弃，是从"摇篮到坟墓"的单个生命周期。绿色产品的生命周期包括设计、制造、转移、消费、循环，其中循环包括回到原始生命周期和转移至其他产品的生命周期两个方面，是从"摇篮到再现"的多个生命周期。

绿色产品的功能性、经济性、环保性在短期中具有很多突出的矛盾，而解决这些矛盾必须依靠不断的技术创新与管理创新，实现在多个生命周期的协调统一。

3.3.1.2 绿色产品生命周期

绿色产品的内涵与特征决定了每个产品阶段都必须保持绿色度。绿色产品从"摇篮到再现"的生命周期主要包括产品开发、产品制造、产品服务、产品回收四个阶段。

（1）产品开发

产品开发是产品的形成过程，主要包括：产品规划、概念设计、详细设计和产品实验等活动。产品规划用于完成对概念产品的配置，依据市场分析，按产品功能、使用材料、加工方法、质量、成本等目标，对产品实施定义，并合理安排、协调和检查产品开发进程。概念设计阶段依据产品规划，确定实现产品功能和性能目标所需要的技术系统对象，实现功能、性能到技术系统的映射，并对技术系统进行初步的评价和优化，形成满足产品设计要求的原理解答方案。详细设计根据原理解答方案，按设计目标确定产品全部结构、选定材料、确定技术参数等，并最终输出全部产品设计技术资料，包括产品图档、设计说明书、使用手册等，其重点是产品结构设计。产品实验则是通过物理试验或计算机仿真等方法，对产品性能参数进行测试，发现设计中的错误和不足，并及时反馈和修正原设计方案。

（2）产品制造

产品制造指产品开发之后的采购、加工、装配和检验，它不仅局限于生产车间的范围，还包括和产品制造有关的整个过程。随着制造业全球化的趋势日益明显，很少有企业独立完成从零件加工到产品装配的全部过程，有很多零部件，甚至是关键零部件都是从企业外部采购。采购不仅包括零部件的采购，还包括材料采购和一些加工工具的采购等。加工主要是完成一些企业特有零件的制造过程。装配则是根据产品的总体要求，把外来件和加工件装配成完整产品的过程。产品检验用来完成产品各项性能和质量的最后把关，不让不符合质量要求的产品出厂。

（3）产品服务

产品服务从产品出厂时起到产品报废退役时结束，主要包括产品的运输、产品的使用、产品的定期维护和故障维修等活动。产品的运输是指和产品移动相关的所有活动，包括：产品从企业到销售点的长途运输、产品从销售点到用户的短途运输以及在销售和使用过程中的搬运和装卸等活动。产品使用是产品服务的核心内容，也是用户购买产品的最终目的，主要体现在产品主要功能的使用及其附加功能的使用等。产品的定期维护是保障产品正常运行，延长产品使用寿命的必要活动；而产品的故障维修则是在产品发生非常规故障时被迫采取的一种恢复产品功能的手段，即使对于产品的非常规故障，企业和售后服务人员也应该有一定的预测能力，以便在产品设计和维修时采取有效的手段来处理此类现象。

（4）产品回收

产品回收是产品废弃以后，对产品进行回收处理的过程。传统的产品设计方法很少考虑产品的回收阶段，而在绿色设计中，产品回收则是其最重要的一个阶段，因为绝大部分产品对环境的影响主要体现在报废回收阶段。产品的回收一般包括重用、零部件回收、材料回收和废弃等。重用是指产品经过稍微地修理或更新以后，直接用于和原来相同的场合。零部件回收是指产品不能整体重用，只有部分零部件可以用于和其设计目的相同的场合。材料回收是指对没有使用价值的零部件或产品回收其构成材料。废弃是指无法回收的材料经过无害化处理后进行填埋或焚烧。产品的回收一般先要进行回收决策，按照最大回收资源和能源的原则进行回收。

3.3.1.3　绿色产品设计

产品设计方案决定了产品的资源利用率和环境成本，产品从制造、使用到废弃都与设计密切相关。设计阶段保持绿色，可以将产品整个生命周期内的环境污染与危害降至最低。因此，要求把绿色融入新产品开发之中，贯穿于产品设计、材料选择、生产制造、销售使用、报废回收等多生命周期的全过程。

（1）概念界定

工业时代到来之后，人们逐渐意识到，粗放式的发展对生态环境造成了巨大破坏，"绿色思潮"随之到来。20 世纪 60 年代，设计师们希望通过设计环节实现人与环境的可持续发展。丹麦学者 L. Alting 率先提出的面向产品的生命周期设计（LCD，Life Cycle Design）。随着工业产品需求的不断增加，人们已经逐渐考虑到产品从设计、制造、使用、回收对环境的影响，绿色产品设计思想日益受到重视。美国、德国、日本的汽车、家电行业对绿色产品设计进行大量的实践探索，并取得了良好的效益。我国从 20 世纪 90 年代也开始对绿色产品设计进行深入研究与实践。绿色产品设计是绿色理念在产品设计领域的体现，将一般设计原则（成本与收益）与生态系统安全原则结合，从源头开始，实现产品的整个生命周期的绿色化。

（2）开发过程

绿色材料的设计。绿色材料是指在满足一般功能要求的前提下，具有良好的环境兼容性的材料，即在制备、使用以及用后处置等生命周期的各阶段内最大限度地利用资源和对环境产生最小的影响。原材料处于生命周期的源头，选择绿色材料是开发绿色产品的前提和关键因素之一。选择原材料时要注意遵循下列几个原则：①优先选用可再生材料，尽量使用回收材料，提高资源利用率。实现可持续发展。②尽量选用少能耗、低污染的材料。③尽量选择环境兼容性好的材料及零部件，避免选用有毒、有害、有辐射特性的材料，所用的材料应当易于再回收、再利用、再制造或者容易被降解。

绿色工艺设计。采用绿色工艺是实现绿色产品生产制造的一个重要环节。绿色工艺又称清洁工艺，是一种既能提高经济效益、又能减少环境影响的工艺技术。绿色工艺的实现途径主要有以下方面：①改变原材料的投入方式，对其就地利用，再利用有实用价值的副产品和回收产品，在工艺过程中循环利用各种材料。②改变生产工艺或制造技术，改善工艺控制，改造原有设备，将原材料消耗量、废物产生量、能源消耗、健康与安全风险以及对生态的损害减少到最低程度。③尽量使用自然环境，但应对空气、土壤、水体和废物排放进行相应的环境评价，根据环境负荷的相对尺度，确定其对生物多样性、人体健康和自然资源的影响。

绿色包装设计。绿色包装即符合环保要求的包装，它要求商品包装无害平衡，无害于人类健康。在设计中可以采取以下几种方法进行绿色包装设计：

①通过改进老技术和采用新技术，节约和简化包装。目前国际市场上出现的"过分包装"现象已超出了包装功能的要求和设计的需要，既浪费了资源又加重了环境污染，绿色产品的包装应尽量避免采用这种设计。②加强对包装材料的回收和再利用技术的开发，循环利用现有的包装废弃物，并开发出相应的替代包装品。③通过改进产品结构形式，可以减少产品的重量，达到改善、降低成本的效果，并减少对环境的不利影响。④提高产品的内部结构强度，减少产品在运输过程中的破损风险，以减少包装材料的使用，并降低包装费用。

　　绿色回收设计。产品回收是产品生命周期的最终一环。绿色回收设计受原材料和能源的利用、环境负荷、安全性、可靠性及费用等因素影响。这些因素由两个基本问题构成：一是如何实现回收设计技术。二是如何实现设计环节的责权利关系平衡。在考虑重复回收的效益和费用时，德国提出了"取回"回用政策，这是对设计的一个全新的认识。产品不是向消费者出售，而是从生产商"租出"，这样不仅降低了环境负荷而且节约了费用。为了解决上述两个问题，必须明确技术发展方向与责任制度。绿色回收设计必须尽量实现可拆卸设计。产品可拆卸是指产品在使用后其某些部件可以被拆卸利用的设计，它是通过产品设计过程将产出（废物和废弃产品等）与投入（原材料）联系起来，从而创造一种环境友善的产品设计思想和实践。

3.3.1.4　绿色产品的评价

评价绿色产品最有力的是生命周期评估法（LCA）。它的基本思想是通过对产品生命周期过程的定量调查，作出环境负荷分析，制定出环境负荷改善措施，并将此结果反馈给生命周期的各个环节，以提高产品的"绿色性能"。具体来说，LCA 采用系统分析方法，可以通过四个步骤实现。如图 3.2 所示。

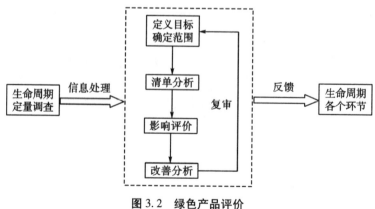

图 3.2　绿色产品评价

3.3.1.5 绿色品牌的建立

绿色品牌是一种消费者的体验，是要建立一种人与环境和谐统一的经营理念，并将这种理念作为企业的核心竞争力，以便提升企业形象，增加商业利润，建立与消费者的密切联系，使企业的生产经营活动以环境保护、绿色文化、绿色消费为中心和出发点。企业要持续发展，就要在企业的整个生产经营过程中具有高度的环境保护责任意识，以绿色经营管理为企业文化，发展绿色品牌，扩展企业品牌的深度和广度，从而实现企业品牌价值的最大化。

3.3.2 绿色生产

绿色生产也称清洁生产，是绿色战略、绿色管理的重点。这一环节要求，产品原材料的选择应尽可能不破坏生态环境，尽量选用可再生原料和易加工、低能耗、少污染的材料，工艺技术与设备要使用清洁能源和原料，并且在采购过程中减少对环境的破坏。实际上是使原料更多地转化为产品，是积极、预防性的战略。可以看出，绿色生产活动不仅能够有效地节约资源和保护环境，同时也向市场提供了绿色的"替代品"，向消费者提供了功能价值更高的产品，并推动了市场的竞争，存在着明显的外部正效应，这种外部性会外溢到社会其他部门；相反，未采取绿色生产的企业则存在外部负效应。

在宏观上，绿色生产是一种总体预防性污染控制战略。许多经济发展基础较好的国家，对能源资源消耗高、污染严重的产业进行了严格的限制和规定，对污染大、质量低、消耗高的产品实行关停等。绿色生产除了绿色的产品生产外，还包括绿色的材料和能源，绿色的资源回收、再制造环节。制造企业的绿色生产过程如图 3.3 所示。

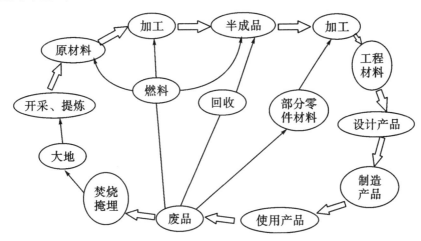

图 3.3　制造企业绿色生产过程

资料来源：赵建军. 绿色制造：中国制造业未来崛起之路 [M]. 北京：经济科学出版社，2016.

3.3.2.1 绿色的材料和能源

绿色的材料主要指少用或不用有毒有害的原辅材料，尽可能采用无毒无害的材料作为原料。绿色能源主要体现在提升传统能源的利用效率（如采用洁净煤技术、热电联产等）、可再生能源和新能源的开发和利用，结合新能源的特性因地制宜地发展太阳能、风能、生物质能、核能等。

企业选择绿色材料应满足以下要求：材料在形成过程中未受污染，在产品的生产、运输、存储、使用及废弃处理过程中，材料对环境无毒、污染小，由于材料而引起的资源、能源消耗少；材料易回收，可重用，可降解；减少对稀有材料的使用，并尽量减少材料使用总量；使尽量多的零件采用相同材料，减少多样化材料的采购成本。企业应大力开发绿色材料，使其应用可减少后续加工工序（如彩色棉可省略印染工序）、使产品节能降耗（吴迪冲，2003）。

3.3.2.2 绿色的产品生产

为了保证资源的节约和环境的保护，要求企业在生产的全过程中坚持清洁生产，使产品在设计、工艺规划、材料选择、制造设备、包装、运输、报废回收的全生命周期里坚持经济利益和社会效益的协调兼顾（何伟军，袁亮等，2013），并且企业要针对绿色生产建立一套行之有效的绿色管理模式。

在现阶段，我国许多产品的生产基本上仍沿用以消耗资源为特征的生产方式，在机械制造过程中，自动化和先进制造技术被采用的程度不高，不但浪费了大量的原材料，而且产品质量难以保证，废品率偏高，而且还会带来环境的污染。应选取绿色生产设备，采用及实施绿色加工。加大技术投入，改进原有设备或引入先进设备，使加工过程中原材料能减量使用，减少"三废"排放、减少噪音产生、减少对工人健康的危害，达到绿色生产要求。减少使用包装材料；重复使用包装材料；使用再生材料或可再生材料包装，使用可降解包装材料；实施包装设计图案绿色化和安全警示。

3.3.2.3 绿色的资源回收，再制造

对于具有可重用、再利用价值或其自行消解过程会引起环境污染的报废产品，企业应设立回收网点进行回收处理，并在产品说明书上给消费者以提示。回收网点应根据成本分析和环境评价对报废产品进行分类、拆卸和处理处置。要求处理过程能耗、物耗小，具有环境安全性。例如，我国火电行业的骨干企业近年来通过设备改造，节约煤炭、淡水资源达 2/3 以上，同时回收了大部分污水、粉尘等污染物。

3.3.2.4 绿色生产的多层次实施

绿色制造体系下的绿色生产不应仅局限于企业内部，还应注重宏观的社会层面和区域层面。社会层面的绿色生产主要是结合循环经济和低碳排放，逐渐建设资源节约型社会氛围，实现资源、能源的合理利用和再利用。区域层面的绿色生产主要是结合生态工业、绿色农业等实施开展。以实现工农业生产的资源、能源消耗最小化，形成工业生态链。同时逐步开展大宗工业固废的跨区域协同利用，规范和引导资源性产业和高载能产业低碳化发展。企业层面的绿色生产主要是利用绿色技术和绿色管理持续改进传统生产模式，提升产品质量、增加经济效益的同时提升环境绩效。

3.3.3 绿色企业

绿色企业是指以可持续发展为目标，在企业经营管理全过程中考虑环境管理，平衡经济效益和环境效益，并取得成效的企业。具体而言，乔洪滨等（2013）认为绿色企业是以绿色制造为基础，运用绿色技术开发清洁的生产工艺，生产和销售具有环保、可回收再利用的产品，实现低"三废"排放的企业。绿色企业具有六个特征：企业产品对环境的"无害化"、生产工艺的清洁化、企业排放的低"三废"化，并有相应的"三废"处理手段、具有高科学技术水平、具有能够节约资源、避免和减少环境污染的绿色知识。

此外，国外学者 Roberto 和 Anita（2009）根据企业响应环境问题的不同举措，将企业分为绿色企业、即将成为绿色的企业、其他三种类型。并认为，绿色企业代表一种理想的状态，只有很少的企业可以达到，企业的员工严格遵守道德准则并与企业利益相关方保持很好的联系和沟通。

3.3.3.1 绿色企业文化

企业绿色文化管理是指企业在生产经营管理活动过程中，从保护生态环境、充分利用资源的角度出发，以绿色理念为文化价值观，以绿色消费为中心，通过制定和实施相应的绿色制度和策略，满足消费者和社会公众的绿色需求，来实现企业经济目标与社会整体目标的统一（林国建，王景云，2006）。企业绿色文化的管理体系包括三个层面：精神层、行为层、形象层；精神层包括企业使命、核心价值观等一系列价值理念，在整个企业绿色文化管理体系中处于核心部位；行为层包括企业制度及员工行为等一系列内容，在整个企业绿色文化管理体系中处于中介部位，它在精神层的指导下进行活动；形象层包括企业家、员工、环境、标志、产品广告及包装等一系列形象设计，在整个企业绿色文化管理体系中处于表层部位。Denison（1995）从工作参与、一致性、适应性和使命 4 个方面 12 个维度剖析了企业文化的构成，如图 3.4 所示，并通过调查发现企业文化可以促进企业产品质量的提高。

图 3.4　企业文化构成维度

资料来源：Denison D R. Corporate Culture and Organizational Effectiveness ［M］. New York：Johan Wiley & Sons，1990：51~78

自然生态系统中的绿色企业文化——狭义的绿色企业文化观内涵：是指企业在生产经营管理中，从保护生态环境、充分利用资源的角度出发，以绿色理念为企业价值观和经营哲学，以绿色消费为中心，通过制定和实施相应的绿色文化策略，满足消费者的绿色需求，来实现企业经营目标与社会整体目标的统一。社会生态系统中的绿色企业文化——广义的绿色企业文化观内涵：即和谐的企业文化，是由众多因素构成、具有多层次结构及关联错综复杂的动态系统。运行原理构成企业文化生态系统的因素包括：企业家的观念、外部环境和自身条件、原有的企业文化、企业内部职工的认可、接受和实施。狭义和广义的绿色企业文化二者之间存在密切的关系：首先他们的出发点不同；其次狭义的绿色企业文化是广义的绿色企业文化的一部分，比如广义的绿色企业文化认为企业文化的建设必须顺应社会文化的潮流，而节约资源和保护环境正是现时社会文化的内涵之一。

在绿色企业文化的导向作用下，企业在战略、组织、研发、生产、营销、投资等各个环节都会产生不同于传统企业管理的"绿色效应"，从而有力地增强企业的核心竞争力。构建企业的绿色文化途径可以从构成企业文化的各种要素入手，以遵循其发展规律为原则，构建和谐健康的绿色企业文化：以人为本、顺应企业主客观条件和环境的变化、与传统文化以及社会文化的有机融合；顺应社会文化的要求，建设绿色环保的企业文化：确立企业文化的环保理念、确立企业绿色文化的管理制度、实施企业绿色营销活动、塑造良好的绿色形象（郭淑宁，2006）。

3.3.3.2　绿色经营战略

绿色企业要从企业经营的各环节着手来控制环境污染与节约资源，达到企业经济效益、社会效益、环境保护效益的有机统一。企业管理者需要重新审视环境问题在企业发展中的战略高度（What），以及如何将环境管理作为企业战略的重点之一（How），从而构建新的经营思维与战略模式，促使企业实现其经营目标和环境目标。目前，对企业绿色战略的分类，学术界仍没有形成统一的界定。企业对环境问题的反应早期来源于企业社会责任的分类，Carroll（1979）除研究了企业的社会责任外，还讨论了企业的社会反应能力，即他们对社会问题和期望的回应程度和种类，并从被动响应到主动响应确定了反应型、防御型、适应型和保护型四种行动战略。根据此模式，过去的研究讨论了组织处理绿色发展问题的行为表现，已经发展了多种绿色战略类型，这些研究中的大多数区分了反应型绿色战略和主动型绿色战略这两个极端位置，综合来看有以下三个主要研究重点：

一种研究重点是根据企业对绿色发展问题的认知和意识来划分。比较有代表性的学者有：Miles 等（1978）区分了四种绿色战略类型：最积极的环境开拓型、分析型、防御型和最不积极的反应型。环境开拓型战略通过产品和市场环境创新不断寻求市场机遇，冒险增长。分析型绿色战略在环保创新方面经常开展常规的生态效益分析。防御型绿色战略主要关注提高现有业务的生态效率，不在其业务领域外搜索新的机会。反应型绿色战略试图维持现状，只有在受到外部压力时才会改变。Hunt 和 Auster（1990）将采用不同绿色战略的企业分为初始者、救火者、热心公民、实用主义者和积极主义者五类。Henriques 和 Sadorsky（1999）认为企业的环境行为和战略是从"遵守法规"到"超越强制性要求的自愿行为"的连续统一体。Buysse 和 Verbeke（2003）分为反应战略、污染防治、环境领先等五类。我国学者胡美琴和骆守俭（2008）根据企业同时考虑制度压力和企业战略响应，将绿色战略划分为反应型、讨价还价型、主动型、合作型四类。衣凤鹏和徐二明（2014）将绿色战略划分为抵抗型、消极型、积极型三类。Hyatt 和 Berente（2017）将绿色战略区分为实质性的绿色战略和象征行的绿色战略。实质性的绿色战略包括自愿实施旨在改善本组织环境绩效的实践，利用从对自然环境的真实承诺发展而来的组织能力。象征性的绿色战略取代了仪式或遵从法规的做法，并没有采取后续行动来执行承诺。并认为虽然实质性绿色战略反映了对自然环境的真实的、主动的承诺，但象征性绿色战略旨在支持或保护组织的声誉，但不一定能改善环境绩效。缑倩雯和蔡宁（2015）根据企业面对国家逻辑、市场逻辑和社会公益逻辑的多元制度影响下，对企业绿色战略的选择划分为实质性战略、象征性战略。曹瑄玮等（2011）基于不同时间导向以及管理者对环境问题的认知和行动的一致性，将企业绿色战略分为反应战略、预防战略、分析战略、前瞻战略。

另一种研究重点是根据企业对待环境规制的态度划分。Roome（1992）认为企业绿色战略分为不遵守、遵守、"遵守+"、商业与自然环境绩效双优秀、领导优势五类。Sharma 和 Vredenburg（1998）将绿色战略分为较易比较的反应型、前瞻型两类。Christmann 等（2002）在前人学者的基础上增加了能力构建型，将绿色战略分为反应型、能力构建型、防御型、适应型、主动型五类。Aragon-correa 和 Sharma（2003）提出关于管理业务与自然环境之间的企业战略可以看成是从被动到主动的连续体来进行分类。在连续体的一端，反应型绿色战略是对环境法规和利益相关者压力的响应，通过防御性游说和对管道末端污染控制措施的投资；在连续体的另一端，主动型绿色战略包括预测未来的规则和社会趋势，并改变设计、工艺和产品等，以防止（而不仅仅是改善）产生负面的环境影响。马中东和陈莹（2010）提出将企业绿色战略划分为四类，并假设企业绿色战略的选择与企业采取的治污方法存在对应关系：规制应对型——采取末端治理技术或缴纳排污费；消极策略型——防止现有环境规制的严格化；风险规避型——更新改造设备或建立专门的污染治理设施和机会；追求型——环境技术创新。田翠香和沈君慧（2016）将企业绿色战略选择的类型划分为，包括抵抗型、反应型、适应型和前瞻型绿色战略。有学者认为由于中国法制相对不发达，监管执法往往是随意的（Yee 等，2016），企业高管很难预先知道采取什么行动来帮助他们避免麻烦，因此对中国制造业企业绿色战略分为形式主义型、调和型、参照型、自我决定型（Ning 等，2016）。其中形式主义型绿色战略是指一种传统的"照章办事"应对策略，它严格遵循在命令和控制的监管环境下的正式规则，以避免政治和法律麻烦。调和型绿色战略强调和解和适应非正式规则及要求，是指优先满足政治或官僚要求的应对策略。参照型绿色战略指模仿同行的合规做法或遵循专业协会的推荐指南。自我决定绿色战略是指一种强调智力灵活性、管理自主权和自主性的应对策略。当企业发现难以遵守政府要求时，他们可能通过制定自己的内部公司治理守则来应对外部压力来采取"替代回应"。例如，一些跨国公司使用"双重标准"方法，通过该方法，其子公司将根据不同的环境计划来满足当地条件，而不是使用一套常规的统一的做法。

最后一种研究重点是根据企业制定绿色战略的侧重点和内容划分。Hart（1995）将绿色战略分为末端治理、污染预防、产品监控和可持续发展。Sharma 和 Henriques（2005）针对加拿大纸品行业，把企业有关可持续发展的管理战略划分为污染控制、生态效率、再循环、生态设计、生态系统管理和业务重新定义。Murillo-Luna 等（2008）依据管理者感知的环境压力和环境目标范围及内部资源的具体配置，将绿色战略分为四个层次，即被动反应、关注环境规制反应、关注利益相关者反应、全面环境质量管理。Christmann（2000）则将企业绿色战略分为关注过程的绿色战略和关注产品的绿色战略。

3.3.4　绿色园区

绿色园区在规划设计中应秉承"绿色、生态、节能、健康"的设计理念。在园区建设方面，园区的绿化率应至少达到45%以上，湿地水域与密林、植被的设计应该丰富、多层次，保持水域生物链条完整与生态平衡，营造"工作在生态园林中，生活在绿色原野里"的健康环境。在节能设计方面，通过对办公楼、厂房、员工宿舍和餐厅等建筑的维护结构和外墙均采用因地制宜的材料，地下车库采用自然通风采光设计等，同时在空调节能、照明节电、节水等方面进行合理规划和实施。在生产性企业废弃物料的减量、回收处理方面，了解即将入驻企业的节能降耗状况和环保设施运行情况，科学分析生产企业废弃物料的属性特点并设计园区节能降耗的节点，合理设计其生产车间废弃物料的回收、处理系统形成闭环，制定节能减排实施方案，避免对园区生态环境产生负面影响。在园区监管系统方面，利用先进的智能化系统设计对园区资源进行自动监测与优化运行管理及室内外环境质量在线监测，智能化系统设计根据项目特点结合科技、生态、适度先进的智能化定位为园区科技企业提供智能化服务。绿色园区中的企业并不是一个企业，而是很多企业的集中，园区规划或者管理部门根据入驻园区内企业所处行业、生产或服务特性、废弃物的属性，将园区内的企业进行区域归类，对园区内的企业实施公共服务一体化服务，一方面便于对其进行服务和管理，另一方面便于将废弃物进行同一回收处理，目的是打造绿色园区的可持续健康和生态化，绿色园区内的产业形态有单产业链、双产业链、交叉产业链等，具体如图3.5、图3.6和图3.7所示。

3.3.4.1　企业集聚发展

绿色园区构建的目的是在地理空间上将产业链条上有交互关联性的企业、专业化供应商、服务供应商、金融机构等相关绿色企业集聚在一起，降低企业的制度成本（包括生产成本、交换成本），提高规模经济效应和集聚效应；而这种集聚所产生的规模与外溢效应又为园区内的相关绿色企业的协同共生创造了良好的环境，同时这种集聚内部的企业间自强化效应、创新效应极大地提升了绿色园区的产业竞争力，进而促进了绿色园区的快速、健康发展。

（1）组织结构优势

产业集聚作为中间性组织形式，避免了纯市场组织因主体分散与随机导

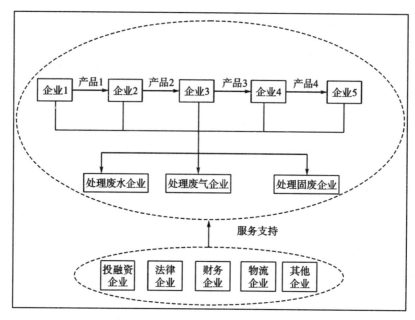

图 3.5　绿色园区单产业链示意图

资料来源：根据相关资料收集整理。

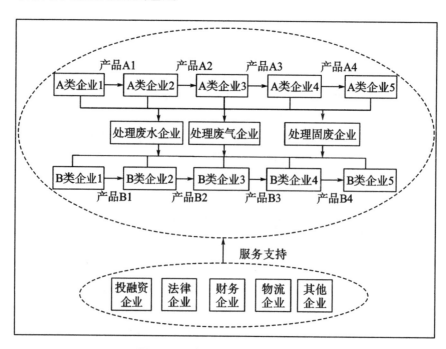

图 3.6　绿色园区双产业链示意图

资料来源：根据相关资料收集整理。

致交易成本较大、市场失灵风险，使绿色园区内企业和机构更好地耦合，同时在一定程度上避免了规模一体化造成的协调成本过高、运行机制不灵所致的规模不经济风险。它皆有纯市场与规模一体化组织两者的优势。同时，企业与企业之间、企业与各机构之间互动频繁，有利于建立密切合作的信用机制，降低信息的搜寻成本、相互监督和控制成本。

（2）低成本优势

在交易成本方面，企业之间互动关系形成了信息反馈回路，不仅降低了运输成本，而且降低了以信息搜寻成本为主的交易成本。同时，绿色园区内的企业地理临近加速了物资、信息、资金、技术知识等的流动，使原材料采购、半成品库存及相关服务等成本降低。在生产成本方面，绿色园区产业集聚知识的外溢等使相对集中的企业获得马歇尔式的"外部规模经济"生产，对分工更细、更具有差异性的产品或服务有着较大的市场需求，供给与需求良性互动，提高了整个网络系统市场的竞争能力。同时，产业集聚的扁平化与模块化特征，实现了分权的组织结构，减小了管理层次，节约了管理成本。

（3）创新能力优势

由于精明的购买者往往是集聚内的一个经济实体，集聚内企业比单个企业更了解市场的需求，从而集聚内企业更关注创新成果与及时满足顾客的需求。同时，企业之间的技术交流与合作不仅能促进经济效益的产生，而且促进技术、知识在绿色园区内的流通与增值，有助于提高各自的专业知识、技术积累；在风险方面，单个企业无法承受其风险，产业集聚以群体形式，其信任与承载风险能力明显高于单个产业，更有效地配置了各产业的投资组合。

（4）协同效应优势

产业的发展经常受到区域产品生命周期与企业核心刚性的影响。一旦产品与服务进入成熟期或衰退期，该绿色园区的产业发展就会受到明显约束。如果绿色园区内企业只是简单的扎堆，没有围绕着关联产业和产业链形成有机的分工与协作关系，那么资产的专用性致使其退出的沉没成本相当大，不能实现有效的产业转型。如果绿色园区内已形成健康发展的产业集聚，则可以通过彼此紧密的关系，形成类似于生物群落或生态系统中的共同进化机制，企业易通过收购兼并、战略联盟、业务整合等途径，实现价值链活动的空间分工，使产业发展不断升级换代，维持绿色园区的健康可持续发展。

3.3.4.2 产业生态链接

生态产业是仿照自然生态过程中物质循环的方式来规划。在生态产业系统中，绿色园区内的产业仿照自然生态过程中物质循环的方式来规划。一系列企业通过企业内部污染预防和企业间共生合作来实现传统的非链接模式下无法获得的收益，包括资源消耗的减少、资源利用率的增加、废弃物产生量的最小化和可出售的产品或服务的种类和数量最大化。

因此，产业生态链接是指在绿色园区内的企业模仿自然生态系统中的生产者、消费者和分解者，以资源（原料、副产品、信息、资金、人才等）为纽带形成的具有产业链接关系的企业群落，提供绿色、生态化的产品或服务。也就是说，绿色园区内 A 企业的废料是 B 企业的原料，B 企业的废料又成为 C 企业的原材料……依此类推，把不同企业生产的废料利用到不同阶段的生产过程中，使废料和废气在生产过程中被消除，这个过程就是产业生态链接过程，各个产业生态链接共同组成了绿色园区的生态系统，实现园区生态系统的代谢功能。构建产业生态链接以实现绿色园区内的物质循环和能量的梯级利用是实现绿色园区的核心环节。产业生态链接支撑绿色园区内整个生态产业系统的良性运作，链断了，则绿色园区内的生态系统就不复存在。

产业生态链接设计是绿色园区、副产品交换网络设计的核心部分，如何通过产业链的链接、系统集成、共享服务和系统调控实现生态物质利用的减量化、再使用和再循环，实现能源的梯级高效利用，是构建绿色园区产业体系的重点和基本出发点。

（1）合作伙伴选择

产业生态链接的组建是通过选择构成产业链接的成员来确定其基本结构和运作方式，合作伙伴的选择在很大程度上决定了产业生态链接运行的平稳程度和运行效能。合作伙伴的选择涉及备选企业的类型、资金状况、绿色技术实力、信誉度、以往合作经历等诸多因素，还涉及备选企业间的文化契合度、运输距离和运输成本等问题

（2）效益目标一致

绿色园区产业生态链接系统首先强调的是经济效益，企业以经济效益目标为出发点，合作和互动是自愿的或是自发的或是政府协调的，企业成员有着较高的积极性以保证绿色园区生态效率。企业成员根据经济规律、技术规律集聚在一个地域内，联合生产以降低生产成本，在获得了经济利润的同时，实现了环境效益和社会效益目标。所以，在这种良好的内部运行机制下，绿色园区产业生态链接系统的重要特点是行业内部和行业之间的主动合作以及与自然环境的互动。企业成员的市场反应快，能够主动吸收新的技术并把握新的机会，使生态链接系统的经济目标、社会目标和环境目标都能够依靠内部动力不断向前发展。

（3）共生协同发展

绿色园区产业生态链接系统具有生态系统的某些特征，借鉴生物学对生

物种群关系的分类方法，将协同共生分为平等型、依托型、依赖型和单方获利型四种模式。其中，单方获利型主要指对来自各类产业的废弃物进行收集、处理和再利用的"静脉产业"；平等型是指绿色园区内的企业成员可以独立生存，但紧密合作可实现彼此获利，在共生合作过程中的企业成员互补从属、地位平等；依赖型是指绿色园区内的企业成员间共同生存、彼此收益，分开则不能存活，这类模式需要专用资产投入大，从产业生态链条上获得的物资、能量比例很大；依托型是绿色园区内企业成员间紧密合作，彼此获利，一方能独立生存，另一方依存于它，这类模式源于大型企业的信誉和规模优势，其他中小企业依附于大型企业而共生。

3.3.4.3　服务平台建设

随着互联网、大数据、云计算等相关信息技术的发展与普及，为及时、高效服务绿色园区内的企业，必须加强绿色园区信息化服务平台建设。绿色园区信息化是指园区各个主体（政府、企业、科研机构及社会公众）利用物联网、大数据、云计算、先进过程控制等新技术，在网络化的数字空间中有序地进行各项信息活动和行为，这些信息行为可以使政务、商务、科教、社区等各个方面实现全面的信息交流。一方面，绿色园区信息化可以降低企业信息化建设成本，加强企业协同，提高企业竞争力；另一方面，园区信息化可以促进城市信息化，推动城市信息化向更高的层次发展。

因此，构建绿色、低碳、高效、共享、专业的绿色园区服务平台必须充分利用物联网、大数据、云计算、先进过程控制等新技术，不断提高信息资源利用效率和信息资源社会化的开发利用，促进跨部门、跨企业、跨行业的信息共享和业务协同。绿色园区系统整体架构如图3.7所示；绿色园区服务平台建设如表3.2所示。

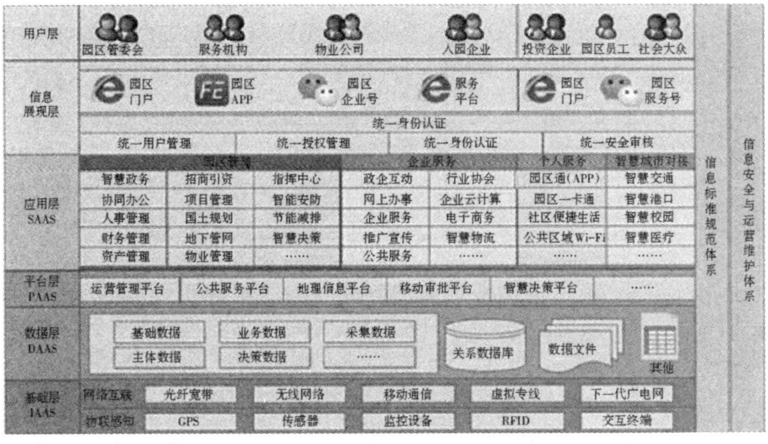

图 3.7　绿色园区系统架构图

表 3.2　　　　　　　　　　　绿色园区服务平台建设一览表

平台类型	服务企业类型	平台形态	功能与内容
公共服务平台	适用于各类企业	创业孵化平台	鼓励园区、企业、高校、科研机构以及其他社会组织和个人利用各自的资源优势及新建楼宇和社会闲置资产，采取多方筹资、资源折股等形式创办多种经济成分、多种形式的专业孵化器，完善新生企业的研发、生产、经营场地、办公场所等公用孵化环境与设施，并纳入政府引导框架，整合为创业孵化平台，以提升园区综合服务能力，降低入园企业交易成本和商务成本
专业服务平台	现代物流	物流公共信息平台	运用"云计算""物联网"等新技术，整合供应链各环节物流信息、物流监管、物流技术和设备等资源，建设大规模、虚拟化、可靠安全的物流公共信息平台，为物流企业、商贸流通企业、生产制造企业、第三方服务企业及个人提供"一站式"集成化的物流信息与交易服务，可有效解决社会物流成本偏高等关键问题，建立社会化、专业化、信息化的现代物流服务体系的基石
	现代商贸	电子商务平台	以"互联网+商贸"为驱动，联合通信公司、银行、第三方支付、物流公司、电商、中介机构等多领域实力企业，重点建设网络基础设施、支付平台、安全平台、管理平台，完善广告宣传、在线展会、咨询洽谈、网上支付、电子账户、交易管理等功能，推广 B2C、C2C、O2O、独立商城等模式，打造安全、便捷的网络虚拟商务活动平台
	科技服务	科技研发平台	积极引进国内外高校和科研机构共建、培育技术创新载体，建成一批具备较强研发及服务能力的行业技术研发中心。对应重点发展的汽车制造、医药、商贸物流、电子商务、旅游休闲等产业，组建相应产业技术创新联盟，培育一批技术转移、成果转化、知识产权服务等科技中介服务骨干机构，促进制造业向研发创新、系统集成等高端链上延伸，提升产业附加值
	文化创意	文化创意交流	突出企业运营商、PPP 模式等发展新理念，发挥民营企业和社会资本在服务业发展过程中的作用，采用填充式发展的引导模式，配套发展汽车商务、传媒艺术、智慧应用等新兴服务业，完善创新创业公共服务平台，建立完善知识产权保护平台体系，打造一批创业园、创客室，推动创客群体蓬勃发展，积极营造大众创业、万众创新的制度环境，构建大众创业生态体系，激发全社会创新活力和创造潜能，形成全民创新的良好软性环境
	金融业	企业融资平台	开创"政府引导、市场运作"的中小微企业融资服务模式，由政府授权并监管，联合信用机构、担保机构、中小银行等，完善中小企业信用体系建设，利用互联网金融，为企业提供全方位的融资支持服务。引导"天使投资"等民间资本向中小企业投资，适当发展民间借贷

表3.2(续)

平台类型	服务企业类型	平台形态	功能与内容
专业服务平台	软件与信息业	信息网络平台	加强创业创新信息资源整合，链接政府、服务机构、企业、市场建立"云"服务中心，完善中小企业公共服务网络建设。搭建"工业云"平台，促进工业研发设计、工业流程、智能装备、过程控制、物料管理、节能降耗等管理模式创新，推动生产制造向智能化、柔性化和网络化发展。建立创业创新信息集中发布的网络平台，每两年定期发布主要企业运营商环境评估报告及市场调查分析报告
……	……	……	

资料来源：根据相关资料收集整理。

（1）打造服务核心优势

服务是绿色园区核心竞争能力的具体体现，服务质量的好坏直接影响入驻企业是否愿意留在园区以及留驻时间的长短。因此，从某种角度而言，企业与绿色园区之间是一种共生体，绿色园区应采取各类智能化手段整合各类信息资源，提升信息系统集成应用能力，打通网站、热线、服务大厅、智能终端等线上线下多种渠道，实现服务网络化、智能化和多样化，为园区内企业提供更加高效、及时、准确的各类信息服务，有效降低企业运营成本，加快企业实现生产方式和经营模式的升级，积极应对日益复杂、竞争激烈的市场环境，以园区为核心逐步或迅速形成产业链的有效集聚，不断塑造绿色园区在区域、全国乃至全球的影响力与品牌力。

（2）运营管理智慧化

通过充分运用先进的网络和信息化技术构建的平台服务可以帮助管委会及园区运营公司建立信息化网格管理体系，实现园区范围内不同系统之间的数据融合、信息共享。为园区各领域智慧应用系统运行提供信息整合、数据挖掘和智能分析支撑，为园区管理、运营和服务提供统一的运营展示、指挥协同平台，是支撑园区运行综合管理的神经中枢、掌控园区运行综合体征的有力抓手。绿色园区的运营管理中心可以有效推进绿色园区的智慧化建设，可以实现园区智能视频监控信息共享与展示、运营决策与应急管理、综合信息展示服务等。

因此，这种智慧化的运营管理可以有效实现绿色园区精细化、集约化、智慧化管理，进一步提升绿色园区的智慧化管理水平和园区企业的运营管理能力，促进绿色园区内的产业的集聚、创新、提升和发展。

（3）服务政府经济管理

首先，通过绿色园区管理服务平台，建立健全企业数据采集、业务成果展示等手段，为政府提供更多信息支持的同时，提高绿色园区及入园企业的影响力。

对于绿色园区与政府的衔接，政府希望通过绿色园区管理平台建立企业数据库，对企业信息及时收集，而绿色园区也能够在线轻松完成政府下达的统计调查任务。通过数据分析与展示子系统，政府领导及相关部门能够通过系统及时了解园区整体基本情况，及时掌握发展动态，为领导决策提供有效的技术支撑服务。

其次，通过大屏、互联网、手机等多个渠道，可实现绿色园区业务的可视化，将绿色园区的经济成果、创新成果、特色企业等展示出来。针对企业需求，绿色园区还可为企业提供所需的扶植政策与对接，架起企业与政府的一座桥梁。

最后，平台可为专业的创客空间、孵化器规划设计与建设服务提供便利。

3.3.5　绿色供应链

3.3.5.1　绿色供应链的内涵

绿色供应链的概念和内涵现尚无统一的界定，其研究仍处于不断发展之中。国外学者 Sarkis（1998）从绿色供应链的构成部分进行了阐述，认为绿色供应链主要由企业内部物流和采购、物料管理、外部物流、包装和逆向物流等几部分组成。Beamon（1999）则加入了环境因素，增加资源回收率、核心回报率、废物比、生态效率等指标。Hall（2000）从更宽的层面进行考虑，认为绿色供应链是对产品从原料采购、生产、消费，直到废物回收再利用的整个供应链进行生态设计，通过供应链中各企业内部和各企业之间的紧密合作，使整条供应链在环境管理方面协调统一，达到系统环境最优化。国内学者王能民（2005）等从集成的思想出发，认为绿色供应链是以代际公平与代内公平为决策原则，以资源最优配置、环境相容性为运营目标，是由供应商、制造商、零售商、销售商、顾客、环境、规制及文化等要素组成的系统，是物流、信息流、资金流、知识流等的集成。潘经强（2006）在此基础上增加了环保部门、竞争者和相关企业，提出绿色供应链是一个网链。万明（2010）认为，绿色供应链是环境意识、资源能源的有效利用和供应链各个环节的交叉融合，是实现绿色制造和企业可持续发展的重要手段。

此外，绿色供应链与以追求各环节价值最大化为目标的传统供应链相比，具有更高的资源利用效率，侧重于提高整个流程中各环节行为主体与环境的相容性，倾向于建立长期稳定的战略合作伙伴关系，考虑回收再利用问题，延伸了供应链末端。

本研究认为在绿色制造中，绿色供应链更多强调的是企业间、产业间和区域间的"战略伙伴关系"，这种新型的联盟关系应区别于传统的绿色供应链模式。具有战略合作伙伴关系的绿色供应链，其内部成员和众多环节具有高度依赖性，不仅是一种信息和利益共享关系，更是一种标准和意识同步的协议关系。处于整条供应链上游的供应商能在绿色采购环节节约成本，并将此优势传递至绿色生产、运输和分销、包装、销售和废物的回收各中下游环节。产业之间和区域之间通过绿色供应链培育和推动传统产业向绿色产业转型升级。

3.3.5.2 绿色供应链的实施

绿色供应链的实施逐渐成为企业获得和提升国际竞争力的重要战略和方法。但绿色供应链的实施现状还存在许多问题，一是绿色供应链并未实际有效地落地实施，还停留在理念和宣传规划中；二是绿色供应链实施的重点多为对绿色供应商的选择和对内部的环境管理，对绿色设计、绿色声誉及链上其他主体的协作效应关注较少。因此，应通过横向绿色供应链管理，实现供应链与供应链的协作，考虑整个系统的环境效益，在企业、供应链、关联供应链三个层次进行多方协作。依赖供应链环节中各个企业"绿色化"和行业内或行业间形成绿色供应链企业战略联盟。其中企业是绿色供应链的实施主体。消费者的绿色产品需求和政府的环境管制共同驱动企业实施绿色供应链管理。绿色供应链实施的具体环节主要为五个环节：制订绿色供应链的计划环节、采购环节、制造环节、交付环节和逆向物流环节。每个环节都应遵守绿色制造的要求，是一个整体的绿色系统实施工程。

世界自然基金会的研究表明，在全球15种大宗商品的交易中，生产商约10亿家，其中300~500家供应链企业大约控制着70%的市场。因此，调动企业，特别是龙头制造企业、大型零售商及网络平台等积极参与绿色供应链的管理工作尤为重要。通过供应链传递激励效应，可以起到以点带面的作用，推动相关企业遵守国家环境法律法规，甚至督促企业高效节能减排。

3.3.5.3 绿色供应链的管理评估

对绿色供应链的管理评估需要探讨绿色供应链的管理内容。绿色供应链的管理内容除包括环境、战略和库存管理外（Seuring and Müller，2008），还应包含组织的协调管理能力、知识和信息管理能力以及跨文化协调管理能力。所涉及的具体环节为整个供应链中的绿色设计、绿色材料选择、供应过程中的供应商和物流选择、工艺设备和产品包装、运输、回收等。

关于绿色供应链的管理评估方法，前期学者认为层次分析法（AHP）能够用于定性和定量的分析，并论证了AHP法如何能够评价相对重要的各种环境因素。后期学者应用网络分析法（ANP）构建了动态非线性多属性战略决策模型和供应商评价选择。在评估重点与方法上，较多国外学者从产品生命周期的角度进行研究，同时应用统计学方法研究潜在关系，国内学者以目前使用层次分析法构建评估模式的相关研究较为普遍，但应用统计分析方法的较少。

3.3.6 绿色监管

3.3.6.1 绿色监管制度

建立绿色制造标准，约束和引导制造业绿色发展，督促企业建立信息公开制度，定期发布社会责任报告和可持续发展报告等监管方式。通过建立绿色标准，提升制造业供给质量；通过实行绿色会计，使企业进行会计成本核算过程中，除了包括自然资源消耗成本外，还包括环境污染成本。评估企业的资源利用率及产生的社会环境代价，以便全面监督反映企业绿色管理的经济效益、社会效益和环境效益。通过执行绿色审计，对企业现行的运作经营，从绿色管理角度进行系统完整的评估，建立分析与预测预警机制。所谓绿色监管，是指工商行政管理机关在监管社会主义大市场中，以促进生产力发展为目标，以政务信息公开为前提，以积极的行政指导为手段，以规范化执法为核心，以内部稽查为保障而实施的民主、公开、高效的行政监督和管理行为（王克信2004）。绿色监管的内涵：政务信息公开化、行政指导及时化、行政指导规范化、行政稽查经常化。

企业的生产离不开投资，企业在进行项目投资、新产品开发时，应对该项目的环保效应进行严格审查，对新产品的环保水平、市场前景进行评估，切不可贪图眼前利益而牺牲长远发展，特别要对发达国家禁止投产的污染项目、禁止生产的有害产品，通过合资形式向我国转移的行为严加控制，以确保我国企业绿色生产的健康发展。

3.3.6.2 绿色质量评审

在产品质量形成和产品消费过程中，不污染、破坏或少污染、破坏环境与生态系统。树立生态质量观应把绿色纳入质量管理活动中，在全面质量管理活动中必须注入"绿色"意识，要及时地把它推向一个新阶段——绿色质量管理阶段。杜兰英、张赞提出的企业增强绿色质量竞争力的对策，其中建立了绿色质量的概念，绿色质量，即以满足消费者的绿色需求为目标，综合考虑经济、社会和生态效益，使消费者在保护环境、节约能源等方面得到满意的产品特性。评价产品的绿色质量应包括两方面的内容：一是产品本身是否含有有害于人体和环境的成分；二是产品在设计、生产和消费中是否注重节约资源和保护环境，产品的包装是否易于分解，不污染环境，产品使用后是否可回收利用等。全面环境质量管理、生态质量管理、战略质量管理和绿色质量管理的研究都是对传统全面质量管理的进一步完善，但综合考虑可持续发展的战略要求，均有局限性。生态质量管理、战略质量管理较全面环境质量管理，具有一定的战略的高度，但针对战略质量管理的研究，缺少了机理研究与具体的实施对策。

我国目前对企业实施企业环境信用评价监管，由环境保护部、发改委、人民银行和银监会联合制定了《企业环境信用评价办法（试行）》。对企业的环境信用从污染防治、生态保护、环境管理和社会监管四个方面进行评价，其结果分为：环保诚信企业、环保良好企业、环保警示企业、环保不良企业四个等级，依次给予绿牌、蓝牌、黄牌和红牌表示。并于近期发布《关于加强企业环境信用体系建设的指导意见》。其评价办法和指导意见均由各地方政府结合实际情况制定评价方案和操作实施。

我国环保部门对产品实施环境标志认证监管，对产品从设计、生产、使用到废弃处理处置，乃至回收再利用的全过程的环境行为进行控制。它由国家指定的机构或民间组织依据环境产品标准（也称技术要求）及有关规定，对产品的环境性能及生产过程进行确认，并以标志图形的形式告知消费者哪些产品符合环境保护要求，对生态环境更为有利。环境标志是一种"软性"的市场机制，能够对法律、税收和补贴手段形成有效的补充作用。环境标准已形成国际化趋势，也为政府采购提供了先决条件和国际贸易门槛。国际贸易中常用的"绿色环保标志"，如，日本的"生态标志"、德国的"蓝色天使"和欧盟的"欧洲环保标志"等。世界环境标志制度如表3.3所示。

表3.3　　　　　　　　　各国环境标志制度

环境标志制度名词	英文名称	国家
蓝色天使制度	Blue Angel Scheme	德国
环境选择方案	Environmental Choice Program	加拿大
生态标志制度	Eco-mark Scheme	日本
白天鹅制度	White Swan Scheme	新西兰
绿色标签制度	Grenn Seal	美国
生态标志制度	Eco-label Scheme	韩国
绿色标志制度	Green Label Scheme	新加坡
环境标志制度	China Environmental labeling	中国

资料来源：吴椒军. 论公司的环境责任［D］. 青岛：中国海洋大学，2005.

企业是否被授予环境标志认证，反映了该企业绿色发展状况。根据中国环境标志认证企业名单的数据统计，2017 年全国通过环境标志认证的企业数为 4 481 个，较 2016 年增长 12.79%。

3.4 绿色制造体系评价

3.4.1 建立绿色制造体系评价指标体系

3.4.1.1 基于绿色发展的评价指标体系研究现状

国外学者主要集中于探讨绿色发展内涵和评估行业绿色发展水平两个方面。Eiadat, et al.（2008）和 Nagesha（2008）选择绿色工艺专利数、二氧化碳排放量等指标评估绿色发展水平，Honma 和 Hu（2014）运用随机前沿模型对工业绿色发展水平进行了评价。还有学者对具体行业绿色发展的影响因素进行了研究，Vasauskaite 和 Streimikiene（2016）提出研发投入、节能技术或能源管理系统能促进立陶宛家具行业的可持续发展。Fleiter, et al.（2012）对德国制浆和造纸行业的 17 种工艺技术进行评估，认为热回收系统中造纸厂和纸张干燥技术的创新是其能源节约和绿色发展最具影响力的技术。

国内学者王晨、黄贤金（2006）根据产业及社会发展、循环利用、资源减量、污染减排、资源与环境安全五类指标，运用 AHP 法对 1985—2003 年江苏省的工业循环经济发展状况进行了评价，并引进"障碍度"概念，对江苏省工业循环经济发展的不同阶段进行定量的障碍诊断。涂正革、肖耿（2009）利用方向性距离函数建立环境生产前沿函数模型，考虑了能源消耗和环境污染，对 1998—2005 年我国 30 个省的规模以上工业绿色全要素生产率进行测算，其中污染物考虑了工业二氧化硫的排放。研究发现东部沿海地区工业发展与环境较为和谐，四川环境技术效率普遍偏低。李晓西和潘建成（2011）通过经济增长绿化度、资源环境承载力和政府政策支持 3 个一级指标和 58 个三级指标构建了《2010 中国绿色发展指数年度报告——省际比较》的评价指标体系。张江雪和王溪薇（2013）采用地区生产总值、重工业总产值占工业总产值的比重、技术市场成交额和环境污染治理投资总额分别表征地区经济发展水平、地区工业结构、地区科技创新能力和地区政府对环境保护的支持力度，对我国 30 省（区、市）的工业绿色增长指数进行测量。从资源减量、污染减排、循环利用、经济和社会发展、生态环境 5 个指标层对我国区域工业循环经济发展水平进行评价。

综上可见，目前考虑了资源环境因素的行业生产率研究基本上都是从省际区域的角度展开，很少有从研究经济区的角度对制造业发展效率进行度量。或者大多集中于我国东部地区，如珠三角城市群、山东半岛城市群等地，对四川制造业的研究较少，对其绿色制造体系评价的研究则更少。

3.4.1.2　评价指标选取原则

评价绿色制造体系主要借助计量统计方法，合理有效地衡量绿色制造体系发展的各层面要求。因此评价指标体系的构建须遵循以下原则：

一是科学性。设计和构建评价指标必须以科学性为原则，做到客观、真实地反映绿色制造体系发展的实际状况；各指标数量不能太过烦琐或过于简单，应避免所反映的指标信息重叠和遗漏；指标评价方法应结合研究对象和研究目的进行恰当的选择。

二是系统性。评价指标需要从不同角度反映评价对象的主要特征及各角度之间的内在逻辑关系水平，形成有机统一的体系；需要水平指标和速度指标相结合，不仅能够反映区域水平发展状态，还要体现其动态变化过程。

三是可操作性和可比性。因绿色制造体系发展必须落实到具体区域或产业发展领域，因此选取的指标应便于数据的采集和收集；同一指标层次的指标具有相关性和可比性，选取基本的、具有相对意义的能够反映发展差异性的指标。

3.4.2　绿色制造体系评价指标选取

由于绿色制造体系涉及多学科的知识，内容较为复杂，因此对绿色制造体系的评价，需要涵盖多个层面进行综合测量。根据绿色制造体系的内涵及体系构建应满足的条件，应从高效发展、低碳发展、清洁生产和循环发展四个层面，衡量地区绿色制造体系的发展程度。

绿色制造体系的评价指标层主要遵循科学性、系统性、可操作性和可比性等原则进行设计。其中，高效发展准则层包括资源效率、生产效率和运输效率指标；低碳发展准则层包括低碳排放和低碳能耗指标；清洁生产准则层包括废水污染强度、废气污染强度和固废污染强度指标；循环发展准则层包括污染治理水平和环保投资水平指标。具体评价指标如表 3.4 所示。

表 3.4　　　　　　　　　　绿色制造体系评价指标体系

目标层	准则层	指标层
绿色制造体系发展指数	高效发展	包括资源效率、制造业生产效率、运输效率指标层
	低碳发展	包括低碳排放、低碳能耗指标层
	清洁生产	包括废水污染强度、废气污染强度和固废污染强度指标层
	循环发展	包括污染治理水平、环保投资水平指标层

我国工业中大部分为制造业，根据指标的可操作性和数据的可获得性，采用 21 个指标来代表上述 4 个维度，分别是工业全社会固定资产投资额、工业从业人员人均销售产值、工业销售产值增长率、产品质量优等品率、客运周转量、货物周转量、工业碳排放强度、工业碳排放总量、工业能源消费总量、能源自给率、工业化学需氧量排放强度、工业氨氮排放强度、工业 SO₂ 排放强度、工业粉尘排放强度、工业固废产生量、工业危险废物产生量、工业废水治理设施处理能力、工业废气治理设施处理能力、工业固体废弃物综合利用率、财政环保预算支出占比和工业污染治理投资占比。指标层中各指标的具体单位、指标属性如表 3.5 所示。

表 3.5 　　　　　　　绿色制造体系发展指数具体评价指标

子目标层 A	准则层 B	指标层 C	单位	指标属性
高效发展	资源效率	工业全社会固定资产投资额	亿元	正向
		工业从业人员人均销售产值	亿元/万人	正向
	生产效率	工业销售产值增长率	%	正向
		产品质量优等品率	%	正向
	运输效率	客运周转量	亿人千米	正向
		货物周转量	亿吨千米	正向
低碳发展	低碳排放	工业碳排放强度	吨/元	负向
		工业碳排放总量	万吨	负向
	低碳能耗	工业能源消费总量	万吨标准煤	负向
		能源自给率	%	正向
清洁生产	废水污染强度	工业化学需氧量排放强度	万吨/元	负向
		工业氨氮排放强度	万吨/元	负向
	废气污染强度	工业 SO₂ 排放强度	万吨/元	负向
		工业粉尘排放强度	万吨/元	负向
	固废污染强度	工业固废产生量	万吨/元	负向
		工业危险废物产生量	万吨/元	负向
循环发展	污染治理水平	工业废水治理设施处理能力	万吨/日	正向
		工业废气治理设施处理能力	万立方米/时	正向
		工业固体废弃物综合利用率	%	正向
	环保投资水平	财政环保预算支出占比	%	正向
		工业污染治理投资占比	%	正向

3.4.2.1 高效发展

（1）资源效率：工业全社会固定资产投资额，是代表工业行业固定资产投资规模。该指标是正向指标，指标值越大，表明该地区工业的固定资产投入规模越大，对工业发展的贡献力越大。工业从业人员人均销售产值反映工业行业从业人员数量，体现工业的劳动投入状况。该指标是正向指标，指标值越大表明该地区劳动资源利用率越高。

（2）生产效率：工业销售产值增长率，是当期工业销售产值与上期工业工业销售产值之比，体现其工业销售产值的变化程度。该指标是正向指标，指标值越大表明该地区工业增长速度越快，增长潜力越大。产品质量优等品率，是工业产品质量指标体系中的一个主导指标，能够反映出企业工业产品的质量水平及变化情况，在行业、地区和企业之间具有横向和纵向的可比性，有利于促进企业技术进步，采用国际先进标准，有利于国家宏观调控、综合治理和对资源的优化配置。

（3）运输效率：客运周转量指在一定时期内运送旅客数量与平均运距的乘积，是分析客运劳动生产率和运输成本的主要依据。货物周转量反映各种运输工具实现货物运送的实际数量与平均运距的乘积，因此能够较为全面地反映运输的成果。该两指标是正向指标，指标值越大表明该地区运输效率越高。

3.4.2.2 低碳发展

（1）低碳排放：工业碳排放强度是指每单位工业生产总值的增长所带来的二氧化碳排放量。该指标衡量地区工业经济增长同碳排放量增长之间的关系，如果一地区在工业经济增长的同时，每单位工业生产总值所带来的二氧化碳排放量在下降，那么说明该地区就实现了一个低碳的经济发展模式。其中，工业二氧化碳排放量主要是基于《2006 年国家温室气体排放清单指南》中提出的基于碳的总量来估计二氧化碳估计值会更加准确。由于影响我国碳排放总量的主要能源包括煤炭、焦炭、原油和天然气，因此本书在进行碳排放总量的计算过程中，主要采用这三类能源的数据，碳排放系数基于 IPCC《2006 年国家温室气体排放清单指南》，其碳排放计算公式为：碳排放 = $\sum$ 能源 i 的消耗×能源 i 的排放系数（i 能源种类）。

（2）低碳能耗：工业能源消费总量反映工业发展对能源的消耗。该指标是负向指标，指标值越低，说明该地区工业的能源利用率越高，具有可持续发展的潜力。能源自给率＝一次能源生产总量/能源消费总量，表明该地区自身拥有的能源生产满足能源消费的程度。其中，一次能源生产总量根据标准煤折算系数进行计算。

3.4.2.3　清洁生产

（1）废水污染强度：工业化学需氧量排放强度和工业氨氮排放强度表示的是工业废水的非期望产出。该两项指标均是负向指标，指标值越小，说明该地区工业废气污染越低，清洁生产水平越好。

（2）废气污染强度：工业二氧化硫排放强度和工业粉尘排放强度表示的是工业废气的非期望产出。之所以选择二氧化硫和粉尘，是因为该两项指标是国家五年规划中的主要约束性指标，且具有可得性。该两项指标均是负向指标，指标值越小，说明该地区工业废气污染越低，清洁生产水平越好。

（3）固废污染强度指标：工业固废产生量和工业危险废物产生量是工业在生产过程中产生的对环境的污染量。该两项指标均是负向指标，指标值越小，说明该地区工业清洁生产的水平越高。

3.4.2.4　循环发展

（1）污染治理水平：工业废水治理设施处理能力和工业废气治理设施处理能力反映对产生的污染物的处理能力。工业固体废弃物综合利用率是指工业固体废物综合利用量占其固体废物产生量的百分率。工业废水集中处理率指污水集中处理的量与整个污水处理量的比率。其中，工业固体废物综合利用率＝工业固体废物综合利用量÷（工业固体废物产生量＋综合利用往年贮存量）×100%。该三项指标均是正向指标，指标值越大，说明该地区污染治理的水平越高。

（2）环保投资水平：财政环保预算支出占比为环境污染治理投资额占财政支出额的比重，工业污染治理投资占比为工业污染治理投资额占工业生产总值的比重，表明政府和企业对工业环境治理的投资力度。该两项指标均是正向指标，指标数值越大，表明该地区环保投资水平越高。

3.4.3　评价模型与方法

3.4.3.1　评价模型

根据上述研究选择的绿色制造体系发展指数由高效发展指标、低碳发展指标、清洁生产指标、循环发展指标4个层面构成的系统效应所确定，从而建立4个层面的发展指数，即高效发展指数、低碳发展指数、清洁生产指数和循环发展指数。最后通过综合加权法对各发展指数求和，从而得出总目标参数，即绿色制造体系发展指数，代表绿色制造体系发展水平。

（1）高效发展指数

高效发展指数（Efficient Development Index，EDI）。根据高效发展的内涵，高效发展指数的大小主要是由资源效率、生产效率和运输效率等表征制造业发展效率因子所决定，表达式为：

$$EDI = \sum_{i=1}^{n} F_{1i} \times W_{1i}$$

式中，F_{1i} 为各效率因子；W_{1i} 为因子 i 对应的权重数值。

（2）低碳发展指数

低碳发展指数（Low-carbon Development Index，LDI）。根据低碳发展的内涵，低碳发展指数的大小主要是由低碳排放水平和低碳能耗水平等表征制造业的低碳发展因子所决定，表达式为：

$$LDI = \sum_{i=1}^{n} F_{2i} \times W_{2i}$$

式中，F_{2i} 为各低碳因子；W_{2i} 为因子 i 对应的权重数值。

（3）清洁生产指数

清洁生产指数（Clean Production Index，CPI）。根据清洁生产的内涵，清洁生产指数的大小主要是由污染强度、教育与技术水平等表征制造业清洁生产的因子所决定，表达式为：

$$CPI - \sum_{i=1}^{n} F_{3i} \times W_{3i}$$

式中，F_{3i} 为各清洁生产因子；W_{3i} 为因子 i 对应的权重数值。

（4）循环发展指数

循环发展指数（Cyclic Development Index，CDI）。根据循环发展的内涵，循环发展指数的大小主要是由再利用水平、再治理水平等表征制造业循环发展的因子所决定，表达式为：

$$CDI = \sum_{i=1}^{n} F_{4i} \times W_{4i}$$

式中，F_{4i} 为各循环分发展因子；W_{4i} 为因子 i 对应的权重数值。

（5）绿色制造体系发展指数

绿色制造体系发展指数（Green Manufacturing System Development Index，GMSDI）。根据绿色制造体系发展的内涵，绿色制造体系发展水平的高低由高效发展、低碳发展、清洁生产和循环发展所决定，表达式为：

$$GMSDI = \sum_{i=1}^{n} A_i \times W_i$$

式中，A_i 为各子目标层评价结果；W_i 为各子目标层对应的权重数值（i=1，2，3，4）。

绿色制造体系具有开放性，需要从外界环境中不断地输入物质和能量进入体系内部进行交换和更新。在自然资源和能源的承载下发挥其物质交换的作用，并为制造业的发展提供原始资本。制造业在获得一定积累后逐渐向外不断地扩张，在为社会提供产品和服务的同时，输出一定的废弃物和可再利用物。随着制造业的不断扩大，制造业体系的系统结构和功能逐渐趋于稳定。

3.4.3.2　评价方法

本研究选择熵值法和层次分析法（Analytic Hierarchy Process，AHP）确定权重。首先利用熵值法确定指标层的权重，然后利用层次分析法确定准则层和子目标层的权重，既避免了指标赋权的主观随意性，又减少了熵值法对指标差异的二次放大，增加了权重获取的科学性和可信度。

第一，使用熵权法计算指标层所含指标权重，对于坏产出最后取倒数。依据熵权法进行计算，过程如下：

（1）对指标层各指标进行标准化处理。其中 r_{ij} 表示第 i 个样本第 j 项指标在标准化后的数值；

（2）计算各指标的信息熵值，m 为评价样本个数：

$$H_j = -\frac{1}{ln_m}\sum_{i=1}^{m}\frac{r_{ij}}{\sum_{i=1}^{m}r_{ij}} \times ln\frac{r_{ij}}{\sum_{i=1}^{m}r_{ij}}\left(\text{当}\frac{r_{ij}}{\sum_{i=1}^{m}r_{ij}}=0,\ ln\frac{r_{ij}}{\sum_{i=1}^{m}r_{ij}}=0\right)$$

（3）得出各指标的信息效用值 D_j，为 H_j 与 1 之间的差值，差值越大，则对评价的指标体系的贡献度越大，重要性越大，权重也就越大。

$$D_j = 1 - H_j$$

（4）利用熵值法估计各指标值的权重，即熵权。当多个样本进行比较，为了避免各年度熵权的差异影响，保持动态综合评价结果的纵向可比性，可按照学者（张目，周宗放，2010）方法，取年熵权的平均值作为最终熵权。n 表示指标个数，第 j 项指标的权重为：

$$W_j = \frac{D^j}{n - \sum_{j=1}^{n}H_j}$$

第二，使用层次分析法，对建立的绿色制造体系发展指数的各准则层和子目标层确定权重，方法如下：

（1）建立评价问题的递阶层次结构。本章中通过绿色制造体系的总目标确定其范围和包含的因素，并将各因素按照之间的相互关系和性质聚集成子目标层。并依据此方式，构成子目标层的各准则层，从而确定了上下元素间的隶属关系。

（2）构造比较判别矩阵。选择两两比较法，首先确定比较准测，用比较标度 a_{ij} 来表达下一层次中第 i 各因素与第 j 各因素的相对重要性。a_{ij} 的取值一般为 1~9 及其倒数。并由 a_{ij} 构成比较判断矩阵 A = (a_{ij})。a_{ij} 的取值规则如表 3.6 所示。

表 3.6 元素 a_{ij} 取值的规则

元素	标度	规则
a_{ij}	1	本层次因素 i 与因素 j 相比，相同重要
	3	本层次因素 i 与因素 j 相比，i 比 j 稍微重要
	5	本层次因素 i 与因素 j 相比，i 比 j 明显重要
	7	本层次因素 i 与因素 j 相比，i 比 j 强烈重要
	9	本层次因素 i 与因素 j 相比，i 比 j 极端重要

（3）在单准则下的排序及一致性检验。通过上述两两比较后构建的判别矩阵，运用矩阵求解原理计算出权重后，需对每个层次的判断举证作一致性检验，即 CR 值小于 0.1。

（4）总的排序选优。根据已知的上一层次相对于总目标的排序向量与下一层次相对于总目标的排序向量构建矩阵乘积，求出向量值，即为上一层次的权重值。

3.4.3.3 数据来源与处理

本研究选取 2011—2016 年各项数据进行评价，主要来源有《中国统计年鉴》《中国工业统计年鉴》《中国环境统计年鉴》《中国能源统计年鉴》以及西部各省（市、区）环境保护厅政府网站公布的《环境状况公报》。由于西藏部分数据整体缺失，故只统计分析四川等 11 个省（市、区）。其中部分数据计算所得，如工业从业人员人均销售产值数、工业 SO_2 排放强度、工业污水排放强度、工业粉尘排放强度、财政环保预算支出占比、工业污染治理投资占比等。对于个别年份的缺失数据通过缺失值统计处理方法计算。

由于原始数据的指标量纲不同，首先进行无量纲化处理，本研究选择极差标准化法以消除量纲差异和由此产生的对分析结果的偏差。

对于正向指标，无量纲化公式为：

$$X_{ij} = \frac{(x_{ij} - x_{\min})}{(x_{\max} - x_{\min})}$$

对于负向指标，无量纲化公式为：

$$X_{ij} = \frac{(x_{\max} - x_{ij})}{(x_{\max} - x_{\min})}$$

式中，x_{ij} 表示第 i 个指标在 j 年份的指标值，$i = 1，2，\cdots，21$；$j = 1，2，\cdots，5$；X_{ij} 为无量纲化后的指标数据；$x_{\min}$ 和 $x_{\max}$ 分别表示第 i 个指标的最小值

和最大值。

其中，碳排放量的计算基于 IPCC《2006 年国家温室气体排放清单指南》中指出的采用 IPCC—1996—LUCF 的基本方法，根据各种能源的碳排放系数（见表 3.7）计算碳排放量。

表 3.7 各种能源的碳排放系数

能源种类	碳排放系数（吨/吨标准煤）	能源种类	碳排放系数（吨/吨标准煤）
原煤	0.755 9	燃料油	0.618 5
洗精煤	0.755 9	其他石油制品	0.585 7
焦炭	0.855 0	液化石油气	0.504 2
其他焦化产品	0.644 9	天然气	0.448 3
原油	0.585 7	焦炉煤气	0.354 8
汽油	0.553 8	炼厂干气	0.460 2
煤油	0.571 4	其他煤气	0.354 8
柴油	0.592 1	水电、核电	0.0

备注：数据选自 IPCC《国家温室气体排放清单指南》1996 年。

3.4.3.4 指标权重的确定

根据本研究选择的熵值法，确定出绿色制造体系各指标层 C 的熵值权重，如表 3.8 所示。

表 3.8 指标层熵值权重

准则层 B	指标层 C	信息熵值	熵值权重
资源效率	工业全社会固定资产投资额	0.138	0.370
	工业从业人员人均销售产值	0.235	0.630
生产效率	工业销售产值增长率	0.123	0.208
	产品质量优等品率	0.470	0.792
运输效率	客运周转量	0.168	0.441
	货物周转量	0.213	0.559
低碳排放	工业碳排放强度	0.245	0.557
	工业碳排放总量	0.194	0.443
低碳能耗	工业能源消费总量	0.183	0.598
	能源自给率	0.123	0.402
废水污染强度	工业化学需氧量排放强度	0.118	0.388
	工业氨氮排放强度	0.187	0.612

表3.8(续)

准则层 B	指标层 C	信息熵值	熵值权重
废气污染强度	工业 SO₂ 排放强度	0.203	0.591
	工业粉尘排放强度	0.141	0.409
固废污染强度	工业固废产生量	0.115	0.483
	工业危险废物产生量	0.124	0.517
污染治理水平	工业废水治理设施处理能力	0.200	0.417
	工业废气治理设施处理能力	0.165	0.343
	工业固体废弃物综合利用率	0.116	0.241
环保投资水平	财政环保预算支出占比	0.188	0.417
	工业污染治理投资占比	0.263	0.583

根据层次分析法步骤，计算除绿色制造体系发展指数的子目标层和准则层的权重，如表3.9所示。

表3.9 绿色制造体系子目标层及准则层权重

总目标层	子目标层	AHP 权重	准则层	AHP 权重
绿色制造体系发展指数	高效发展	0.303	资源效率	0.436
			生产效率	0.321
			运输效率	0.243
	低碳发展	0.243	低碳排放	0.451
			低碳能耗	0.585
	清洁生产	0.277	废水污染强度	0.314
			废气污染强度	0.473
			固废污染强度	0.213
	循环发展	0.177	污染治理水平	0.557
			环保投资水平	0.443

3.4.4 评价结果与分析

3.4.4.1 评价结果的动态比较

根据绿色制造体系的评价方法和评价指标体系，利用评价模型，得到西部地区11省（市、区）2011—2016年绿色制造体系发展指数，如表3.10所示，其动态发展趋势如图3.8所示。

表3.10　　2011—2016年西部各省（市、区）绿色制造体系发展指数

地区	绿色制造体系发展指数					
	2011	2012	2013	2014	2015	2016
内蒙古	0.284	0.654	0.468	0.403	0.393	0.303
广西	0.437	0.352	0.342	0.363	0.601	0.629
重庆	0.322	0.395	0.306	0.522	0.599	0.682
四川	0.311	0.362	0.435	0.543	0.519	0.517
贵州	0.270	0.328	0.574	0.622	0.590	0.702
云南	0.240	0.390	0.597	0.380	0.456	0.501
陕西	0.293	0.426	0.608	0.598	0.526	0.616
甘肃	0.437	0.567	0.490	0.407	0.244	0.287
青海	0.399	0.486	0.348	0.434	0.354	0.506
宁夏	0.373	0.583	0.413	0.467	0.438	0.586
新疆	0.477	0.399	0.380	0.526	0.488	0.295

　　结合表3.10和图3.8可以看出，2011—2016年西部地区11省（市、区）绿色制造体系发展指数整体呈现上升趋势。其中，重庆、四川、贵州绿色制造体系发展指数逐年上升，发展速度较快；内蒙古、新疆和甘肃绿色制造体系发展指数虽然近年来有小幅上涨，但在近一两年出现下降趋势。其他省（市、区）绿色制造体系发展指数变化趋势并不明显。

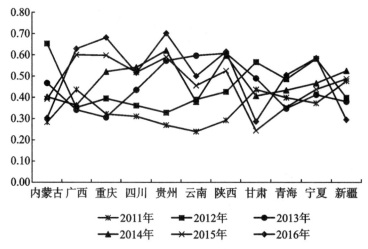

图3.8　2011—2016年西部11个省（市、区）绿色制造体系发展指数变化趋势图

　　利用标准差法确定分级标准，即V为平均值，B为标准差，进而对绿色发展指数进行分级（郭永杰等，2015）。根据西部地区11省（市、区）

2011—2016 年绿色制造体系发展指数，将评价结果取值范围划分为四级标准，如表 3.11 所示。等级越高，表明绿色制造体系发展水平越高，即 Ⅰ 为低水平，Ⅱ 为中水平，Ⅲ 为较高水平，Ⅳ 为高水平。

表 3.11　2011—2016 年西部地区绿色制造体系发展分级标准

年份	分级标准			
	Ⅰ	Ⅱ	Ⅲ	Ⅳ
	低水平	中水平	较高水平	高水平
	（0，V−B]	（V−B，V]	（V，V+B]	（V+B，1]
2011	（0，0.274]	（0.274，0.349]	（0.349，0.425]	（0.425，1]
2012	（0，0.347]	（0.347，0.449]	（0.449，0.552]	（0.552，1]
2013	（0，0.350]	（0.350，0.451]	（0.451，0.553]	（0.553，1]
2014	（0，0.350]	（0.350，0.479]	（0.479，0.563]	（0.563，1]
2015	（0，0.367]	（0.367，0.474]	（0.474，0.580]	（0.580，1]
2016	（0，0.365]	（0.365，0.512]	（0.512，0.658]	（0.658，1]

从 2011—2016 年西部地区绿色制造体系发展分级标准可以看出，西部地区的绿色制造体系发展水平正在逐年提高。2016 年的低水平区间阈值与 2011 年的低水平区间阈值相比，上升 33.21%；2016 年的高水平区间低值与 2011 年的高水平低值相比，上升 54.82%。

3.4.4.2　评价结果的静态比较

（1）目标层

根据 2016 年绿色制造体系发展指数的评价结果，西部地区 11 省（市、区）绿色制造体系发展指数及子目标发展指数的结果如表 3.12 所示。从表 3.12 中可以看出，2016 年西部地区绿色制造体系发展水平处于高水平的省（市、区）有贵州、重庆和广西，处于较高水平的省（市、区）有陕西、宁夏和四川，处于中水平的省（市、区）有青海和云南，处于低水平的省（市、区）有内蒙古、新疆和甘肃。从地区分布上来看，西北地区绿色制造体系发展水平普遍偏低，西南地区绿色制造体系发展水平普遍偏高。

表 3.12　2016 年西部 11 省（市、区）绿色制造体系发展水平

省（市、区）	高效发展指数	低碳发展指数	清洁生产指数	循环发展指数	绿色制造体系发展指数及发展水平	
贵州	0.229	0.151	0.274	0.048	0.702	Ⅳ
重庆	0.219	0.144	0.277	0.043	0.682	Ⅳ
广西	0.208	0.139	0.242	0.040	0.629	Ⅲ
陕西	0.192	0.165	0.211	0.048	0.616	Ⅲ

表3.12(续)

省(市、区)	高效发展指数	低碳发展指数	清洁生产指数	循环发展指数	绿色制造体系发展指数及发展水平	
宁夏	0.181	0.110	0.250	0.045	0.586	Ⅲ
四川	0.198	0.116	0.165	0.039	0.517	Ⅲ
青海	0.204	0.104	0.152	0.046	0.506	Ⅱ
云南	0.172	0.076	0.209	0.044	0.501	Ⅱ
内蒙古	0.101	0.099	0.067	0.036	0.303	Ⅰ
新疆	0.085	0.116	0.059	0.036	0.295	Ⅰ
甘肃	0.126	0.083	0.036	0.042	0.287	Ⅰ

从构成要素来看，为了进一步解释近年来西部各省（市、区）绿色制造体系发展指数变化的趋势，我们对2016年高效发展、低碳发展、清洁生产和循环发展四大子目标层得分和所占绿色制造体系发展指数的比重进行了测算。首先，2016年贵州、重庆、广西、陕西、宁夏和云南的绿色制造体系发展的主要贡献来自清洁生产指数，在绿色制造体系发展指数中贡献占比分别为39.00%、39.42%、34.48%、30.01%和35.52%。其次，2016年贵州、重庆、广西和青海的绿色制造体系发展的主要贡献来自高效发展指数，在绿色制造体系发展指数中贡献占比分别为32.61%、31.14%、29.59%和29.05%。低碳发展指数和循环发展指数的贡献均较低，低碳发展指数中仅贵州、重庆、广西和陕西四个省（市、区）相对较高，分别为21.52%、20.52%、19.79%和23.49%。2016年西部地区11省（市、区）绿色制造体系发展的子目标层贡献度占比如图3.9所示。

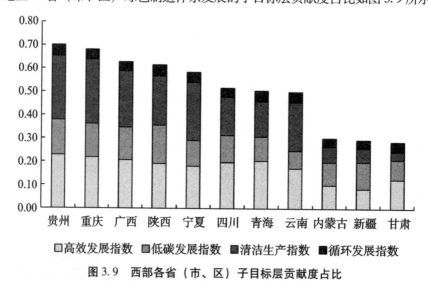

图3.9 西部各省（市、区）子目标层贡献度占比

（2）准则层

为了进一步确定并分析西部地区 11 省（市、区）2016 年绿色制造体系子目标层指数的主导因素，分析准则层的发展水平。

① 高效发展。由图 3.10 可以看出，2016 年期间西部地区高效发展指数中，资源效率由高到低的顺序依次为：重庆>广西>四川>贵州>宁夏>陕西>青海>云南>甘肃>内蒙古>新疆。整体来说资源效率呈现西南地区高于西北地区的趋势，其中重庆的资源效率相对较好，是新疆的 6.09 倍。生产效率由高到低的顺序依次为：青海>陕西>云南>宁夏>甘肃>内蒙古>贵州>四川>重庆>新疆>广西。整体来说生产效率呈现西北地区高于西南地区的趋势，但差距并不明显，其中青海的生产效率相对较好，是广西的 1.88 倍。运输效率由高到低的顺序依次为：贵州>青海>重庆>广西>云南>新疆>四川>陕西>甘肃>内蒙古>宁夏。整体来说运输效率呈现西南地区高于西北地区的趋势，其中贵州的运输效率相对较好，是宁夏的 7.08 倍。综合来看，2016 年四川、重庆、广西、贵州和宁夏的资源效率对其高效发展水平贡献较大。

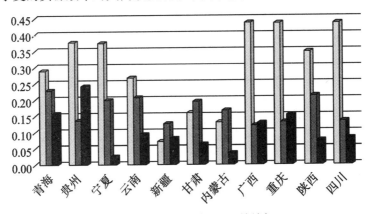

图 3.10　西部各省（市、区）高效发展各准则层发展水平

② 低碳发展。由图 3.11 可以看出，2016 年期间西部低碳发展指数中，低碳排放水平由高到低的顺序依次为：贵州>广西>陕西>重庆>四川>新疆>宁夏>青海>内蒙古>云南>甘肃。整体来说低碳排放水平呈现西南地区高于西北地区的趋势，其中贵州的低碳排放水平相对较好，是甘肃的 3.52 倍。低碳能耗水平由高到低的顺序依次为：陕西>重庆>新疆>宁夏>贵州>内蒙古>青海>四川>广西>甘肃>云南。整体来说低碳能耗水平没有明显的地区差异，且差距并不明显，其中陕西的低碳能耗水平相对较好，是云南的 1.87 倍。综合来看，2016 年四川、云南的低碳排放水平和低碳能耗水平均较低。这与云南的

能源消费结构有关，《云南统计年鉴2016》公布的数据显示，在常规能源的生产结构中原煤和天然气占的比重逐渐增大，原油和电力逐渐减小，且原煤的比重最大。可以看出，以煤为主的能源消费结构仍然是云南节能减排所面临的巨大阻力。高比例的煤炭消费，表明碳排放强度较高，致使在经济发展过程中"高碳"特征非常明显，这对云南绿色制造体系实现降低环境污染、实现低碳发展方式的转变带来了严重的阻力，能源消耗结构亟须尽快改变。

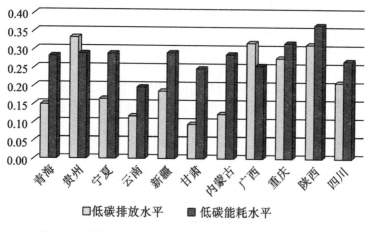

图3.11　西部各省（市、区）低碳发展各准则层发展水平

③清洁生产。由图3.12可以看出，2016年期间西部地区清洁生产指数中，废水污染强度得分由高到低的顺序依次为：贵州>重庆>广西>陕西>云南>宁夏>四川>青海>内蒙古>新疆>甘肃。整体来说废水污染强度得分呈现西南地区高于西北地区的趋势，其中贵州的废水污染强度相对较好，甘肃降低废水污染的空间还很大。废气污染强度得分由高到低的顺序依次为：重庆>广西>宁夏>贵州>陕西>云南>四川>青海>内蒙古>新疆>甘肃。整体来说废气污染强度得分呈现西南地区高于西北地区的趋势，其中重庆的废气污染强度相对较好，甘肃降低废气污染的空间还很大。固废污染强度得分由高到低的顺序依次为：贵州>重庆>宁夏>云南>陕西>广西>青海>四川>新疆>内蒙古>甘肃。整体来说固废污染强度得分呈现西南地区高于西北地区的趋势，其中贵州固废污染强度相对较好，甘肃降低固废污染的空间还很大。综合来看，甘肃的废水污染强度、废气污染强度和固废污染强度均处于西部地区最低水平。

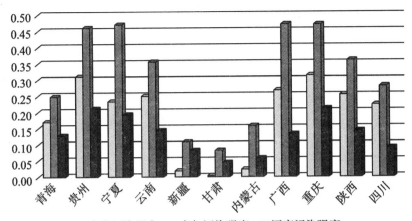

图 3.12　西部各省（市、区）清洁生产各准则层发展水平

④循环发展。由图 3.13 可以看出，2016 年期间西部循环发展指数中，污染治理水平由高到低的顺序依次为：贵州>陕西>青海>宁夏>云南>重庆>甘肃>广西>四川>内蒙古>新疆。整体来说污染治理水平没有明显的地区差异，且差距并不明显，其中贵州的低碳排放水平相对较好，是新疆的 1.33 倍。环保投资水平由高到低的顺序依次为：青海>贵州>宁夏>云南>新疆>甘肃>内蒙古>广西>重庆>陕西>四川。整体来说环保投资水平呈现西北地区高于西南地区的趋势，其中青海的环保投资水平相对较好，四川的环保投资力度较低，仍需要加大。

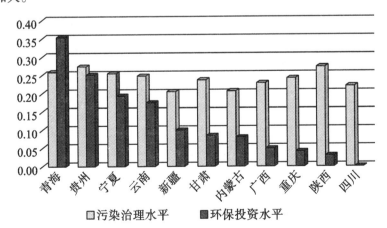

图 3.13　西部各省（市、区）循环发展各准则层发展水平

综上所述，绿色制造代表一种新的发展形态，是将绿色发展理念、绿色技术的创新成果与制造业进行深度融合，并对制造业各方面产生影响。本章从绿色制造的理论基础着手，探讨和分析了绿色制造的内涵、特征和发展趋势，进一步剖析了绿色制造体系的内涵和主要内容，最后构建了绿色制造体系的指标评价体系。通过对西部地区绿色制造体系的评价，实证发现西部 11 省（市、区）在 2011—2016 年期间绿色制造体系发展指数呈现整体上升趋势。其中，重庆、四川、贵州绿色制造体系发展指数逐年上升，发展速度较快；内蒙古、新疆和甘肃绿色制造体系发展指数虽然近年来有小幅上涨，但在近一两年出现下降趋势。其他省（市、区）绿色制造体系发展指数变化趋势并不突出。

绿色制造体系不是单一的某个元素或人类的经济活动，而是与资源、能源系统相互影响和相关作用，这决定了绿色制造体系是一个复杂的系统，既受到外界环境因素的制约，同时又具有很强的主观能动性。绿色制造体系的有效运行，不仅取决于企业所具备的技术条件和管理水平，国家的宏观政策及发展战略以及地区间的经济基础和资源，而且取决于系统内部要素之间的结构关系与协调程度。因此，绿色制造体系的构建和发展需要动力系统来驱动。

4 绿色制造体系的新动能成长路径

绿色制造体系的建设与发展离不开动能系统的推动。动能系统是一种全要素系统，能产生倍加的效能。当前，我国处于新动能与传统动能持续转换的关键时期，绿色制造体系的构建需要新动能异军突起和传统动能改造提升形成的"新引擎""新能量"；而新动能成长也需要绿色制造体系的支撑。李克强总理指出，要加快培育新动能，着眼提高全要素生产率，结合实施"中国制造2025""互联网+"，推动各类企业注重技术创新，创造新的有效供给，更好地适应需求结构升级。因此，改造提升传统动能、加快培育新动能，探索动能系统运行机制，允分发挥动能系统的能效，是构建我国绿色制造体系的关键。

4.1 动能与动力的基本概念

关于"动能"的具体内涵，与此相近的、有关的概念是"动力"，二者具有一定的关联又相互区别。《辞海》对"动能"的解释为：物质由于运动而具有的做功本领。对"动力"的解释为：①使机械做功的力量；②比喻推动人活动的力量。从物理学角度来看，"动能"是一种标量，只有大小，没有方向，是指物体由于运动而具有做功的本领，取决于物体的质量与速度；"动力"是一种矢量，既有大小，又有方向，是指物体之间的作用，取决于物体的质量与加速度；从经济学与管理学角度来看，"动能"多指推动经济增长的要素；"动力"更多强调经济增长要素与经济体之间的作用（见表4.1）。而动能系统则是指相互作用、相互依赖的若干要素结合而成的、推动经济增长的有机体，它是推动我国绿色制造体系构建与发展的关键。

表 4.1 动能与动力的内涵解释

来源	动能	动力
《辞海》解释	物质由于运动而具有的做功本领	①使机械做功的力量; ②比喻推动人活动的力量
从物理学角度来看	它是一种标量,只有大小,没有方向,是指物体由于运动而具有做功的本领,取决于物体的质量与速度	它是一种矢量,既有大小,又有方向,是指物体之间的作用,取决于物体的质量与加速度
从经济学与管理学角度来看	多指推动经济增长的要素	更多强调经济增长要素与经济体之间的作用

资料来源:根据相关文献整理。

关于动能及动能系统的相关研究,国外学者主要是从推动经济增长的因素及如何促进经济增长的理论与实践方面进行了有益探讨。亚当·斯密、李嘉图、马克思等经济学家对有关经济增长问题尤其是增长动力和如何促进经济增长探索方面均有深刻的阐述,他们认为,经济增长是多种因素综合作用的动态过程,主要是劳动、资本、土地等内生要素和技术进步、社会经济制度等外生因素的综合因素促进经济增长。例如,亚当·斯密在《国富论》中研究了"国民财富的基本性质和增长的原因",即如何实现一国的经济增长。他认为经济增长的动力从根源上源于劳动分工。李嘉图从其分配理论和价值理论导出经济增长机制,他指出,促进利润增加或经济增长的主要手段是提高劳动生产率,缩短必要劳动时间,降低工人工资;还必须限制和缩小地租及赋税比例,并要反对地主、官吏等非生产阶级的奢侈性消费。马克思建立了经济增长模型,科学分析了市场经济条件下经济增长的理论前提条件、静态与动态均衡条件、内在实现机制即外延和内涵扩大再生产,并从资本积累、产业结构、市场环境、科学技术、管理制度等方面分析了决定经济增长潜能与动力的影响因素。20 世纪 40 年代末,以哈罗德—多马模型为代表的资本积累论,将凯恩斯的短期比较静态分析理论推广到经济增长问题上,强调经济增长率取决于储蓄率和资本—产出比率,并奠定了现代经济增长理论的逻辑起点。以罗默的《递增收益与长期增长》和卢卡斯的《论经济发展机制》为标志,并经 G. 格罗斯曼、E. 赫尔普曼、R. 阿罗、P. 阿格亨、P. 克鲁格曼、阿尔文·扬、L. 琼斯、S. 雷贝洛、G. 贝克尔等学者推进和发展的新增长理论,强调经济持续增长是经济系统中内生因素作用的结果,而内生的技术进步是经济增长的决定因素;并认为技术(或知识)、人力资本产生的溢出效应是实现持续增长不可缺少的条件,国际贸易和知识的国家流动对一国经济增长具有重要影响;在经济政策上,强调向研究开发活动提供补贴有助于促进经济增长。关于经济增长制度动力源的探讨是以诺斯、舒尔茨、威廉姆森、奥斯特罗姆等为代表的新制度主义发展经济学的一个中心议题。例如，诺斯认为一套有效率的制度体系，尤其是产权保护制度是经济增长的关键动力等。

国内学者主要对中国经济增长的动力及其如何培育新增长点展开了多角度的研究。例如，比较优势和发展战略（林毅夫等，2004，2006）、竞争和产权制度（刘小玄，2003）、市场化和经济体制改革（樊纲等，2003）对我国经济增长具有决定性影响。邱晓华，郑京平，万东华等（2006）认为，资本投入增加是中国经济增长最主要的源泉，包括结构升级、人力资本效率提高、制度变迁等在内的技术进步的贡献也较强，劳动投入增加的贡献相对较弱，这与中国劳动力供给相对过剩、劳动边际效率较低有关。李富强，董直庆，王林辉（2008）强调，制度不仅直接作用于经济增长，而且还通过影响生产要素投入和配置效率来促进经济增长，即物质资本和人力资本作用包含制度贡献，产权制度是我国现阶段经济增长的最主要动力。江飞涛、武鹏、李晓萍（2014）指出，当前由政府主导、投资驱动的工业经济增长方式是工业增长效率恶化的根源。实现向创新驱动、效率驱动增长方式的转变，关键在于理顺市场与政府的关系，即政府必须为市场建立完善的制度体系，让市场充分发挥其决定性作用；并在尊重市场机制及市场主体意愿的基础上积极作为，促进技术创新与技术转移，等等。也有学者从制造业转型升级的动力机制视角出发对其进行了相关研究。例如，王玉荣、杨震宁（2010）提出，制造业企业创新的内外部动力系统模型是制造业企业创新能力的影响因素，并分析了内外部创新系统因子；张志元和李兆友（2015）认为，我国制造业转型升级的动力机制主要要素有：科学技术的发展与产业组织结构的改革和创新，且制造业技术创新战略地位日益凸显，低碳发展理念已成共识，开放式创新系统已具雏形。

目前大多数学者主要关注经济增长的动力，即要素对经济体的作用，研究集中于如何使用要素，较少研究要素本身。我国在利用传统要素促进经济发展的同时，也加剧了环境问题。目前涉及的此类研究大多是通过如何优化传统要素的使用方式来解决环境问题，表现为如何提升自然资源、劳动人口、资金的利用效率等。要兼顾环境问题，就不能局限于传统要素的使用方式，而要寻求新的要素。

本研究将推动经济增长的要素作为动能，要素使用方式作为动能转化为动力的路径。这就将要素本身作为研究的重点，从而突破了传统思维模式。

4.2 动能系统构成要素

我国制造业的发展离不开动能系统的推动。动能系统是指相互作用、相互依赖的若干要素及其相互关系结合而成的、推动经济增长的有机体，由新动能与传统动能组合而成。作为一种全要素系统，它能产生倍加的效能，是推动我国制造业内生增长的关键，如图4.1所示。

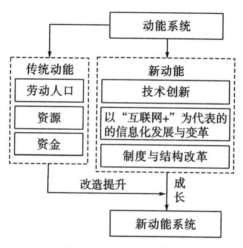

图4.1　动能系统解构图

4.2.1　传统动能

4.2.1.1　内涵与特征

根据经济增长理论，传统生产要素为资源、资金、劳动人口等。Solow（1956）的增长模型表明，在均衡点之前，生产要素投入的作用十分显著；在均衡点之后，该作用会减弱。依赖生产要素投入的经济体会出现增长停滞。长期以来，我国经济高速增长主要依靠大量的资源与能源消耗、大规模的投资刺激政策、附加值低的劳动密集型产品出口。尽管依靠传统动能形成的粗放型发展方式，拉动了经济的高速增长，但也导致我国经济发展整体质量与效率偏低、效益较差（林火灿，2016）。本书认为，传统动能是指过去形成的、并对现在经济发展能够产生影响的各种要素，且多指劳动人口、资金、自然资源等单一要素，对制造业内生增长的作用有限。

4.2.1.2 维度解构

（1）劳动人口

中华人民共和国成立以来我国人口结构变动以及20世纪80年代后我国开始实施计划生育政策，使得劳动人口比率不断攀升，同时人口抚养比率不断下降。虽然在1982—2010年这段人口红利期，劳动人口充裕，既形成了我国制造业的劳动力成本优势，又为我国制造业引入外来投资，推动了我国以劳动密集型为主的制造业的发展。但是，随着人口结构转变过程的不断推进，老龄化程度不断加深，加上我国全面放开二胎政策开始实施，我国人口抚养比将大幅上升，劳动力呈缩减趋势。《波士顿报告》指出中国制造业相较于美国的成本优势已经经大幅度下降，人口红利优势以及廉价劳动力将不复存在。

（2）资源

我国长期的粗放型经济增长方式，造成了我国传统制造业依靠增加生产要素量的投入来推动其发展。2000—2012年我国工业能源消耗从103 774万吨增加至252 463万吨，制造业是工业的主体，我国制造业依靠闲置土地、低廉甚至免费的自然资源，夺取了全球低端产品市场。但是，当前我国制造业发展的资源能源发生了动态变化，我国资源相对不足、环境承载能力较弱。由于各种生产要素价格上涨及国际市场环境的变化，我国制造业长期赖以生存的"低成本优势"正在消失，效益明显下滑，我国传统制造业粗放式增长将难以为继，在传统比较优势减弱、尚未系统培育出新的竞争优势的背景下，自然资源将不能持续稳健地推动我国新型制造业发展。

（3）资金

在知识经济时代下，关键技术的不断创新是制造业核心竞争力的体现，研发投入资金则是技术创新的关键所在，是发展新型制造业不可或缺的一部分。我国制造业正在向高新技术产业发展，技术与知识密集是高新技术产业最突出的特点，制造业企业只有获得足够的研发资金投入才能推动研发活动的正常进行，推动技术的不断进步，进而促进制造业的发展。但是我国正处在转变经济发展方式的关键时期，在全球新一轮技术革命的影响下，我国制造业企业研发资金配置的重复浪费现象严重，在技术创新过程中的"孤岛现象"十分普遍，难以形成创新合力。并且大量资金投入的研发成果，其科技成果转化率较低，"产学研用"脱节，科技研发对产业的支撑严重不足。

4.2.1.3 发展现状

改革开放40年来，我国经济保持了9.8%的持续高速增长，支撑经济高增长的传统动力主要靠消费、投资、出口。但随着经济发展进入新常态，资源环境约束越来越强，劳动力成本优势逐渐减弱，部分传统产业产能过剩问题凸显，传统动能的增速减弱，同时新产业的增速还未提上来，我国经济出现动能"青黄不接"的结构性问题。具体表现在三个方面：一是劳动年龄人口和经济活动人口均逐渐进入负增长；二是人力资本改善速度放缓，资本报酬递减；三是劳动力转移带来的资源重新配置效率会逐渐消失。

（1）从国际经验看

综观全球，经济增长并不总是一帆风顺，经济增长总是伴随着周期性波动。少数如英、美等国，早期就完成了工业化和现代化，虽然经济保持了长期持续增长，但也经常面临周期性波动。大多数经济体的增长过程都曲折缓慢，在部分时期内实现了快速增长，但后来相继失去发展动力，长期徘徊于中低收入水平。还有少数经济体如日本、韩国和中国台湾等成功实现了经济追赶，但也都经历了增速回落过程，比如日本失去的 20 年、韩国 1997 年金融危机、中国台湾在 21 世纪的经济低迷等。进一步分析，后发经济体普遍会遇到发展阶段转换问题，而在这样一个关键阶段，能否实现新旧动能顺利接续，是不同经济体能够进入高收入社会，还是落入中等收入陷阱的关键所在。

（2）从供给角度看

我国已实现了从供不应求到供求基本平衡和供略大于求的阶段转换，扩大普通产能已不是主要增长动能所在。改革开放初期，我国生产能力（特别是轻工业领域）薄弱，工业品总体上处于供不应求的状态。不少生活必需品，例如粮食、布、电视机、自行车等都需要靠发行各种票证进行供应控制。当时，任何能够增加生产能力的因素，例如通过农村改革释放出多余劳动力、引进国外资金投资办厂等都是重要的增长动能。经过改革开放以后的快速增长，我国生产能力得到了极大提高。到 20 世纪 90 年代末，轻工业领域需求基本得到了满足；到 2010 年前后，重化工领域需求也基本得到了满足，不少行业还面临比较严重的产能过剩问题，当前生产能力已经不是制约经济增长的主要矛盾。

（3）从需求角度看

改革开放以来我国经济增长动能出现了几次重要转换，当前正处于一个新的转换期。

一是改革开放后至 21 世纪初，城乡居民"吃、穿、用"需求是拉动经济增长的主要动能。这一时期，我国总体上处于脱贫和解决温饱阶段，经济中的支柱产业以农业和轻工业，如食品加工、纺织服装、耐用消费品等为主。1978—1999 年，我国食用油年均增长 6.9%，家用电冰箱年均增长 33.5%，家用洗衣机年均增长 64.3%。对轻工产品的巨大需求是此阶段经济发展的主要动能。

二是从 21 世纪初到 2011 年左右，消费开始向"住、行"为主升级，并带动了这一期间的经济增长。2000 年前后，我国绝大多数城乡居民基本上满足了基本生活需求，进入了向"住、行"消费升级的阶段。所谓"住"，既包括农村地区住房的升级换代，从最初的土坯草房向砖瓦房及楼房升级，也包括城镇住房市场发展。1999—2011 年，我国城镇商品房销售面积从 1.46 亿平方米增长到 10.94 亿平方米，年均增长 18.3%。在"行"的方面，同期汽车产量从 183 万辆增长到 1 927.6 万辆，年均增长 21.2%。这一时期，我国住房、汽车、交通和城镇化的发展又衍生出了对重化工产品，如钢铁、有色、建材的需求。

三是从 2012 年至今，传统的"吃、穿、住、行"消费需求得到了基本满足，我国进入了新一轮需求升级转换阶段。例如，从住房需求看，2013 年我国商品房销售面积达到 13.1 亿平方米的峰值，2014 年和 2015 年有所下降，2016 年销售面积为 15.73 亿平方米。从汽车销售量看，2012—2015 年间平均每年增长仅 7.3%，大大低于前一阶段。说明我国消费升级进入了新阶段，传统"吃、穿、住、行"需求增长放缓，对发展带动作用显著减弱（赵昌文等，2016）。

4.2.2　新动能

4.2.2.1　内涵与特征

关于促进经济增长的"新动能"，最初体现在政府的相关经济政策上。面对我国自然资源、劳动人口等传统要素发挥的作用减弱，资源环境承载压力的不断增大等问题，政府提出要加快新动能成长和传统动能改造提升，为经济增长提供新的动力。李克强总理（2015）率先指出，"大众创业、万众创新"是中国经济增长的新动能。国家发改委主任徐绍史（2016）解释了新动能的四个方面，即全面深化改革；大众创业、万众创新；新产业、新模式、新业态；对外开放。中国社会科学院副院长蔡昉（2016）强调，新常态下经济增长的新动能是以创新提高全要素生产率。国家统计局信息景气中心副主任潘建成（2016）提出，城镇化、产业结构升级、东部产业向中西部转移等结构变动会推动经济增长，全面深化改革带来的一系列制度变革会推动经济增长，技术创新也会推动经济增长，这些就是经济增长的新动能（见表 4.2）。

表 4.2   关于"新动能"的相关研究

	代表性人物	新动能内涵
主要体现在政府的相关经济政策方面	李克强（2015）	中国经济增长的新动能是"大众创业、万众创新"
	徐绍史（2016）	一是全面深化改革有效释放了市场主体活力 二是大众创业、万众创新有效激发了社会的创造活力 三是新产业、新模式、新业态正在孕育成为新的经济动能 四是对外开放有效拓展了经济发展空间
	蔡昉（2016）	新动能是以创新提高全要素生产率
	潘建成（2016）	城镇化、产业结构升级、东部产业向中西部转移等结构变动会推动经济增长，全面深化改革带来的一系列制度变革会推动经济增长，技术创新也会推动经济增长

资料来源：根据相关文献整理。

学术界对新动能内涵的探讨，多涉及供给侧改革、技术创新、内需等因素。新动能是内生增长要素和外部环境要素的结合，主要是指技术创新、"互联网＋产业"形成的新产业、新业态、新模式，制度与结构改革等具有时代特征的能够推动经济增长的要素及新引擎。新动能与传统动能是相对的概念，并非是对"传统动能""旧动能"或"原生动能"的挤压。

4.2.2.2 维度解构

技术创新、以"互联网＋"为代表的信息化发展与变革、制度与结构改革。

（1）技术创新

关于技术创新，我国学术界大多采用熊彼特的概念，即"技术创新通常是指企业应用创新的知识和新技术、新工艺、采用新的生产方式和经营管理模式，提高产品质量，开发生产新的产品，提供新的服务，占据市场并实现市场价值的一种活动或过程"（熊彼特，1991）。其过程主要涉及技术创新资源投入→创新技术成果产出→社会经济效益转化两个环节（付强与马玉成，2011），这些环节受企业内外部资源等多种因素的影响（见表 4.3）。

一是企业家因素。例如，宝贡敏与杨志蓉等（2006）强调，企业家对技术创新战略的重视程度是中小企业技术创新战略成功实施的主要决定因素；朱陈松与章仁俊等（2010）从社会资本视角出发，认为中小企业管理者的品质信用、能力信用、资本与环境信用对企业技术创新有积极的促进作用；乔朋华与鞠晓峰（2015）重点研究了 CEO 的声望权力、所有权权力、结构权力和专家权力对中小企业技术创新的影响作用，等等。

二是创新转化效率。以新产品或改进产品衡量的创新转化效率已成为衡量

表 4.3　　　　　　　　　　　影响技术创新的主要因素

序号	影响因素	因素解读	主要研究学者
1	企业家因素	包括管理者文化程度及信用、对技术创新的重视程度、CEO 权利大小、有技术背景的高管数量、海归、高管数量等	宝贡敏与杨志蓉等（2006）；朱陈松与章仁俊等（2010）；乔朋华与鞠晓峰（2015）等
2	创新转化效率	包括 R&D 经费及人员投入、专利数量、新产品数量、新产品占销售总额比重、新产品开发速度、企业制度、内部职能部门的协调性等	池仁勇（2003）；彭子晟与韩文强等（2008）；陈晓红与李喜华等（2008）；曹勇、苏凤娇与赵莉（2010）；姜波（2010）；张优智与党兴华（2014）等
3	金融及政策法律环境	包括以金融市场/以银行中介为主的金融结构，知识产权保护等	孙伍琴（2004）；盛辉（2007）；吴岩（2013）等
4	技术性贸易壁垒	包括技术标准，技术法规、质量认证制度、绿色壁垒等	黄倪丽与王晓红（2006）；毕克新与葛晶等（2007）；许德友与梁琦（2010）；梁涛（2013）等
5	其他因素	包括全球价值链治理模式、网络关系嵌入、知识获取效率、生态性创新网络等	熊宇（2011）；赖磊（2012）；王克岭等（2013）；刘昌年等（2015）；马晓芸与何红光（2015）；黄丽馨（2016）等

资料来源：根据相关文献整理。

中小企业技术创新水平的重要指标之一，且二者呈正相关性（陈晓红，彭子晟与韩文强，2008）。关于创新转化效率，国内学者更多从"投入—产出"视角对其进行了深入研究，且 R&D 经费投入、人员投入、专利数量、新产品数量及占销售总额比重等因素是衡量创新转化效率关注的焦点（如曹勇与苏凤娇等，2010；姜波，2010；张优智与党兴华，2014，等等）；池仁勇（2003）则重点强调了创新转化效率主要取决于企业制度、内部职能部门的沟通配合、创新方式的选择等企业内部因素，政府对企业技术创新的作用仅为改善宏观市场环境、整顿市场竞争秩序等，政府的补贴与税收减免并非企业技术创新的真正动力。

　　三是金融及政策法律环境。例如有些学者从金融功能出发，分析了不同金融结构——以金融市场为主的金融结构与银行中介为主的金融结构对技术创新的影响（孙伍琴，2004）；有些学者指出，加强知识产权保护对不同技术结构的行业的技术创新会产生不同影响（贺贵才与于永达，2011），等等。

　　四是技术性贸易壁垒（TBT）。自我国加入 WTO 后，部分学者就 TBT 对中小企业技术创新的影响进行了相关研究。例如，黄倪丽与王晓红（2006）指出，"技术标准和技术法规对中小企业技术创新既有利，亦有弊，包装和标签壁垒对中小企业技术创新提出了更高的要求"；毕克新与王晓红等（2007）强调，"技术标准作为 TBT 的核心内容，对我国中小企业出口贸易和技术创新活动的影响程度更加突出"；梁涛（2013）认为，"尽管 TBT 增加了中小企业短期出口贸易成本，但其涵盖了大量先进技术信息，且不断调整、变化、催生了新的市场需求，这为中小企业明确了技术创新方向、规范了技术创新过程"。

五是其他因素。刘昌年与马志强等（2015）认为，"全球价值链治理模式影响了中小企业技术创新能力的形成与提升，领导型/层级制、模块型/关系型等不同治理模式对全球价值链治理者的技术知识转移意愿、被治理者的技术知识学习积极性与技术知识转移效率的影响作用存在差异"；马晓芸与何红光（2015）以浙江省科技型中小企业为调查对象，实证分析了网络关系嵌入及知识获取因素对中小企业技术创新绩效具有显著正相关性；黄丽馨（2016）指出，生态性创新网络能有效优化企业内部创新氛围、改善企业外部科研与政策环境、弥补创新资源，提升中小企业创新能力的作用机理。

（2）以"互联网+"为代表的信息化发展与变革

《国务院关于积极推进"互联网+"行动的指导意见》指出，"互联网+"是把互联网的创新成果与经济社会各领域深度融合，推动技术进步、效率提升和组织变革，提升实体经济创新力和生产力，形成更广泛的以互联网为基础设施和创新要素的经济社会发展新形态。在全球新一轮科技革命和产业变革中，互联网与各领域的融合发展具有广阔的前景和无限潜力，已成为不可阻挡的时代潮流，正对各国经济社会发展产生着战略性和全局性的影响。积极发挥我国互联网已经形成的比较优势，把握机遇，增强信心，加快推进"互联网+"发展，有利于重塑创新体系、激发创新活力、培育新兴业态和创新公共服务模式，对打造大众创业、万众创新和增加公共产品、公共服务"双引擎"，主动适应和引领经济发展新常态，形成经济发展新动能，实现中国经济提质增效升级具有重要意义。

近年来，我国在互联网技术、产业、应用以及跨界融合等方面取得了积极进展，已具备加快推进"互联网+"发展的坚实基础，但也存在传统企业运用互联网的意识和能力不足、互联网企业对传统产业理解不够深入、新业态发展面临体制机制障碍、跨界融合型人才严重匮乏等问题，亟待加以解决。

"互联网+"通过移动互联网、云计算、大数据等现代信息技术，为产业的发展提供新产品、新技术与新业态。"互联网+产业"作为一种生产要素优化配置模式，对制造业的生产与管理方式、商业模式、价值链等产生巨大影响，能够有效提升制造业企业的创新性与生产力。"互联网+产业"形成的新产业、新业态、新模式，其能效主要表现为效率提高，跨界合作、供需匹配。

其中，资源平台减少重复投资，提升资源使用效率；技术平台构建技术创新协同网络，提升技术研发水平；管理平台培育企业生态圈，促进同一生态圈不同行业之间的企业战略联盟发展；信息平台使得制造企业可以便捷地获取消费者及时信息，增强对市场需求的反应能力。

（3）制度与结构改革

传统经济增长模型在强调资本、人口、技术等要素的同时，将制度作为外生变量，未充分认识到制度对经济发展与产业增长的作用。自 20 世纪 80 年代起，道格拉斯·诺斯用制度经济学的方法深入探讨了西方世界经济增长的原因，重新论证了包括产权制度在内的制度与经济发展的相互作用，将制度作为内生变量运用到经济研究中去，极大地发展了制度变迁理论。国内学者也从不同视角对其进行了研究。例如，张杰、李勇、刘志彪（2009）指出，出口对中国本土制造业企业全要素生产率的促进效应可通过外部制度环境改进等因素获得；李国璋，刘津汝（2011）检验了产权制度和对外开放政策对全要素生产率的影响；丁宁、陈阿兴、周经（2014）实证研究了制度因素在流通创新对制造业效率外溢效应中的作用，强调政府要进一步深化制度改革，加强流通领域政府法律规制体系的建设，提升制造业效率，等等。可以看出，制度与结构改革是推动制造业内生增长与可持续发展的关键要素之一。

制度因素是影响本土制造业企业自主创新的重要因素之一（康志勇，张杰，2010），制度与结构改革为技术创新提供了良好的制度环境，需构建与新技术、新产业、新模式、新业态相容的体制机制。制度与结构改革需要重构市场与政府之间的关系，从模仿追赶的后发治理模式转换为前沿创新的先发治理模式，实现政府从引领者向支撑者的转变。一方面减少政府对市场的行政干涉，改革金融市场和生产要素市场；另一方面完善产权保护制度和强化产品标准，提升制造业企业创新积极性和产品品质。

4.2.2.3 发展现状

进入"十二五"（2011—2015 年）以来，我国经济进入转型发展新阶段，推动经济高速增长的传统动力出现一定衰减，新生动力加快孕育成长，新旧动力正处在转变之中。其主要表现在：一是需求动力由投资出口带动逐步向消费带动转变；二是供给动力由要素规模扩张带动向质量提升带动转变；三是产业动力由工业带动向服务业带动转变；四是区域动力由东部带动向协同发展转变。

根据国家统计局等部门披露的 2016 年经济半年报资料可知，从新兴产业发展来看，我国知识技术密集、成长潜力大、综合效益好的新兴产业发展明显快于传统产业；以网购、快递、移动支付等为代表的新业态快速增长；在电子信息、生物医药、智能制造、节能环保、新能源、新材料等高新技术的推动下，相关产品成为新的经济增长点。自 2016 年以来，国务院总理李克强在出席夏季达沃斯论坛、第十一届亚欧首脑会议等多个公开场合时均提到"新动能呈快速增长态势""发展新动能加快积蓄"。由此可知，2016 年上半年，我国"新动能"成长情况可视为"发育很快"。

但新动能成长过程中仍存在诸多问题，具体表现如下：

一是部分新兴产业增速过快，必须警惕由此可能产生的新的产能过剩问题。例如，2015 年中国新能源汽车，无论是当年产量，还是累计产量，均排名世界第一；2009—2015 年全国累计生产新能源汽车产量已占到全球的 30%。二是新动能发展势头快，但在规模上还难以与传统动能等量齐观。以工业数据为例，2016 上半年高技术产业增加值占全部工业比重仅有 12.1%，以传统产业为主的工业结构没有发生根本性改变。

4.3 新动能成长路径

动能系统由传统动能与新动能组合而成，但二者发展现状存在差异。①传统动能能效不断减弱。如人口红利逐渐消失、劳动力总量进入负增长，且其素质尚待提高；资本报酬递减，尽管资本对经济增长的贡献率一直维持在 3.7% 左右，但大规模投资带来的产能过剩和环境问题使得边际报酬持续下降，等等。②新动能快速成长，一是高新技术发展迅猛，如智能制造、电子信息、节能环保、新能源、生物医药等；二是新产品、新模式、新业态不断涌现，如电子商务、移动互联网、共享经济等。当前，我国经济新常态重在提质增效，新动能与传统动能之间的转换已成必然趋势，但新动能能效释放尚不平稳，部分新兴产业增速偏快，或将引发新的产能过剩问题，规模上还难以与传统动能等量齐观（梁敏，2016）。为此，需通过加快新动能成长和传统动能改造提升，形成与强化新的全要素动能系统——"新动能系统"，这将有助于我国制造业改变主要依赖于传统要素投入的粗放式增长方式，更好地实现制造业的内生增长。

4.3.1 新动能成长维度

新动能成长主要取决于三个维度：技术创新、以"互联网+"为代表的信息化发展与变革、制度与结构改革，它们构成一个三维空间，相互影响，相互作用，释放出更大能效。但由于结构变动、改革、创新等要素的高度复杂性以及不完全可控性，三个维度无法保持同步、均衡地增长，而更多地呈现出脉冲式的波浪推升。通过稳定能效、补充短板的培育方式，使得新动能从一种"不均衡"的状态逐渐成长为"均衡"状态，释放出最大能效（见图 4.2）。

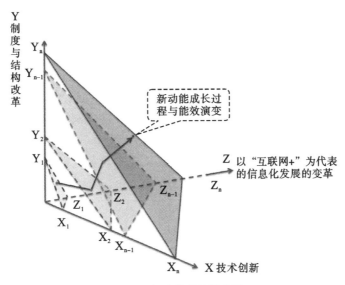

图 4.2 新动能成长维度图

4.3.2 传统动能改造提升

改造提升传统动能，需运用现代技术，推动生产、管理和营销模式变革，实现资源的整合与创新，提升劳动人口、资金、自然资源等单一要素释放的能效大小。重点可从以下三方面对其予以研究，即从产业部门间的相互关联角度重塑产业链、从企业上下游及企业内部生产流程角度整合供应链、以企业产需互动及价值增值为导向创新价值链，使之焕发新的生机与活力。同时，传统动能的改造提升又有利于制造业重塑产业链、整合供应链、创新价值链（见图 4.3）。

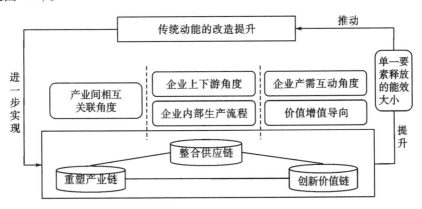

图 4.3 传统动能改造提升路径

4.3.2.1 重塑产业链

制造业产业链是指由从最初原材料到产成品进入资本市场的整个过程，涉及多个企业、产业及地区。作为一个利益共同体，涉及众多需要集成的业务，其集成过程具有产业链上下游协同、产业链跨链协同、产业链间超链协同等特点（潘华、孙林夫、刘述雅，2013）。因此，可从产业间相互关联的角度出发，从"点——线——面——体"四个层次重塑制造业产业链，实现其有序运作与增值，推动我国制造业发展。即以企业为单元，建立"点"上"微循环"，通过提升核心技术与关键技术，缩短产品生命周期，推出高附加值的新产品。以行业为单元，联结"线"上"小循环"，通过政策、资金、技术等多方面的扶持，延长产业链条，大力培育接续产业。以地区（城市）为单元，形成"面"上"中循环"，通过发挥区位、技术等优势，加速产业的整合与集聚，进一步带动上下游产业协同发展，均衡地区经济发展。以国家为单元，构建"体"上"大循环"，通过嵌入全球产业链，在全球范围内实现专业化分工和资源最佳配置，找到除低端的精准定位，提升我国制造业的国际竞争力（见图 4.4）。

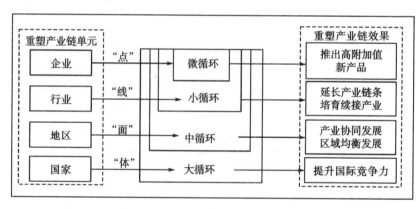

图 4.4　重塑产业链结构图

4.3.2.2 整合供应链

整合供应链是经济新常态下制造业发展的必然趋势，能有效提升原材料利用效率。一是要从企业内部生产管理流程视角出发，以市场的实际需求为导向，利用信息技术，优化产品生命周期的运作与管理，实现业务与信息的集成和共享，缩短对市场的响应周期，满足顾客需求；二是从企业外部供需网络视角出发，利用大数据、物联网等技术，将制造商、供应商、分销商、零售商和用户等链接，构筑成一个极具竞争力的合作伙伴共赢关系，打造相对稳固的协同联盟（见图 4.5）。

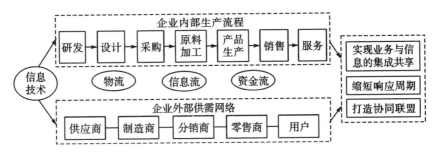

图 4.5　整合供应链结构图

4.3.2.3　创新价值链

引导制造业企业以产需互动和价值增值为导向，从决策层、管理层、执行层三方面创新价值链。一是决策层要更好地完成战略制定、制度设计、品牌塑造、企业文化创新等多项顶层设计活动，其更多体现了企业发展的方向性与资源配置，强调增值性。二是管理层主要负责企业基础设施建设、人力资源管理、财务会计管理等内部支撑活动，侧重于企业的效率性与费用控制。三是执行层需负责研发设计、物料采购、产品生产、分销、配送、服务等一系列主要活动，其中，研发设计、生产制造和市场营销间的协调与衔接是决定企业竞争优势的关键因素，是价值链中最主要的三项活动（邹昭晞，2006）。制造业企业应提升技术创新能力，加强核心部件、关键环节的研发设计与制造，提高产品质量与档次，缓解低端产品过剩矛盾；加快从产品供应商向服务提供商的延伸，为顾客提供更优质的个性化服务与整体解决方案，实现企业价值链创新，保证企业的持续经营与发展（见图4.6）。

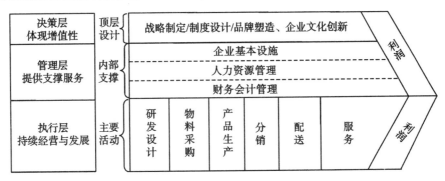

图 4.6　创新价值链结构图

总之，新动能与传统动能的转换是辩证统一的，新动能成长能创造出大量就业岗位，能为传统产业增效升级和人员分流创造条件；而改造提升传统动能，激活沉淀的要素资源，也可为新动能成长腾出空间。此外，新动能成长与传统动能改造提升过程具有长期性与渐进性特性，不可一蹴而就。

4.4 新动能成长评价体系构建与测评

4.4.1 指标体系构建

新动能成长能效包括技术创新水平，以"互联网+"为代表的信息化发展与变革，制度与结构改革三个方面。

4.4.1.1 技术创新水平

不同学者对技术创新指标评价体系设计有所差异。梁双陆和张梅（2017）主要通过专利数量反映，通常专利申请受理量又包括发明专利、实用新型、外观设计 3 个方面，因而选取发明专利、实用新型、外观设计作为衡量技术创新的主要指标。本书借鉴贺正楚（2015）等学者的研究，将四川制造产业技术创新能力评价分为 4 个一级指标，即技术创新投入、技术创新开展、技术获取、技术创新产出。具体选取 R&D 人员折合全时当量、R&D 经费两个指标，作为技术创新投入的三级指标；选取 R&D 项目数、开展科技活动的企业数两个指标，作为技术创新开展的三级指标；选取引进技术经费支出、消化吸收经费支出、购买境内技术经费支出、技术改造经费支出 4 个指标，作为技术获取与改造的三级指标；选取新产品销售收入、有效发明专利数两个指标，作为技术创新产出的三级指标。4 个二级指标共含 10 个三级指标，具体指标体系如表 4.4 所示。

表 4.4 技术创新能力指标评价体系

一级指标	二级指标	三级指标
技术创新水平 TI	技术创新投入 TI_1	R&D 人员折合全时当量（人年）TI_{11}
		R&D 经费内部支出（万元）TI_{12}
	技术创新开展 TI_2	R&D 项目数（项）TI_{21}
		开展科技活动的企业数（个）TI_{22}
	技术获取 TI_3	引进技术经费支出（万元）TI_{31}
		消化吸收经费支出（万元）TI_{32}
	技术创新产出 TI_4	新产品销售收入（万元）TI_{41}
		有效发明专利数（件）TI_{42}

4.4.1.2 以"互联网+"为代表的信息化发展与变革

本研究将以"互联网+"为代表的信息化发展与变革评价体系分为三个二级指标，即企业信息化及电子商务情况、互联网主要指标发展情况、电信通信服务水平。具体选取每百人使用计算机数、每百家企业拥有网站数、有电子商务交易活动企业占比、电子商务销售额、电子商务采购额 5 个指标，作为企业信息化及电子商务情况的三级指标；选取移动互联网用户、互联网上网人数、域名数、网站数 4 个指标，作为互联网主要指标发展情况的三级指标；选取开通互联网宽带业务的行政村比重、互联网普及率、移动电话普及率 3 个指标，作为电信通信服务水平的三级指标。3 个一级指标共含 11 个二级指标具体指标体系（见表 4.5）。

表 4.5   以"互联网+"为代表的信息化发展与变革指标评价体系

一级指标	二级指标	三级指标
以"互联网+"为代表的信息化发展与变革 In	企业信息化及电子商务情况 In_1	每百人使用计算机数（台）In_{11}
		每百家企业拥有网站数（个）In_{12}
		有电子商务交易活动企业占比（%）In_{13}
		电子商务销售额（亿元）In_{14}
		电子商务采购额（亿元）In_{15}
	互联网主要指标发展情况 In_2	互联网上网人数（万人）In_{21}
		域名数（万个）In_{22}
		网站数（万个）In_{23}
	电信通信服务水平 In_3	互联网普及率（%）In_{31}
		移动电话普及率（%）In_{32}
		开通互联网宽带业务的行政村比重（%）In_{33}

4.4.1.3   制度与结构改革

本研究将制度与结构改革评价体系分为 2 个二级指标，即工业企业的政府相关政策落实情况、地方一般公共预算支出。具体选取使用来自政府部门的研发资金、研究开发费用加计扣除减免税、高新技术企业减免税 3 个指标，作为工业企业的政府相关政策落实情况的三级指标；选取地方科学技术支出、节能环保支出 2 个指标，作为地区一般公共预算支出的三级指标。数据分别来源于《工业企业科技活动统计年鉴》和《中国统计年鉴》。2 个二级指标共含 5 个三级指标具体指标体系（见表 4.6）。

表 4.6 制度与结构改革评价指标体系

一级指标	二级指标	三级指标
制度与结构改革 SR	工业企业政府相关政策落实情况 SR_1	使用来自政府部门的研发资金（万元）SR_{11}
		研究开发费用加计扣除减免税（万元）SR_{12}
		高新技术企业减免税（万元）SR_{13}
	地方一般公共预算支出 SR_2	节能环保支出（亿元）SR_{21}
		资源勘探信息等支出（亿元）SR_{22}

4.4.2 评价模型

目前国内外学术界提出多种测度和评价技术创新能力的多指标评价方法，但这些方法往往存在指标包含的信息部分重叠和赋权的主观性这两个问题。主成分分析法是一种在不损失或很少损失原有信息的前提下，将多个实测变量转换为少数几个互不相关的综合变量的多元统计分析方法，能够反映并解释这些实测变量之间的依存关系。其原理是通过计算各个候选指标在各个样本之间的相对差距，以此作为指标选择的依据，将各个样本之间具有相对较大差距的那些指标抽取出来，作为构建综合评估指标体系的元素，而排除样本之间差距不大的那些指标。采用因子分析法来进行综合评价时，是对相关的创新能力指标向量进行降维，采用较少的因子以每个综合因子的方差贡献率作为权重构建综合评价模型来评判企业技术创新能力的大小（段婕与刘勇，2011）。构建的综合评价函数为：

$$F_{综} = \sum_{i=1}^{m} \alpha_i F_i$$

式中，i 是综合因子 F 的权数。它是根据 F_i 的贡献率确定的，即根据 F_i 的方差占全部总方差的比重确定的。由于指标权重是通过多重线性变换和数据运算获得的，既避免了主观因素的影响，也消除了指标间信息的重叠问题，同时指标的减少也有利于抓住主要矛盾使综合评价结果唯一客观合理。

4.4.3 实证分析

首先采用 Z-Score 法对数据进行标准化处理，标准化公式为：$Z_i = \dfrac{x_i - \bar{x}}{s}$。其中：$X_i$ 为 x 的第 i 个观测值，$\bar{X}$ 为变量 x 的平均数，S 为标准差。Z 分值则表示一个变量值与该变量的平均值之差的倍数。因子分析的数学模型为：$X = AF + \varepsilon$。其中 $X = (X_1、X_2、X_3 \cdots Xn)^T$ 为原指标，$F = (F_1、F_2、F_3 \cdots F_m)^T$ 为 X 的公共因子，A 为因子载荷矩阵，ε 为特殊因子。采用因子分析法来进行综合评价时，构建的综合评价函数为：$F_{综} = \sum_1^m \alpha_i F_i$。其中，$\alpha_i$ 是综合因子 F 的权数，它是根据 F_i 的贡献率得到的。

4.4.3.1 技术创新能力评价

（1）数据处理与检验

本书在遵循目的性原则、科学性原则、系统性原则、可操作性原则的基础上，系统梳理相关文献并以我国工业企业数据为样本（数据整理来源于2010—2016 年《工业企业科技活动统计年鉴》）。由于南充、眉山部分数据缺失，故此处只统计分析其他 10 个市（州）技术创新能力情况。

为便于研究且消除由于观测量纲差异及数量级的不同所造成的影响，本研究采用 SPSS20.0 软件中的 Z-Score 方法对样本观测数据进行标准化处理，使转换后的变量在重要程度上相同，且标准化处理后的变量均值为 0，方差为1，再对标准化后的数据进行因子分析（贺正楚，2015）。根据吴明隆（2010）的研究，当 KMO 值大于 0.70 时，尚可进行因子分析，因子分析适切性适中。表 4.7 即为 KMO 和 Bartlett 检验情况，结果表明，KMO 的值为 0.741（大于0.70），上述 8 个指标之间存在的相关关系，适合因子分析；同时 Bartlett 的球形度检验值的显著性概率为 0.000，表明上述 8 个指标的相关系数矩阵与单位矩阵有显著性差异，也适合因子分析。因此对上述数据进行因子分析可行。

表 4.7　　　　　　　　　　**KMO 与 Bartlett 检验（技术创新）**

KMO and Bartlett's Test		
Kaiser-Meyer-Olkin Measure of Sampling Adequacy.		0.741
Bartlett's Test of Sphericity	Approx. Chi-Square	733.510
	df	28
	Sig.	0.000

（2）数据分析

通过相关系数矩阵计算出特征值方差贡献率与累积贡献率，随后根据特征值及累计方差贡献率，选择设定公共因子。表 4.8 即为包含 8 个变量初始特征值及方差贡献率、提取两个公共因子后的特征值及方差贡献率、旋转后的两个公共因子后的特征值及方差贡献率。第一成分的初始特征值为 5.382，远远大于 1，方差贡献率为 65.625%；第二成分的初始特征值为 1.338，大于1，方差贡献率为 18.368%；从第三成分开始，其初始特征值均小于 1。因此，选择两个公共因子便可以得到 83.992% 的累计贡献率，即两个公共因子可以解释约 84% 的总方差，保留了绝大部分的信息，这两个主因子能够较为全面地反映模型中的所有信息。因此，选取 2 个公共因子，对四川制造业技术创新能力进行系统评价。

表 4.8 　　　　　　　　　　解释总变异量（技术创新）

成分	初始特征值			平方和负荷量萃取			转轴平方和负荷量		
	总和	方差的%	累积%	总和	方差的%	累积%	总和	方差的%	累积%
1	5.382	67.269	67.269	5.382	67.269	67.269	5.250	65.625	65.625
2	1.338	16.723	83.992	1.338	16.723	83.992	1.469	18.368	83.992
3	0.676	8.444	92.436						
4	0.252	3.148	95.584						
5	0.172	2.152	97.737						
6	0.104	1.301	99.037						
7	0.068	0.848	99.885						
8	0.009	0.115	100.000						

萃取法：主成分分析。

但是，由于 SPSS 抽取默认值为保留特征值大于或等于 1 的共同因子，此种方法虽然很容易得出共同因子，但在实际应用上有其限制、缺乏严谨性，使用者还需参考陡坡图等综合判断共同因素是否该被保留（吴明隆，2010）。图 4.7 即为陡坡图检验的结果，从该图中可以看出，从第三个因子以后，坡度线甚为平坦，表示无特殊因子值得抽取，因而保留两个因子较为适宜。

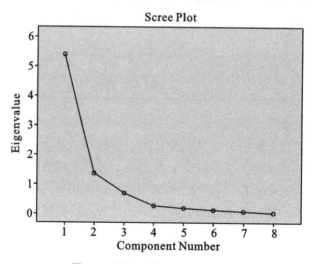

图 4.7　因子陡坡图（技术创新）

由于在因子负荷矩阵中，因子在许多变量上都有较高的负荷，很难给因子一个恰当的解释，因此采用最大变异法（Varimax）进行直交转轴，旋转后的因子负荷矩阵使因子负荷量向两个极端分化，突出主导变量的作用（贺正楚，2015）。表 4.9 反映了旋转后的因子负荷矩阵，结果表明，第一个因子主要包含 R&D 经费内部支出、R&D 人员折合全时当量、开展科技活动的企业数、R&D 项目数、有效发明专利数、新产品销售收入六个指标，涉及技术创新开展、技术创新投入和技术创新产出三个方面，反映了四川制造产业技术创新能力的综合情况，因此将该因子命名为技术创新整体运作因子 F_1；第二个因子主要包含消化吸收经费支出、引进技术经费支出两个指标，涉及技术创新获取方面，因此将该因子命名为技术创新获取情况因子 F_2。

表 4.9　　旋转后的因子负荷矩阵和因子得分系数矩阵（技术创新）

	旋转后的因子负荷矩阵		因子得分系数矩阵	
	F_1	F_2	F_1	F_2
$Zscore(TI_{11})$：R&D 人员折合全时当量	0.945	0.131	0.180	0.001
$Zscore(TI_{12})$：R&D 经费内部支出	0.952	0.168	0.177	0.028
$Zscore(TI_{21})$：R&D 项目数	0.934	0.095	0.181	−0.024
$Zscore(TI_{22})$：开展科技活动的企业数	0.939	0.030	0.189	−0.071
$Zscore(TI_{31})$：引进技术经费支出	0.363	0.790	−0.005	0.540
$Zscore(TI_{32})$：消化吸收经费支出	−0.121	0.834	−0.108	0.620
$Zscore(TI_{41})$：新产品销售收入	0.843	0.285	0.144	0.124
$Zscore(TI_{42})$：有效发明专利数	0.917	−0.118	0.199	−0.178

为了考察 2009—2015 年四川各省制造产业的技术创新能力，并对其进行分析与综合评价，采用回归法计算因子得分系数。表 4.9 反映了因子得分系数矩阵，可以得到如下因子得分函数 F_1、F_2。在 F_1 和 F_2 中，TI_{11}、TI_{12}、TI_{21}、TI_{22}、TI_{31}、TI_{32}、TI_{41}、TI_{42} 均代表标准化后的数据。

$F_1 = 0.180TI_{11} + 0.177TI_{12} + 0.181TI_{21} + 0.189TI_{22} − 0.005TI_{31} − 0.108TI_{32} + 0.144TI_{41} + 0.199TI_{42}$

$F_2 = 0.001TI_{11} + 0.028TI_{12} − 0.024TI_{21} − 0.071TI_{22} + 0.540TI_{31} + 0.620TI_{32} + 0.124TI_{41} − 0.178TI_{42}$

基于上述因子得分函数，把 2 个因子的累积贡献率 83.992% 定为 1，则第 1 因子、第 2 因子的权重分别是 0.801，0.199，构造四川制造业技术创新能力评估函数：

$F = 0.801F_1 + 0.199F_2$

（3）结果评价

根据上述因子得分函数及四川制造业技术创新能力评估函数，可以得出 2009—2015 年四川十个市（州）制造业技术创新能力因子得分、综合得分与年度排名（见表 4.10）。四川有 16 个市（州）全年累计增速高于全省平均水平，其中，甘孜（21.5%）、泸州（10.9%）、巴中（10.7%）、德阳（10.5%）、绵阳（10.5%）、宜宾（10.5%）、南充（10.2%）7 个市（州）累计增速在 10% 以上。成都、甘孜、达州、自贡、广安、德阳、宜宾、资阳、绵阳 9 个市（州）累计增速较 2016 年加快 0.5 个百分点以上，发展势头较好。

表 4.10　2009—2015 年四川各市（州）制造业技术创新能力因子得分、综合得分与年度排名

年份	市（州）	因子得分		综合得分 F	排名
		F1	F2		
2015	资阳	0.125 55	0.329 95	0.166 22	4
	德阳	0.316 77	−0.732 11	0.108 04	5
	绵阳	3.134 54	−1.126 97	2.286 50	2
	成都	2.351 17	2.165 41	2.314 20	1
	广安	−0.174 53	−0.858 07	−0.310 56	8
	甘孜	0.290 51	−0.670 52	0.099 27	6
	泸州	1.430 82	−0.699 09	1.006 97	3
	巴中	−0.372 46	0.364 99	−0.225 70	7
	雅安	−0.717 44	0.756 80	−0.424 07	9
	凉山	−0.493 80	−0.741 68	−0.543 13	10
2014	资阳	0.004 20	0.750 51	0.152 71	4
	德阳	0.330 25	−0.611 01	0.142 94	5
	绵阳	1.997 96	1.891 86	1.976 85	2
	成都	3.248 77	−1.029 55	2.397 38	1
	广安	−0.260 45	−0.788 66	−0.365 56	8
	甘孜	−0.070 04	−0.680 20	−0.191 47	6
	泸州	1.540 41	−0.508 83	1.132 61	3
	巴中	−0.350 79	0.092 84	−0.262 51	7
	雅安	−0.736 06	−0.493 21	−0.687 73	10
	凉山	−0.616 87	−0.575 64	−0.608 67	9

表4.10(续)

年份	市（州）	因子得分		综合得分 F	排名
		F1	F2		
2013	资阳	−0.122 10	1.379 61	0.176 74	4
	德阳	0.265 29	−0.637 00	0.085 73	5
	绵阳	1.243 16	1.517 45	1.297 74	2
	成都	2.308 62	−0.518 57	1.746 01	1
	广安	−0.398 15	−0.743 58	−0.466 89	8
	甘孜	−0.255 74	−0.633 51	−0.330 92	7
	泸州	1.162 68	−0.573 83	0.817 11	3
	巴中	−0.521 16	0.435 65	−0.330 75	6
	雅安	−0.776 93	−0.688 07	−0.759 25	10
	凉山	−0.678 65	−0.434 09	−0.629 98	9
2012	资阳	−0.186 75	−0.354 81	−0.220 19	5
	德阳	0.204 27	−0.646 57	0.034 95	4
	绵阳	0.875 85	0.992 60	0.899 08	2
	成都	1.780 66	0.712 20	1.568 03	1
	广安	−0.558 41	−0.380 01	−0.522 91	8
	甘孜	−0.407 61	−0.286 49	−0.383 50	6
	泸州	0.741 32	−0.584 88	0.477 41	3
	巴中	−0.650 23	0.612 11	−0.399 02	7
	雅安	−0.817 68	−0.639 94	−0.782 31	10
	凉山	−0.758 19	−0.546 58	−0.716 08	9
2011	资阳	−1.095 10	5.087 87	0.135 31	4
	德阳	0.049 05	−0.429 51	−0.046 19	5
	绵阳	0.704 51	0.944 26	0.752 22	2
	成都	1.045 70	−0.251 12	0.787 63	1
	广安	−0.600 43	−0.628 08	−0.605 93	8
	甘孜	−0.472 98	−0.534 29	−0.485 18	7
	泸州	0.123 72	1.286 87	0.355 19	3
	巴中	−0.972 88	1.622 72	−0.456 35	6
	雅安	−0.941 12	−0.195 48	−0.792 74	10
	凉山	−0.803 67	−0.588 11	−0.760 78	9

年份	市（州）	因子得分		综合得分 F	排名
		F1	F2		
2010	资阳	−0.602 51	−0.133 44	−0.509 17	5
	德阳	−0.441 75	−0.562 02	−0.465 69	4
	绵阳	0.196 75	0.726 12	0.302 10	2
	成都	0.272 22	0.426 88	0.303 00	1
	广安	−0.731 15	−0.608 21	−0.706 68	8
	甘孜	−0.758 28	−0.249 29	−0.656 99	7
	泸州	0.011 35	−0.324 39	−0.055 46	3
	巴中	−1.068 45	1.581 98	−0.541 01	6
	雅安	−0.993 65	−0.510 06	−0.897 42	10
	凉山	−0.850 94	−0.672 50	−0.815 43	9
2009	资阳	−0.746 00	−0.170 70	−0.631 51	6
	德阳	−0.515 28	−0.615 81	−0.535 29	4
	绵阳	−0.008 87	0.641 10	0.120 48	2
	成都	0.461 60	0.445 70	0.458 44	1
	广安	−0.772 36	−0.713 83	−0.760 72	8
	甘孜	−0.826 61	−0.373 83	−0.736 50	7
	泸州	−0.131 43	−0.343 87	−0.173 71	3
	巴中	−1.070 97	1.342 02	−0.590 78	5
	雅安	−0.977 03	−0.430 14	−0.868 20	10
	凉山	−0.912 19	−0.589 34	−0.847 94	9

为了更直观地反映四川各地制造业技术创新能力整体情况，特单独列出综合因子年度排名情况（见表4.11）。从该表中可以看出，成都、绵阳、泸州在制造业技术创新能力方面位居前列，凉山、雅安等地排位靠后。

表4.11　2009—2015年四川各市（州）制造业技术创新能力综合因子年度排名

市（州）	排名						
	2015	2014	2013	2012	2011	2010	2009
资阳	4	4	4	5	4	5	6
德阳	5	5	5	4	5	4	4
绵阳	2	2	2	2	2	2	2
成都	1	1	1	1	1	1	1

表4.11(续)

市（州）	排名						
	2015	2014	2013	2012	2011	2010	2009
广安	8	8	8	8	8	8	8
甘孜	6	6	7	6	7	7	7
泸州	3	3	3	3	3	3	3
巴中	7	7	6	7	6	6	5
雅安	9	10	10	10	10	10	10
凉山	10	9	9	9	9	9	9

为了更直观地反映四川各市（州）制造业技术创新能力近年来的变动情况，特画出各市（州）制造业技术创新能力综合因子得分增加值条形图，如图4.8~图4.17所示。

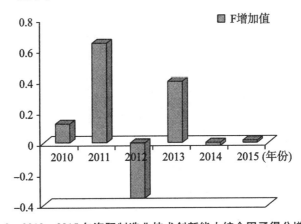

图4.8 2010—2015年资阳制造业技术创新能力综合因子得分增加值

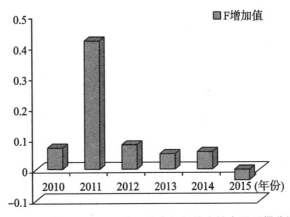

图4.9 2010—2015年德阳制造业技术创新能力综合因子得分增加值

107

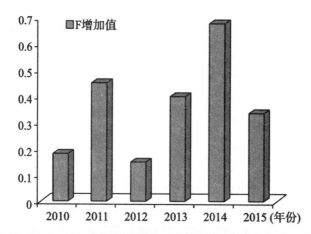

图 4.10 2010—2015 年绵阳制造业技术创新能力综合因子得分增加值

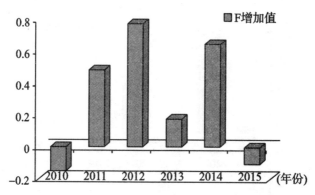

图 4.11 2010—2015 年成都制造业技术创新能力综合因子得分增加值

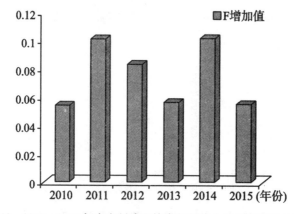

图 4.12 2010—2015 年广安制造业技术创新能力综合因子得分增加值

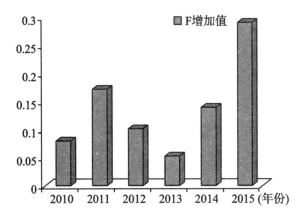

图 4.13 2010—2015 年甘孜制造业技术创新能力综合因子得分增加值

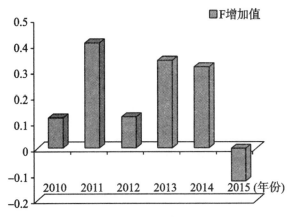

图 4.14 2010—2015 年泸州制造业技术创新能力综合因子得分增加值

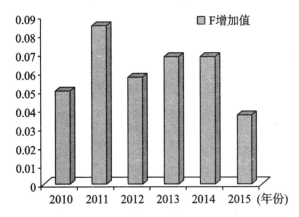

图 4.15 2010—2015 年巴中制造业技术创新能力综合因子得分增加值

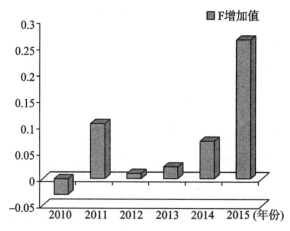

图 4.16　2010—2015 年雅安制造业技术创新能力综合因子得分增加值

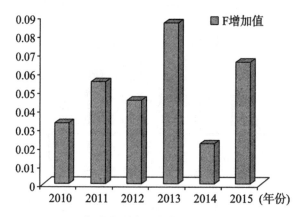

图 4.17　2010—2015 年凉山制造业技术创新能力综合因子得分增加值

4.4.3.2　以"互联网+"为代表的信息化发展与变革评价

（1）数据处理与检验

本书在遵循目的性原则、科学性原则、系统性原则、可操作性原则的基础上，以 2015—2017 年《中国统计年鉴》为数据来源，对以"互联网+"为代表的信息化发展与变革予以评价。

为便于研究且消除由于观测量纲差异及数量级的不同所造成的影响，本研究采用 SPSS20.0 软件中的 Z-Score 方法对样本观测数据进行标准化处理，使转换后的变量在重要程度上相同，且标准化处理后的变量均值为 0，方差为 1，再对标准化后的数据进行因子分析（贺正楚，2015）。根据吴明隆（2010）的研究，当 KMO 值大于 0.60 时，可进行因子分析，因子分析适切性普通。表 4.12 即为 KMO 和 Bartlett 检验情况，结果表明，KMO 的值为 0.607（大于

0.60），上述 11 个指标之间存在的相关关系，适合因子分析；同时 Bartlett 的球形度检验值的显著性概率为 0.000，表明上述 11 个指标的相关系数矩阵与单位矩阵有显著性差异，也适合因子分析。因此对上述数据进行因子分析可行。

表 4.12　　　　　　　　　KMO 与 Bartlett 检验（"互联网+"）

Kaiser-Meyer-Olkin Measure of Sampling Adequacy.		0.607
Bartlett's Test of Sphericity	Approx. Chi-Square	407.300
	df	55
	Sig.	0.000

（2）数据分析

通过相关系数矩阵计算出特征值方差贡献率与累积贡献率，随后根据特征值及累计方差贡献率，选择设定公共因子。表 4.13 即为包含 11 个变量初始特征值及方差贡献率、提取 4 个公共因子后的特征值及方差贡献率、旋转后的 4 个公共因子后的特征值及方差贡献率。第一成分的初始特征值为 5.217，远远大于 1，方差贡献率为 38.333%；第二成分的初始特征值为 2.452，大于 1，方差贡献率为 22.291%；第三成分的初始特征值为 1 294，大于 1，方差贡献率为 11.768%；第四成分的初始特征值为 1.116，大于 1，方

表 4.13　　　　　　　　　解释总变异量（"互联网+"）

成分	初始特征值			平方和负荷量萃取			转轴平方和负荷量		
	总和	方差的%	累积%	总和	方差的%	累积%	总和	方差的%	累积%
1	4.217	38.333	38.333	4.217	38.333	38.333	4.067	36.975	36.975
2	2.452	22.291	60.624	2.452	22.291	60.624	1.960	17.822	54.797
3	1.294	11.768	72.392	1.294	11.768	72.392	1.709	15.540	70.338
4	1.116	10.150	82.542	1.116	10.150	82.542	1.342	12.204	82.542
5	0.649	5.897	88.438						
6	0.527	4.787	93.225						
7	0.249	2.264	95.489						
8	0.237	2.153	97.642						
9	0.165	1.500	99.142						
10	0.076	0.693	99.835						
11	0.018	0.165	100.000						

萃取法：主成分分析。

差贡献率为 10.150%。从第五成分开始，其初始特征值均小于 1。因此，选择 4 个公共因子便可以得到 82.542% 的累计贡献率，即 4 个公共因子可以解释约 83% 的总方差，保留了绝大部分的信息，这 4 个主因子能够较为全面地反映模型中的所有信息。因此，选取 4 个公共因子，对以"互联网+"为代表的信息化发展与变革进行系统评价。

但是，由于 SPSS 抽取默认值为保留特征值大于或等于 1 的共同因子，此种方法虽然很容易得出共同因子，但在实际应用上受到限制、缺乏严谨性，使用者还需参考陡坡图等综合判断共同因素是否该被保留（吴明隆，2010）。图 4.19 即为陡坡图检验的结果，从该图中可以看出，从第五个因子以后，坡度线甚为平坦，表示无特殊因子值得抽取，因而保留四个因子较为适宜。

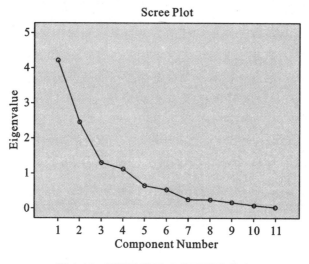

图 4.18　因子陡坡图（"互联网+"）

由于在因子负荷矩阵中，因子在许多变量上都有较高的负荷，很难给因子一个恰当的解释，因此采用最大变异法（Varimax）进行直交转轴，旋转后的因子负荷矩阵使因子负荷量向两个极端分化，突出主导变量的作用（贺正楚，2015）。表 4.14 反映了旋转后的因子负荷矩阵，结果表明，第一个因子主要包含域名数、网站数、互联网上网人数、电子商务采购额、电子商务销售额 5 个指标，将该因子命名为因子 F_1；第二个因子主要包含每百人使用计算机数、有电子商务交易活动企业占比 2 个指标，将该因子命名为因子 F_2；第三个因子主要包含互联网普及率、移动电话普及率 2 个指标，将该因子命名为因子 F_3；第四个因子主要包含每百家企业拥有网站数、开通互联网宽带业务的行政村比重 2 个指标，将该因子命名为因子 F_4。

表 4.14　旋转后的因子负荷矩阵和因子得分系数矩阵（"互联网+"）

	旋转后的因子负荷矩阵				因子得分系数矩阵			
	1	2	3	4	1	2	3	4
Zscore(In_{11})：每百人使用计算机数	-0.196	0.854	0.229	0.142	-0.082	0.465	-0.057	0.084
Zscore(In_{12})：每百家企业拥有网站数	0.013	0.325	0.129	0.828	0.047	0.154	0.001	0.627
Zscore(In_{13})：有电子商务交易活动企业占比	0.275	0.887	0.028	-0.005	0.014	0.498	-0.156	0.006
Zscore(In_{14})：电子商务销售额	0.743	0.116	-0.078	-0.150	0.173	0.035	-0.008	-0.066
Zscore(In_{15})：电子商务采购额	0.881	0.057	0.019	-0.124	0.225	-0.031	0.085	-0.038
Zscore(In_{21})：互联网上网人数	0.908	-0.125	-0.210	-0.132	0.223	-0.089	-0.029	-0.036
Zscore(In_{22})：域名数	0.936	0.120	-0.021	0.008	0.240	0.010	0.045	0.066
Zscore(In_{23})：网站数	0.925	0.002	-0.043	0.166	0.254	-0.055	0.053	0.188
Zscore(In_{31})：互联网普及率	-0.072	0.272	0.866	-0.256	0.026	-0.028	0.535	-0.220
Zscore(In_{32})：移动电话普及率	-0.119	0.021	0.902	0.268	0.069	-0.187	0.603	0.179
Zscore(In_{33})：开通互联网宽带业务的行政村比重	0.222	0.467	0.153	-0.646	-0.001	0.232	0.033	-0.486

为考察 2013—2016 年以"互联网+"为代表的信息化发展与变革情况，并对其进行分析与综合评价，采用回归法计算因子得分系数。表 4.14 反映了因子得分系数矩阵，可以得到如下因子得分函数 F_1、F_2、F_3、F_4。在 F_1、F_2、F_3、F_4 中，In_{11}、In_{12}、In_{13}、In_{14}、In_{15}、In_{21}、In_{22}、In_{23}、In_{31}、In_{32}、In_{33} 均代表标准化后的数据。

$F_1 = -0.082In_{11} + 0.047In_{12} + 0.014In_{13} + 0.173In_{14} + 0.225In_{15} + 0.223In_{21} + 0.240In_{22} + 0.254In_{23} + 0.026In_{31} + 0.069In_{32} - 0.001In_{33}$

$F_2 = 0.465In_{11} + 0.154In_{12} + 0.498In_{13} + 0.035In_{14} - 0.031In_{15} - 0.089In_{21} + 0.010In_{22} - 0.055In_{23} - 0.028In_{31} - 0.187In_{32} + 0.232In_{33}$

$F_3 = -0.057In_{11} + 0.001In_{12} - 0.156In_{13} - 0.008In_{14} + 0.085In_{15} - 0.029In_{21} + 0.045In_{22} + 0.053In_{23} + 0.535In_{31} + 0.603In_{32} + 0.033In_{33}$

$F_4 = 0.084In_{11} + 0.627In_{12} + 0.006In_{13} - 0.066In_{14} - 0.038In_{15} - 0.036In_{21} + 0.066In_{22} + 0.188In_{23} - 0.220In_{31} + 0.179In_{32} - 0.486In_{33}$

基于上述因子得分函数，把 4 个因子的累积贡献率 82.542% 定为 1，则第 1 因子、第 2 因子、第 3 因子、第 4 因子的权重分别是 0.464 4、0.270 1、0.142 6、0.123 0，构造以"互联网+"为代表的信息化发展与变革评估函数：

$F = 0.464\,4F_1 + 0.270\,1F_2 + 0.142\,6F_3 + 0.123\,0F_4$

（3）结果评价

根据上述因子得分函数及四川 12 个市（州）的以"互联网+"为代表的

信息化发展与变革评估函数，可以得出 2013—2016 年四川 12 个市（州）因子得分、综合得分与年度排名（见表 4.15）。

表 4.15　2013—2016 年四川 12 个市(州)以"互联网+"为代表的信息化发展与变革因子得分、综合得分与年度排名

年份	省份	因子得分				综合得分 F	排名
		F1	F2	F3	F4		
2016	德阳	0.446 66	−0.078 21	1.363 76	0.400 80	0.430 08	4
	资阳	0.612 45	0.120 70	−0.448 70	−2.823 35	−0.094 24	11
	绵阳	1.683 58	0.344 17	1.216 29	−0.776 56	0.952 71	2
	成都	3.641 66	0.883 26	0.266 22	1.093 68	2.102 15	1
	广安	0.306 74	1.221 81	−0.289 98	−0.761 60	0.337 31	6
	甘孜	0.245 52	1.736 41	−0.931 34	−0.470 79	0.392 13	5
	巴中	−1.138 23	2.917 21	−0.610 82	1.260 03	0.326 93	7
	泸州	0.892 27	1.068 89	1.369 00	0.225 00	0.925 87	3
	雅安	−0.326 99	0.476 67	−0.457 12	−0.018 13	−0.090 57	10
	凉山	−0.620 17	1.429 86	0.874 90	−0.028 44	0.219 32	8
	眉山	−0.836 18	1.348 79	1.414 81	0.009 84	0.178 82	9
	南充	−0.479 39	0.119 01	0.950 25	−1.621 75	−0.254 46	12
2015	德阳	0.298 00	−0.811 31	1.079 79	0.523 94	0.137 76	5
	资阳	0.394 05	−0.401 56	−0.803 29	−2.783 72	−0.382 37	12
	绵阳	0.961 47	−0.115 99	0.693 03	−0.864 95	0.407 63	3
	成都	2.675 77	0.229 95	−0.394 90	1.272 38	1.404 91	1
	广安	−0.170 18	0.453 24	−0.833 44	−0.623 31	−0.152 17	9
	甘孜	0.312 08	0.875 00	−1.305 02	0.159 36	0.214 69	4
	巴中	−1.206 62	2.102 09	−0.715 45	1.128 02	0.043 93	6
	泸州	0.535 71	0.483 06	0.900 99	0.322 11	0.547 31	2
	雅安	−0.251 70	−0.440 78	−0.879 65	1.003 61	−0.237 89	11
	凉山	−0.856 61	0.999 85	0.704 49	−0.094 65	−0.039 03	8
	眉山	−0.919 34	0.835 32	0.641 65	0.609 69	−0.034 91	7
	南充	−0.223 06	−0.039 22	0.872 43	−1.700 91	−0.198 98	10

表4.15(续)

年份	省份	因子得分				综合得分 F	排名
		F1	F2	F3	F4		
2014	德阳	-0.331 41	-1.562 86	1.301 05	1.177 34	-0.245 54	6
	资阳	0.049 46	-0.245 66	-1.108 93	-1.084 89	-0.334 93	9
	绵阳	0.507 31	-0.462 00	0.250 38	-0.766 65	0.052 26	3
	成都	2.105 88	-0.520 06	-0.595 46	1.105 98	0.888 68	1
	广安	-0.318 67	-0.078 29	-1.030 14	-0.179 94	-0.338 16	10
	甘孜	0.100 37	0.177 99	-1.301 87	0.234 34	-0.062 15	4
	巴中	-1.141 67	0.706 24	-0.360 50	1.055 68	-0.261 07	7
	泸州	0.325 95	-0.299 79	0.804 11	0.766 52	0.279 37	2
	雅安	-0.452 45	-1.120 20	-1.050 12	1.022 11	-0.536 60	12
	凉山	-0.986 85	0.004 55	0.864 54	0.083 11	-0.323 56	8
	眉山	-0.808 68	0.069 84	1.081 61	0.194 39	-0.178 55	5
	南充	-0.433 07	-0.421 23	0.808 19	-1.229 11	-0.350 78	11
2013	德阳	-0.428 96	-2.082 52	1.402 21	0.750 45	-0.469 23	5
	资阳	-0.284 50	-0.610 36	-1.943 95	-0.974 82	-0.694 03	9
	绵阳	-0.101 71	-0.856 97	-0.262 78	-0.859 78	-0.421 84	3
	成都	1.271 81	-1.101 74	-1.039 11	0.910 07	0.256 92	1
	广安	-0.521 73	-0.762 74	-1.528 13	-0.252 27	-0.697 17	10
	甘孜	-0.170 99	-0.406 67	-1.755 15	-0.009 34	-0.440 64	4
	巴中	-1.205 45	-1.007 33	-0.793 61	1.243 22	-0.792 04	11
	泸州	0.062 75	-1.042 30	0.631 32	0.502 16	-0.100 49	2
	雅安	-0.718 68	-1.564 02	-1.382 76	0.830 00	-0.851 13	12
	凉山	-1.022 39	-0.518 67	0.793 49	0.008 61	-0.500 63	7
	眉山	-0.880 77	-0.888 48	0.551 40	0.774 16	-0.475 07	6
	南充	-0.593 07	-1.164 98	0.986 30	-0.741 66	-0.540 54	8

    为了更直观地反映四川12个市(州)以"互联网+"为代表的信息化发展与变革情况,特单独列出综合因子年度排名情况(见表4.16)。可以看出,成都、泸州、绵阳在"互联网+"方面位居前列,雅安、巴中等地排位靠后。

表 4.16   2013—2016 年四川 12 个市（州）以"互联网+"为代表的信息化发展与变革综合因子年度排名

市（州）	排名			
	2016	2015	2014	2013
德阳	4	5	6	5
资阳	11	12	9	9
绵阳	2	3	3	3
成都	1	1	1	1
广安	6	9	10	10
甘孜	5	4	4	4
巴中	7	6	7	11
泸州	3	2	2	2
雅安	10	11	12	12
凉山	8	8	8	7
眉山	9	7	5	6
南充	12	10	11	8

为了更直观地反映四川各市（州）以"互联网+"为代表的信息化发展与变革近年来的变动情况，特画出各市（州）该维度综合因子得分增加值条形图，如图 4.19~图 4.30 所示。

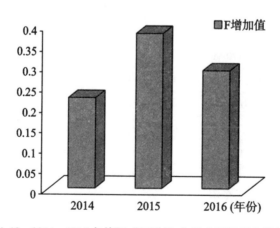

图 4.19   2014—2016 年德阳"互联网+"综合因子得分增加值

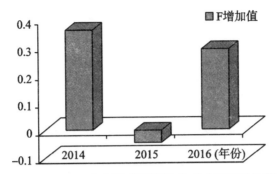

图 4.20　2014—2016 年资阳"互联网+"综合因子得分增加值

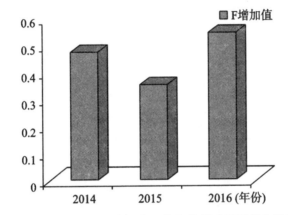

图 4.21　2014—2016 年绵阳"互联网+"综合因子得分增加值

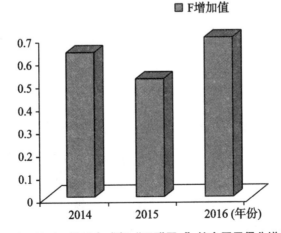

图 4.22　2014—2016 年成都"互联网+"综合因子得分增加值

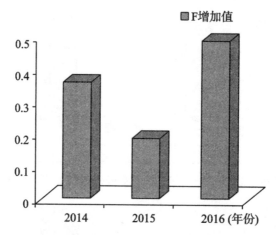

图 4.23　2014—2016 年广安"互联网+"综合因子得分增加值

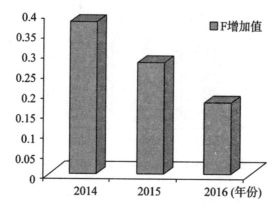

图 4.24　2014—2016 年甘孜"互联网+"综合因子得分增加值

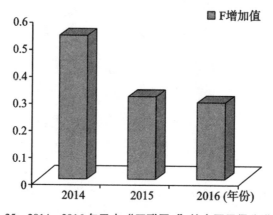

图 4.25　2014—2016 年巴中"互联网+"综合因子得分增加值

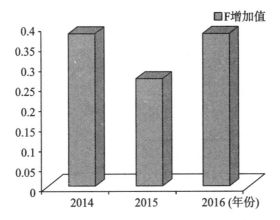

图 4.26 2014—2016 年泸州"互联网+"综合因子得分增加值

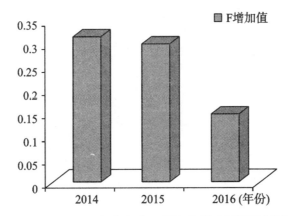

图 4.27 2014—2016 年雅安"互联网+"综合因子得分增加值

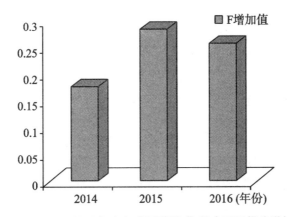

图 4.28 2014—2016 年凉山"互联网+"综合因子得分增加值

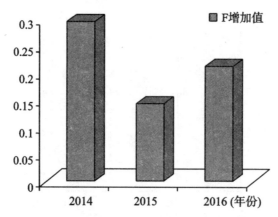

图 4.29 2014—2016 年眉山"互联网+"综合因子得分增加值

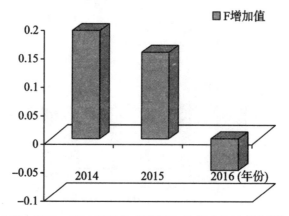

图 4.30 2014—2016 年南充"互联网+"综合因子得分增加值

4.4.3.3 制度与结构改革

（1）数据处理与检验

本书在遵循目的性原则、科学性原则、系统性原则、可操作性原则的基础上，以 2010—2016 年《工业企业科技活动统计年鉴》《四川统计年鉴》为数据来源，对四川各省制度与结构改革维度予以评价。由于南充市部分数据缺失，故此处只统计分析其他 11 个市（州）的制度与结构改革情况。

为便于研究且消除由于观测量纲差异及数量级的不同所造成的影响，本研究采用 SPSS20.0 软件中的 Z-Score 方法对样本观测数据进行标准化处理，使转换后的变量在重要程度上相同，且标准化处理后的变量均值为 0，方差为 1，再对标准化后的数据进行因子分析（贺正楚，2015）。根据吴明隆（2010）的研究，当 KMO 值大于 0.60 时，可进行因子分析，因子分析适切性普通。表 4.17 即为 KMO 和 Bartlett 检验情况，结果表明，KMO 的值为 0.743（大于

0.60），上述 5 个指标之间存在的相关关系，适合因子分析；同时 Bartlett 的
球形度检验值的显著性概率为 0.000，表明上述 5 个指标的相关系数矩阵与单
位矩阵有显著性差异，也适合因子分析。因此对上述数据进行因子分析可行。

表 4.17　　　　　　　　KMO 与 Bartlett 检验（制度与结构改革）

Kaiser-Meyer-Olkin Measure of Sampling Adequacy.		0.743
Bartlett's Test of Sphericity	Approx. Chi-Square	242.848
	df	10
	Sig.	0.000

（2）数据分析

通过相关系数矩阵计算出特征值方差贡献率与累积贡献率，随后根据特
征值及累计方差贡献率，选择设定公共因子。表 4.18 即为包含 5 个变量初始
特征值及方差贡献率、提取 1 个公共因子后的特征值及方差贡献率。第一成
分的初始特征值为 3.413，远远大于 1，方差贡献率为 68.255%。从第二成分
开始，其初始特征值均小于 1。根据 Hair 等学者（1998）的研究，在社会科
学领域中，由于其精确度不如自然科学那样高，因而所萃取的共同因子累积
解释变异量能达到 60%以上的就表示共同因子可靠，因此，选择一个公共因
子便可以得到 68.255%的累计贡献率，即一个公共因子可以解释约 68%的总
方差，保留了大部分的信息，该因子能够较为全面地反映模型中的所有信息，
通过这一共同因子对四川制造业制度与结构改革进行系统评价。

表 4.18　　　　　　　　解释总变异量（制度与结构改革）

成分	初始特征值			平方和负荷量萃取		
	总和	方差的%	累积%	总和	方差的%	累积%
1	3.413	68.255	68.255	3.413	68.255	68.255
2	0.677	13.546	81.801			
3	0.530	10.596	92.396			
4	0.268	5.368	97.765			
5	0.112	2.235	100.000			

萃取法：主成分分析。

但是，由于 SPSS 抽取默认值为保留特征值大于或等于 1 的共同因子，此
种方法虽然很容易得出共同因子，但在实际应用上有其限制、缺乏严谨性，
使用者还需参考陡坡图等综合判断共同因素是否该被保留（吴明隆，2010）。
图 4.31 即为陡坡图检验的结果，从该图中可以看出，从第二个因子以后，坡
度线甚为平坦，表示无特殊因子值得抽取，因而保留一个因子较为适宜。

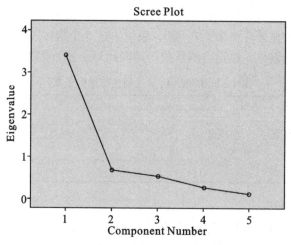

图 4.31　因子陡坡图（制度与结构改革）

表 4.19 反映了因子负荷矩阵。结果表明，共同因子主要包含使用来自政府部门的研发资金、研究开发费用加计扣除减免税、高新技术企业减免税、节能环保支出、资源勘探信息等支出 5 个指标，将该因子命名为因子 F。

表 4.19　　　因子负荷矩阵和因子得分系数矩阵（制度与结构改革）

制度与结构改革三级指标	因子负荷矩阵	因子得分系数矩阵
	1	1
Zscore（SR_{11}）：使用来自政府部门的研发资金	0.806	0.236
Zscore（SR_{12}）：研究开发费用加计扣除减免税	0.907	0.266
Zscore（SR_{13}）：高新技术企业减免税	0.682	0.200
Zscore（SR_{21}）：节能环保支出	0.836	0.245
Zscore（SR_{22}）：资源勘探信息等支出	0.882	0.258

为了考察 2009—2015 年四川各市（州）制造业制度与结构改革情况，并对其进行分析与综合评价，采用回归法计算因子得分系数。表 4.19 反映了因子得分系数矩阵，可以得到如下因子得分函数 F。在 F 中，SR_{11}、SR_{12}、SR_{13}、SR_{21}、SR_{22} 均代表标准化后的数据。

$$F = 0.236SR_{11} + 0.266SR_{12} + 0.200SR_{13} + 0.245SR_{21} + 0.258SR_{22}$$

由于只提取出一个共同因子，故上述 F 函数即为制度与结构改革评估函数。

（3）结果评价

根据上述因子得分函数及四川各市（州）的制度与结构改革评估函数，可以得出 2009—2015 年四川各市（州）制度与结构改革综合得分（因子得分）与年度排名（见表 4.20）。

表 4.20 2009—2015 年四川各市（州）制度与结构改革综合得分与年度排名

年份	市（州）	综合得分 F	排名	年份	市（州）	综合得分 F	排名
2015	广安	0.447 188	5	2014	广安	0.321 067	4
	巴中	0.479 199	4		巴中	0.256 581	5
	泸州	1.447 828	3		泸州	0.608 33	3
	成都	3.418 713	1		成都	2.559 484	1
	德阳	-0.059 89	7		德阳	-0.213 26	7
	绵阳	0.333 511	6		绵阳	-0.019 06	6
	甘孜	2.102 518	2		甘孜	1.477 894	2
	雅安	-0.441 86	9		雅安	-0.603 82	9
	资阳	-0.634 84	10		资阳	-0.797 59	10
	凉山	-0.975 16	11		凉山	-1.025 29	11
	眉山	-0.309 93	8		眉山	-0.359 27	8
2013	广安	0.261 379	4	2012	广安	0.075 202	4
	巴中	0.020 711	5		巴中	-0.036 02	5
	泸州	0.488	3		泸州	0.617 127	3
	成都	2.492 002	1		成都	2.198 374	1
	德阳	-0.307 33	7		德阳	-0.463 66	7
	绵阳	-0.135 84	6		绵阳	-0.134 27	6
	甘孜	1.899 252	2		甘孜	1.166 301	2
	雅安	-0.641 48	9		雅安	-0.659 87	9
	资阳	-0.807 7	10		资阳	-0.939 47	10
	凉山	-1.045 12	11		凉山	-0.953 94	11
	眉山	-0.389 72	8		眉山	-0.568 91	8
2011	广安	1.224 221	2	2010	广安	-0.179 65	4
	巴中	-0.298 18	5		巴中	-0.426 35	5
	泸州	0.713 562	4		泸州	-0.104 22	3
	成都	1.607 317	1		成都	1.023 431	1
	德阳	-0.575 08	8		德阳	-0.752 64	7
	绵阳	-0.317 08	6		绵阳	-0.478 76	6
	甘孜	0.723 819	3		甘孜	0.479 695	2
	雅安	-0.658 35	9		雅安	-0.826 26	8
	资阳	-1.087 98	11		资阳	-1.061 51	10
	凉山	-1.031 41	10		凉山	-1.121 69	11
	眉山	-0.448 54	7		眉山	-0.895 86	9

表4.20(续)

年份	市（州）	综合得分 F	排名	年份	市（州）	综合得分 F	排名
2009	广安	−0.322 81	3				
	巴中	−0.587 44	6				
	泸州	−0.447 56	4				
	成都	0.816 485	1				
	德阳	−0.799 86	7				
	绵阳	−0.583 1	5				
	甘孜	0.634 223	2				
	雅安	−0.959 21	8				
	资阳	−1.239 33	11				
	凉山	−1.157 26	10				
	眉山	−1.009 97	9				

为了更直观地反映四川各市（州）制度与结构改革情况，特单独列出综合因子年度排名情况（见表4.21）。

表4.21　2009—2015年四川各市（州）制度与结构改革综合因子年度排名

市（州）	排名						
	2015	2014	2013	2012	2011	2010	2009
广安	5	4	4	4	2	4	3
巴中	4	5	5	5	5	5	6
泸州	3	3	3	3	4	3	4
成都	1	1	1	1	1	1	1
德阳	7	7	7	7	8	7	7
绵阳	6	6	6	6	6	6	5
甘孜	2	2	2	2	3	2	2
雅安	9	9	9	9	9	8	8
资阳	10	10	10	10	11	10	11
凉山	11	11	11	11	10	11	10
眉山	8	8	8	8	7	9	9

为了更直观地反映四川各市（州）制度与结构改革近年来的变动情况，特画出每个市（州）该维度综合因子得分增加值条形图（见图4.32～图4.42）。

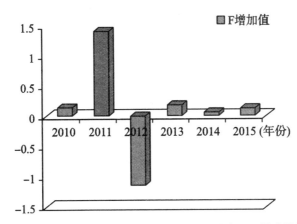

图 4.32　2010—2015 年广安制度与结构改革综合因子得分增加值

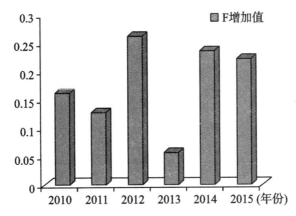

图 4.33　2010—2015 年巴中制度与结构改革综合因子得分增加值

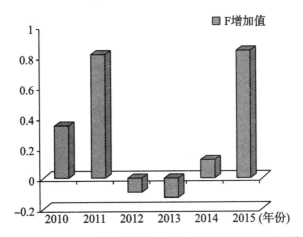

图 4.34　2010—2015 年泸州制度与结构改革综合因子得分增加值

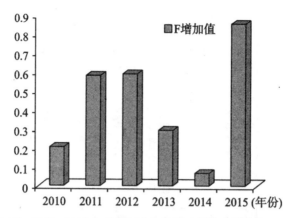

图 4.35 2010—2015 年成都制度与结构改革综合因子得分增加值

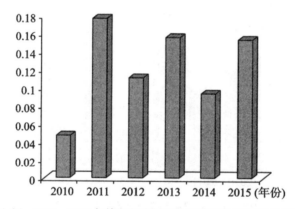

图 4.36 2010—2015 年德阳制度与结构改革综合因子得分增加值

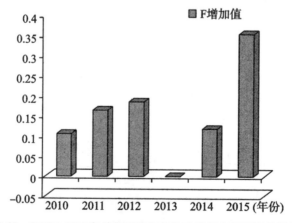

图 4.37 2010—2015 年绵阳制度与结构改革综合因子得分增加值

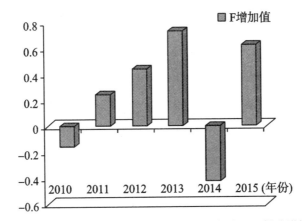

图 4.38 2010—2015 年甘孜制度与结构改革综合因子得分增加值

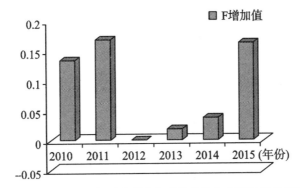

图 4.39 2010—2015 年雅安制度与结构改革综合因子得分增加值

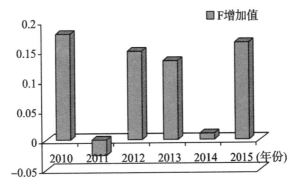

图 4.40 2010—2015 年资阳制度与结构改革综合因子得分增加值

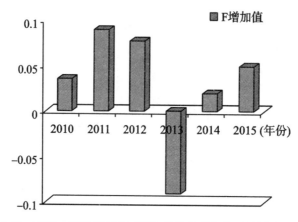

图 4.41　2010—2015 年凉山制度与结构改革综合因子得分增加值

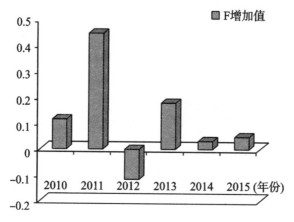

图 4.42　2010—2015 年眉山制度与结构改革综合因子得分增加值

4.5　运行机制

　　随着我国人口红利降低、结构性产能过剩、资源环境承载压力不断增大，传统动能的动力明显减弱，制造业需通过加快新动能成长，以形成与强化新的全要素动能系统来推动制造业"新型化"。推动制造业"新型化"的新动能运行机制是动能系统中各个新动能之间的内在联系与相互制衡的机理。新动能在推动四川制造业向新型化转换的过程中，是技术创新、以"互联网+"为代表的信息化发展与变革、制度与结构创新等要素相互联系、相互影响、相互作用等关系的总和。

4.5.1　技术创新的作用机理

在技术革命与我国加快转变经济发展方式的背景下，科技创新在四川制造业"新型化"进程中的中坚力量作用愈加突出，形成以科技创新为主导力量的新型发展模式，驱使我国制造业从"资源型"向"智能型"转变，就能强有力地发挥科技创新对拉动发展新型制造业的乘数效应。新时代，以科技创新为主攻方向是改造提升传统制造业的重要途径，对于技术的改造也不再简单地束缚在更新设备的角度，而是系统地将技术创新、增效降耗与产业转型升级融合在一起，搭建共性技术分享平台，从而形成功能多样化的趋势（吕薇，2013）。

制造业与新技术、新能源、新材料交融，将促进制造业产生新模式、新业态模式，进而重新定义新型制造业。基于互联网、物联网、云计算、大数据、区块链等新一代信息技术的发展，供应链上的各个环节已不再是相互孤立的状态。依托于智能化的网络平台，将使各环节之间产生联动效应。这一技术的发展极大地改变了制造业的主流生产方式。大批量流水线生产将成为过去，个性化定制式的生产将成为主流。智能生产方式也将逐渐代替重复简单的一般技能劳动，未来制造业的主要发展方向将向智能工厂转移。网络众包、异地协同设计、大规模个性化定制等技术将推动产业价值链的重心发生转移，从生产端转向研发设计、营销服务等方向，最终驱使产业形态发生改变，服务型制造逐渐替代生产型制造。制造业企业可以通过新一代信息技术建立绿色供应链，使企业内部节能降耗，通过科技创新打造高新绿色技术，增强绿色精益制造能力，降低能耗、物耗和水耗水平，促进资源高效循环利用，最终实现清洁生产。当前，需要通过加快培育自主科技创新能力推动制造业产业链改造升级，大力发展智能制造、绿色制造、服务制造，打造新型制造业的重要"引擎"。

4.5.2　以"互联网+"为代表的信息化发展与变革的作用机理

"互联网+"作为一种新动能，通过将互联网发展带来的智能网络与工业革命成果融合到一起，能够更有效地将传统制造业组织起来，有助于制造业去产能、调结构。"互联网+"它不是指一个单独的、封闭的行业，而是作为一种工具，通过运用"互联网+"这种工具，构建出数字化、网络化、智能化的内部制造流程平台，实现制造业企业在各个工作场所中设备与人员之间的实时对接以及生产过程中各个设备与数据信息之间的互联互通，提高制造过程的柔性，为更加智能化的设计与操作、更高质量的服务以及为管理者优化决策提供了信息技术支持。此外，"互联网+"的应用也能够从制造业企业内部向外部延伸，通过各种数据和信息的快速传递，促进全产业链中关键要素的集成与融合，推动从垂直集成转向扁平协同，使得企业组织趋于模块化、呈现出扁平化趋势，进一步推动我国制造业企业组织关系的变革。

"互联网+"通过大数据、共享平台等手段，将终端消费者与前端生产者之间的联系变得更加扁平化，柔性、定制化生产成为主流，以客户为中心的经营管理模式逐渐替代了传统的以产定销的模式，制造方式趋于专业化，在一定程度上去除多余库存、降低无效产能，减少资源浪费。且信息化的变革使得各方信息、资源、资金与人才不受地理区域的限制，能在各个环节中快速流动，高效整合信息流、物流、资金流，全面创新制造资源配置方式。童友好（2015）指出"互联网+"与制造业的融合改变了制造业的生产、销售、服务模式，智能制造、网络营销、个性化定制服务正成为新的生产经营方式。

4.5.3　制度与结构改革的作用机理

伴随新一轮全球产业变革，我国制造业结构性矛盾日益突出，粗放式发展模式已无法持续为我国制造业发展提供动力，调整结构、深化各领域机制、体制改革成为发展新型制造业的动力源泉，也成为我国由制造大国转变为制造强国的驱动力量。改革政府治理方式能够促进制造业技术创新与进步、有力推进制造业转型升级、引领制造业企业在节能减排、绿色生产、提质增效等方面积极履行其承担的社会责任，推动产业结构优化升级以实现产业治理体系现代化。当前，原始创新能力不足，"政产学研用"没有进行充分的结合，科技成果产业化程度低等因素严重制约了四川制造业的发展，改革完善"政产学研用"协同创新与创新管理机制是提升制造业创新能力的新动能和金钥匙，它可以有效破除束缚创新的桎梏，进而激发制造业企业的创造潜力；改革完善技术转移与产业化体系，能将科技和金融紧密结合在一起，促进科技成果资本化、产业化。推进碳排放权、排污权、水权交易等制度的改革，建立排污指标有偿使用和交易制度，推动环境保护费改革为环境保护税，有利于促进节能减排、资源节约和环境保护、提高污染治理效率。同时，国际金融危机的发生促使全球产业格局加速调整，倒逼四川制造业进行产业组织结构的改革，化解过剩产能、消化不合理库存、促进制造业企业降本增效。多策并举改革完善体制机制与结构调整，"加减乘除"同时进行，引导传统制造业探寻新的生机，在淘汰落后产能的基础上，积极培育以智能、绿色、服务为主要特征的新增长点，四川制造业才能拥有一个更有质量、更加能够持续的发展前景。

　　通过对国内外动能与动能系统相关理论与文献进行梳理，明晰动能系统的内涵与特征，剖析动能系统发展的基本情况及存在的一些问题；从新动能成长与传统动能改造提升两个维度出发，探索与明确新动能系统形成过程；通过构建新动能评价体系，进一步探索新动能成长与绿色制造体系的相互作用。

5 四川绿色制造体系模型构建

四川绿色制造体系构建是一个庞大的系统工程，不仅需要新动能系统的持续推动，也需要科学完善的理论依据支撑，需要政府、制造企业、社会等团体的共同协作，并且涉及政策、技术、企业管理理念以及社会监管等诸多方面。针对四川绿色制造体系构建过程中存在的问题，明确构建的主要内容及思路，将新动能系统中的各个新动能作为主要源动力（指新的动能来源）构建出不同的模型，根据各个区域、产业类型的特点，选择相应的模型，有助于加快四川绿色制造体系的构建进程。

5.1 体系构建的理论依据

四川绿色制造体系构建需要坚实的理论依据，要以循环经济为基础，考虑生态承载力，结合产业生态学，从产业协同、产业融合、产业关联等方面出发，系统梳理相关文献资料，为四川绿色制造体系的构建提供坚实的理论基础。

5.1.1 生态承载力

概念及内涵。Park 和 Burgess（1921）在有关的人类生态学杂志中，提出了承载力的概念。Holling（1973）是较早提出生态承载力含义的学者，他指出生态承载力是生态系统抵抗外部干扰、维持原有生态结构和生态功能以及相对稳定性的能力。高吉喜（2001）认为生态承载力包括两层内涵，一为生态系统的支持部分，是指生态系统的自我维持与自我调节能力，以及资源与环境子系统的供容能力，二为生态承载力的压力部分，是指生态系统内社会经济子系统的发展能力。

生态承载力的度量方法。生态承载力测度的方法主要有概念模型法、生态足迹法、灰色系统分析法、系统动力学法、指标体系法等。概念模型法以资源为基础，强调从承载力理论的基本原理出发，经过严谨的逻辑思维而形成，仅作为一种指导性的定量化思想，很难辅以具体的实例进行验证。其中以"人口—经济—资源模型"最具代表性。生态足迹模型是加拿大学者Mathis Wackernagel（1992）提出的一种依据人类社会对土地的连续依赖性，定量测度区域可持续发展状态的一种新理论和方法。但该理论也存在较大的缺陷和不足，主要表现为不具备动态性和预测性。后来学者们考虑增加时间序列，用以计算多年的生态足迹来解决该问题。邓聚龙（1987）创建的灰色系统分析法，主要涵盖灰色关联分析法、灰色系统建模理论、灰色决策、预测与规划方法等。由于存在较大的不确定性，人们多在水资源的研究时用到该法。系统动力学法由麻省理工学院 Forrester（1969）创立，用以研究信息反馈系统。在生态承载力的研究中，通过调整指标体系，运用系统动力学模型对拟定的不同发展模式进行模拟和预测，寻找最低承载力所对应的最佳发展模式。指标体系法是一种应用较广的量化手段，可以方便地和其他方法结合使用，主要有单要素加权法、向量模法、模糊综合评价法和层次分析法等。高吉喜（2001）认为生态承载力的支持能力大小取决于生态弹性力、资源承载力和环境承载力。

5.1.2 循环经济

国外对循环经济的研究主要集中在三个层面：一是企业层面，主要研究侧重于在企业内部推行清洁生产和资源循环利用，贯彻低消耗、高利用和低排放的思想，在这方面以美国杜邦化学公司为典型代表。二是区域层面，主要研究侧重于在企业之间推行的循环经济，在区域层面上通过废弃物交换建立生态产业链。其代表性的理论有 John Ehrenfeld 和 Nicholas Gertler（1997）在丹麦的卡伦堡市提出的产业共生理论。John Ehrenfeld 和 Nicholas Gertler 研究了由于企业间存在众多合作关系而被公认为"产业生态系统"或"产业共生"的丹麦卡伦堡工业园区，他们认为企业间可相互利用废物，以降低环境的负荷和废物的处理费用，建立一个循环型的产业共生系统。在政府的支持下，卡伦堡市采取了利用工厂排出的废热为市区供暖、利用制药厂的有机废物作肥料等措施，建立了生态城市的雏形。三是社会层面，侧重于在社会层面上实施循环经济，是针对人类生活消费后排放的循环经济，如德国的包装物双元回收体系（DSD）和日本的循环型社会体系。此外，许多国家和地区还从全球、国家和省域范围的角度提出"循环社会"和"循环省"的概念。日本东京大学 1996 年提出的逆生产理论很具代表性。这一理论针对为解决废物问题所采取的环保型材料的开发、分类、分离和再生技术及生产过程中废物减量等对策的局限性，提出要从根本上解决废物的循环利用问题，所有的产品都以能够在自然环境中得到处理为前提条件下进行产品设计、生产和消费。逆生产理论不仅主张在产品的生产、使用、保修、回收和再利用的全过程中，尽量减少资源和能源的使用量及废物的排放量。

近年来，循环经济在我国引起了学者们的大量关注，主要集中在对循环经济的理论研究、循环经济评价指标（体系）的研究、循环经济在不同产业的具体实施和循环经济的制度建设上。解振华（2004）指出循环经济的实质是要在原来的工业经济形态下，把环境变成一种经济资源要素，必须用经济规律来推动环境保护，而不是用生态规律来指导经济；徐嵩龄（2004）指出，过去的环境战略并不能真正有效地从根本上解决中国的环境问题，不能真正有效地将环境保护与经济发展协调起来；冯之浚（2006）认为循环经济是一种深生态论，是浅生态论的扬弃，不单强调技术进步，而且将制度、体制、管理、文化因素通盘考虑，注重观念创新和生产、消费方式的变革；诸大建（2005；2009）从循环经济的定义、发展模式和路径选择等方面进行了研究；李慧明（2009）主要探索我国的现实情况下循环经济发展路径问题；翁伯琦（2013）探讨了循环经济指导下我国农业发展战略与体系构建；明庆忠（2009；2010）从循环经济角度分析旅游产业生态化过程；徐滨士（2009；2014）研究了在循环经济发展要求下，我国再制造产业的发展策略。国家发展和改革委员会（2013）构建了侧重于资源产出、资源消耗、资源综合利用、废物排放四大维度的循环经济评价指标体系。

5.1.3 产业生态学

产业生态学起源于 20 世纪 80 年代 Frosch 等人模拟的生物新陈代谢和生态系统的循环再生过程时开展的"工业代谢"研究。Gallopoulos（1989）等人进一步从生态系统角度提出了"产业生态系统"和"产业生态学"的概念。产业生态学的概念及内涵的界定多达 20 多种，从以下几方面表述：Jelinske 等（1992）模仿生态学的定义，从其学科产生和发展的角度提出产业生态学是一门集多学科的理论和方法来研究经济系统和环境系统协调发展的综合性交叉学科；Kumar（1992）从产业生态学的研究对象和研究目标出发，提出产业生态学是研究实现产业生态化技术和方法的一门学科；Allenby（2000）从系统思想在产业生态学研究中的重要性出发，提出系统思想是产业生态学的核心，并提出产业生态系统循环的三个主要阶段；Frosch（1995），Ehrenfeld（2000）等从产业生态学存在的意义及其与可持续发展的关系角度，提出产业生态学是实现可持续发展的重要手段。国内对于产业生态学的概念界定译自国外，杨建新、王如松（1998）对产业经济学进行了回顾与展望并进行了理论探讨；施涵等（2003）对产业生态学进行了详细评述。产业生态学的内容与方法研究方面，Suren Erkman（1998）在其专著《产业生态学》一书中对产业代谢进行了专门研究；国际产业生态学会（2004）将其研究内容和研究方法分为环境设计、生命周期评价、生命周期设计、物质流能量流分析等12项；Graedel 和 Allenby（2003）在《产业生态学》中对产业生态学的研究内容、研究方法做了系统论述。美国国家环保局产业生态工作组用物质流分析方法系统研究了提高产业生态效率的途径和方法。国内对产业生态学内容和方法也进行了研究。沈静珠、胡山鹰、李有润等（2004；2006）主要在生态工业方面进行了研究，并较多集中于生态工业园区规划；杨建新、王如松（1998）对生命周期评价进行评述；刘晶茹等（2007）运用综合生命周期分析对可持续消费进行了研究；李庆雷等（2008）进行了旅游产业生态学研究；袁增伟和毕军（2007）分析了生态产业共生网络形成机理，并阐述了物质流分析方法（2009）；李长洪等（2010）分析了产业生态学的技术方法和应用。生态产业园区建设方面，生态产业园是产业生态学里研究成果较多的领域。Cote 和 Hall（1995），Lowe（1995）等率先给出了生态产业园的定义。这方面的研究主要集中在生态产业园区生态系统的性质、能量传递、物质循环和协同机制、生态产业园区的设计与操作、生态产业网络模型、案例研究等。伴随着理论研究的加深，在实践方面各国也取得了重大突破：始建于20世纪70年代的丹麦卡伦堡生态产业园是世界上第一个生态产业园；德国 Leipzig 价值产业园是单一企业主导成功的生态产业园；美国 Brownsville 生态产业园是世界上第一个虚拟型生态产业园；加拿大 Burnside 生态产业园是加拿大目前最大的生态产业园。总的来看，国外有关产业生态学研究视野开阔，理论研究和应用研究并行，并注重案例分析、规划实践和发展对策研究。国内关于生态产业园的研究方面，胡山鹰、沈静珠等（2001；2004）在不同地区进行生态工业园区规划研究；王如松（2003）构建了日照生态产业园的设想；王震等（2004）阐述了生态产业园的理论与规划设计原则；武春友（2009）研究了生态型产业集群的运作模式；谢家平（2010）基于产业共生视角，研究了循环经济区域合作模式；陈林等（2008；2012）阐述了生态产业园建设的产业政策支持。我国生态产业园建设实践方面，2001年全国第一个生态工业园区规划——浙江衢州沈家生态工业园区规划完成；截至2012年年末，国内国家级经济技术开发区共有153个、国家级高新技术开发区共有105个。

5.1.4　产业协同

产业协同是基于哈肯的协同学理论而提出的，它是产业内部两个或两个以上独立的成员之间形成的一种协议关系，以保证实现某个特定的目标或效益，通过提高信息共享水平，减少整个供应链产品的库存总量、降低成本和提高整个供应链的运作绩效。产业协同涉及产业集群、产业集聚、产业联盟等不同形式。Kuen Hung 和 Jiann Chyuan（2009）的研究认为企业与竞争对手、供应商和客户、大学和科研机构之间的合作能促进协同创新。国内学者杨耀武和张仁开（2009）认为协同创新是不同创新主体的创新要素有机结合，并通过产业链、技术链、创新链的三链合一，最终形成一体化的创新生态系统的过程。唐丽艳等（2009）以科技型中小企业为核心，构建了科技型中小企业与科技中介协同创新网络模型。Albino（2009）等通过仿真实验，发现集群主体只有通过不断的自适应性学习和创新才能适应变化的环境；陈莞（2007）基于 CA 扩展模型模拟不同关键控制参量变化对产业集群规模演化的影响；王静华（2012）提出产业集群在内部动力推动下沿着外部价值链向附加值高的环节攀升的路径。黄永春等（2012）提出了 GVC 下长三角出口导向型产业集群的升级路径。张宏娟（2014）认为低碳发展已成为全球各国的共识，传统产业集群的低碳化成为发展低碳经济必然的选择，也是当前国内外产业集群理论研究的科学前沿。潘文卿（2012）分析了中国制造业产业集聚与地区经济增长的关系，发现中国地区制造业的产业集聚对经济增长具有显著的正向促进作用。

5.1.5　产业融合

格林斯腾和卡恩纳（1997）将产业融合定义为"为了适应产业增长而发生的产业边界的收缩或消失"。植草益（2001）认为产业融合有利于产业结构优化升级。周振华（2003）提出产业融合是产业发展及经济增长的新动力。柳旭波（2006）指出产业融合对传统的产业结构理论提出了新的挑战；陈柳钦（2007）分析了产业融合的动因及其效应。唐昭霞和朱家德（2008）从微观角度阐述了产业融合可以推动产业结构优化升级的原因；吴福象（2009）通过上海市六大支柱产业的实证研究，论证了产业融合的产业结构高级化效应；蔡艺和张春霞（2010）基于产业融合的视角，对福建产业结构调整提出了建议；吴义杰（2010）分析了信息产业的产业融合及其对产业结构升级的影响；喻学东和苗建军（2010）应用技术经济理论和模仿经济学的方法，探讨了技术融合推动产业结构升级的作用机理；吴福象和朱蕾（2011）以北京和上海六大支柱产业为例，通过统计分析和实证检验发现，产业融合对产业结构转换具有明显的提升作用。刘晶茹等（2011）提出虚拟生态产业园的概念，生态产业园的核心是产业共生网络。王征（2014）提出产业融合是信息化时代下的产业新范式。单元媛和罗威（2013）针对产业融合对产业结构优化升级效应进行了实证研究，认为高新技术与传统产业的融合发展推动了产业变革，成为产业发展的新动力。

5.1.6　产业关联

产业关联的研究最早来自法国经济学家魁奈《经济表》对产业间贸易关系的分析。1936年里昂惕夫发表了美国产业关联表，标志着可进行现实计量分析的产业关联模型诞生。Conway和Nicoletti（2006）以OECD国家为研究对象，探讨了上游产品市场管制对下游制造业生产率的影响；Francois and Woerz（2008）运用1994—2004年OECD国家商品和服务贸易的面板数据，考察了服务作为制造业中间投入在商品出口中所占的比重，同时还考察了服务行业的开放对制造业总体出口水平的影响；Barone和Cingano（2011）的研究发现，服务业管制程度越低，下游密集使用服务的制造业的附加值、生产率和出口增长率越高；Bas和Causa（2013）以中国为研究对象，基于上下游产业关联视角，探讨了上游行业的管制对下游制造业生产率的影响。

国内的研究主要关注特定产业的关联带动作用、产业间关联效应分析、基于区域及国家的研究以及产业关联与相关因素的关系等方面。从特定产业对产业经济的关联带动作用的角度，魏悦（2010）分析了信息产业对国民经济作用的变化，认为信息产业的关联效应在不断地增强但产业功能还比较弱；施卫东（2010）分析了我国知识密集型服务业产业关联；崔峰（2010）分析了浙江省旅游产业关联与产业波及效应；张芳（2011）分析了中国加工出口的产业关联效应和波及效应；吴三忙（2012）研究了我国旅游业产业关联与产业波及效应；从两个产业之间的关联效应分析角度，刘书瀚（2010）以1997年、2002年和2007年中国投入产出表数据为基础，运用投入产出分析法，对我国生产性服务业和制造业进行产业关联分析，研究发现其关联效应处于较低水平；李敏（2010）对陕西制造业与物流业的产业关联进行了分析；江曼琦（2014）的进一步研究发现一些投入产出强度低、附加值低的产业因产业关联不能产生强的聚集经济利益而呈现空间分散的状况；从区域或国家角度，吴福象（2010）、付荣（2014）等对中国东、中、西三大地带的产业关联进行了测度，发现我国东部地区对中西部的溢出效应不及后者对前者的显著，中部地区没有发挥区域经济的纽带作用；汤晓莉（2010）用影响力系数、感应度系数和部门产出比重相叠加，构建波及能力指数和感应能力指数，并以此对河南省产业关联变化的趋势进行了分析；王茂军（2011）分析了四川省制造产业关联网络的结构特征；顾颖（2012）研究了中国产业结构升级的产业关联效应；赵明亮（2015）通过分析产业关联指标发现，三次产业内各主要行业对国民经济发展的需求及带动作用存在明显差异。从产业关联与创新、技术、碳排放量等因素的关系研究的角度，陈媛媛（2010）发现外资企业的进入会通过产业链之间的联系影响其上下游行业的排放强度；彭皓玥（2010）认为应充分利用资源产业间的关联性，推进技术创新下的产业联动，以实现低碳经济下资源可持续发展；孙江永（2011）从产业关联和技术差距的角度考察了外商直接投资对中国纺织业的技术溢出效应；宋文（2014）的进一步研究发现 FDI 主要通过竞争效应、示范效应降低东道国上、下游行业的碳排放量。

5.2　构建思路

四川绿色制造体系模型结构是四川各制造企业、政府、公众等关于绿色制造的内容、目标和过程等多方面的融合，为全面、科学、系统的探讨和实施绿色制造提供多方位视图的模型。

5.2.1　面临的困境

破解资源环境约束，需要提高资源能源利用效率和减少污染物排放，尽可能减少制造业发展对生态环境产生的不利影响。但是受制于我国制造业发展水平，四川绿色制造体系构建还面临不少困难。

5.2.1.1　技术水平不高

四川制造业之所以没有摆脱粗放的发展模式，与四川技术水平不高存在着必然联系，技术水平不高导致对制造体系"绿色化"发展支撑不足。近年来，四川科技创新能力不断增强，其中，不乏大量与绿色制造相关的技术不断涌现。但值得注意的是，四川专利申请数量虽然有所上升，但是含金量却不高，在与制造过程密不可分的绿色工艺及节能环保技术装备等领域，严重缺乏核心技术。与东部发达地区的技术创新能力仍然存在一定差距，由此导致四川制造业发展过程中，要素投入依然过高，而知识、技术等投入却过低，即使付出较大的资源环境成本，其产出却很难尽如人意（毛涛，2017）。

5.2.1.2　产业结构失衡

四川制造体系的生产技术水平在提升，但行业间不均衡，产业结构低端化特征明显"四川制造业多数属于初级加工、技术含量较低的低附加值产业，而且多数产业集群为资源型集群"。自西部大开发实施以来，四川制造业结构的资源依赖性特征没有得到明显改变，在内部结构上主要体现为制造业处于低技术水平的行业较多、以能源加工为主的行业居多、低专业化程度的行业较多、专业化行业偏少，并且各行业间的专业化程度差异相对较大，具有比较成本优势的行业相对较少，劳动生产率低的行业相对较多（程钦良，2017）。

5.2.1.3　绿色转型动力不足

目前我国经济发展已经进入新常态，下行压力增大，企业普遍经营困难。从产品全生命周期看，企业若优化生产工艺，购置先进的节能、节水、污染处理设施，或者开展绿色回收和再制造工作，其生产的产品会更加绿色，但也会增加额外开支。在市场上，当绿色消费尚未成为主流消费理念时，消费者关注的重点是产品价格，而非企业的环保投入，绿色产品很难获得竞争优势。基于商业利益考量，很多制造企业的绿色转型意愿并不强。由于监管不严，"违法成本低、守法成本高"的问题突出，不少企业从环境违法行为中获利，而守法企业即使付出额外成本也难以获得竞争优势，这种"劣币驱逐良币"现象带来的结果只能是生态环境的持续恶化。为激励节能环保行为，国家出台了绿色债券、绿色信贷以及税收减免等财税金融支持政策。但是由于这些激励措施的设计较为复杂，再者一些机构过于强调投资回报率及资金安全问题，广大的中小企业很难享受到政策红利。即使一些企业从中受益，也很难补偿其相关环保投入。由此导致大多数企业以满足法定最低标准为目标，不愿意去承担更多的社会责任，企业绿色转型步伐缓慢。

5.2.2　总体思路

四川绿色制造体系模型需牢固树立创新、协调、绿色、开放、共享的发展理念，以促进全产业链和产品全生命周期绿色发展为目的，以企业为建设主体，以公开透明的第三方评价机制和标准体系为基础，保障绿色制造体系建设的规范和统一。同时，加强政府引导和公众监督，发挥地方的积极性和主动性，优化政策环境，发挥财政奖励政策的推动作用和试点示范的引领作用，发挥绿色制造服务平台的支撑作用，提升绿色制造专业化、市场化、公共服务能力，促进形成市场化机制，建立高效、清洁、低碳、循环的绿色制造体系。要把四川绿色制造体系打造成为我国制造业绿色转型升级的示范标杆、参与国际竞争的领军力量。

5.2.2.1　加强技术创新

建设绿色制造体系，需要关注产品全生命周期的环境影响，在产品设计、生产、流通、采购、回收利用等各个环节，都尽可能减少对环境产生的不利影响。其中，与生产工艺及节能环保装备相关的技术最为重要。在生产工艺研发方面，建议重点研发智能、高效的清洁生产技术工艺，使生产的产品具备无害化、轻量化、低能耗、低水耗、低材耗、易回收的特性；在节能环保技术研发方面，要重视其对制造业绿色转型的支撑作用，加强节能、节水、节材、污染处理、再制造等先进技术装备的研发和利用。上述工作的顺利开展，需要相应的保障机制。首先，建议加强对知识产权拥有者、权利人合法利益的保护以及对违法犯罪行为进行严厉打击，同时完善科技创新考评机制，充分调动科研工作者创新的内生动力，确保广大的科技工作者愿意参与绿色制造技术研发工作。另外，在通过企业并购等方式获取国外先进绿色制造技术的同时，更要重视自主创新问题，对于具有全局性影响、带动性强的关键共性技术，不能急功近利，一定要进行持续的研发投入。

5.2.2.2 优化产业结构

优化产业结构，可以确保制造业健康持续发展，减少不必要的资源能源消耗和污染物排放。为保持制造业持续健康发展，在化解产能过剩和推动传统产业转型升级的同时，也需要大力发展新兴产业。在化解产能过剩方面，对于钢铁、电解铝等产能过剩问题突出的行业，按照"消化一批、转移一批、整合一批、淘汰一批"的原则，通过兼并重组、"走出去"等方式，进行逐步化解；对于光伏等已经存在过剩迹象的行业，也应进行必要引导，避免出现严重的低端同质化竞争问题。在传统产业改造方面，建议紧紧围绕钢铁、有色、化工、建材等能源资源消耗和污染物排放量大的重点行业，加强生产工艺优化及先进节能环保技术的推广应用工作，全面提升传统制造业的绿色化水平。在新兴产业发展方面，建议重点发展新材料、生物医药等技术含量高、附加值大、环境污染小的产业，特别要发展工业绿色转型的节能环保产业，降低节能、节水、污染治理等设施的销售价格及运行成本，提升其对传统产业发展的支撑作用。

5.2.2.3 强化引导规范

为加快绿色制造工程建设步伐，使更多的制造企业参与到节能环保工作中，需要加强必要的引导和规范。建议完善立法，推动企业能源、资源消耗及污染物排放信息公开，对相关数据进行联网和实时监测。同时，加强执法力度，对于环境违法犯罪行为进行严厉处置，提高环境违法成本，扭转"逆淘汰"现象，使环境守法成为常态。当然，在惩治环境违法行为的同时，也要加大对环境守法行为，特别是对于严格遵守法律法规要求的环保行为的支持，通过更大力度的税收减免、财政贴息等财税金融政策，补偿这些企业为环境保护工作所付出的额外花费。同时，还要从需求侧发力，倡导绿色消费理念，不断完善与绿色采购、绿色消费等相关激励性措施，逐步拓宽绿色产品的市场空间。

5.2.3 主要内容

四川绿色制造体系模型要求企业按生态学规律，把环境保护、清洁生产、节能降耗、资源综合利用、开发新产品等融为一体，即以环境治理为切入点，以发展循环经济、推行清洁生产、实施节能减排为途径，从而提升四川制造企业的绿色竞争力，加快四川绿色制造体系的构建进程。

5.2.3.1 环境治理

20世纪60至70年代，许多企业污染物任其自流，从而导致生态环境被严重破坏，最后不得不实行先污染后治理的"末端治理"，制造企业为此付出高昂的治理费用。环境承载力与资源约束的日益趋紧，促使制造企业及政府醒悟，与其被动地等待污染物产生后进行末端治理，不如主动行动，使"末端治理"转向"清洁生产"。先在生产过程中尽量减少污染物的产生量，然后再对不得不产生的污染物进行末端治理，即清洁生产和末端治理紧密结合，长期并存。

5.2.3.2 发展循环经济

循环经济，本质上是一种生态经济，要求运用生态学规律而不是机械论规律来指导人类社会的经济活动。与传统经济相比，循环经济的不同之处在于，传统经济是一种"资源—产品—污染排放"单向流动的线性经济，其特征是高开采、低利用、高排放；而循环经济倡导的是一种与环境和谐的经济发展模式，它要求把经济活动组织成一个"资源—产品—再生资源"的反馈式流程，其特征是低开采、高利用、低排放。"减量化、再使用、再循环、重组化"即3R原则，是循环经济最重要的实际操作原则。4R原则在循环经济中重要性并不是并列的，循环经济应以避免废弃物的产生为经济活动的优先目标，所以其相应的优先顺序应为：减量化—再利用—再循环。

5.2.3.3 推行清洁生产

清洁生产是指将综合预防的环境保护策略持续应用于生产过程和产品中，以期减少对人类和环境的风险。清洁生产从本质上来说，就是对生产过程与产品采取整体预防的环境策略，减少或者消除它们对人类及环境的可能危害，同时充分满足人类需要，使社会经济效益最大化的一种生产模式。具体措施包括：不断改进设计；使用清洁的能源和原料；采用先进的工艺技术与设备；改善管理；综合利用；从源头削减污染，提高资源利用效率；减少或者避免生产、服务和产品使用过程中污染物的产生和排放。清洁生产是实施可持续发展、构建绿色制造体系的重要手段。

5.2.3.4 实施节能减排

节能减排就是节约能源、降低能源消耗、减少污染物排放。节能减排包括节能和减排两大技术领域，二者有联系，又有区别。减排项目必须加强节能技术的应用，以避免因片面追求减排结果而造成的能耗激增，注重社会效益和环境效益的均衡。《中华人民共和国节约能源法》所称节约能源，是指加强用能管理，采取技术上可行、经济上合理以及环境和社会可以承受的措施，从能源生产到消费的各个环节，降低消耗、减少损失和污染物排放、制止浪费，有效、合理地利用能源。节能减排的工作重点也需要加快产业结构调整，大力发展循环经济，坚持技术创新，加强组织领导，健全考核机制。

5.3 四川省绿色制造体系模型设计与选择

四川省绿色制造体系模型设计是一个复杂的过程，它需要政府、制造企业、社会的共同努力，涉及政策、技术、企业管理理念以及社会监管等方面。设计过程不仅要考虑环境保护、资源节约，也要考虑促进企业自身发展，并推动四川经济效益的提升。因此模型设计需针对其构建困境，遵循构建思路，并准确把握新动能系统的特征与作用机理。

5.3.1 以技术创新为源动力的四川绿色制造体系构建模型

以技术创新为源动力的四川绿色制造体系构建模型是以新动能技术创新为主要推动力，并以"产学研"合作和同行合作作为支撑动力，通过绿色评价、绿色设计、清洁生产、绿色营销以及循环利用最终实现绿色制造体系。

5.3.1.1 以技术创新为主导的四川绿色制造体系多模型特征

循环经济是一项集经济、技术和社会于一体的系统工程，它建立了一套基本的技术实践规范和操作准则。其技术战略的宗旨是在传统工业经济的线性技术范式的基础上，增加微观领域的反馈机制和宏观领域的技术系统的最优化选择（在产业系统化的基础上进行最优化的技术选择），而贯穿在其中的技术特征表现为资源消费的减量化、再使用、再循环和对技术系统的重组（即4R原则）。"4R原则"是把循环经济理论落实在技术操作层面的指导性原则。

减量化原则（Reduce）：它针对输入端，在技术上要求采用先进生产工艺或者实施清洁生产，通过减少单位产品生产所使用的原料、能源和污染物的排放来达到既定的生产目的或消费，凭借预防机制而不是末端治理的方式来节约资源和减少污染。在循环经济活动中，减量化是在源头上控制、避免废物产生和减少资源消耗的最优先考虑的环节。

再使用原则（Reuse）：它属于过程性方法，以资源、产品利用最大化为目标，要求企业进行标准设计和产品加工，依靠科技进步，尽量延长产品中的元器件和零部件的使用期，避免物品过早成为垃圾。

再循环原则（Recycle）：它针对输出端，把废弃物再次变成资源再次进入市场或生产过程以减少最终处理量，从而做到废品的综合回收利用。

重组化原则（Reorganize）：它在宏观上，在整个产业体系中，通过对产业结构和技术系统的重组与转型，在整个社会范围内形成"资源消耗—产品—资源再生"的循环经济模式。

5.3.1.2 以技术创新为源动力的四川绿色制造体系多目标构建过程

以技术创新为主导的四川绿色制造体系多目标构建过程，它以经济增长为中心目标，以维护自然生态平衡和社会和谐有序为基础目标，即经济绿色化、社会绿色化和自然绿色化。自然绿色化目标是指通过绿色化技术创新，协调资源的利用、保护与开发，提高资源利用率，降低资源消耗，维护自然生态平衡，使人与自然和谐相处；经济绿色化目标是指通过生态化技术创新，促进经济系统中各要素协调、全面、可持续发展；社会绿色化目标是指通过生态化技术创新，使社会进步的程度与经济的增长速度和质量相适应，在合理控制人口数量增长的同时提高人的素质，维护社会成员间的平等，实现社会和谐、稳定、有序的理想目标。从传统技术创新的单一目标系统到技术创新为主导的绿色制造体系的多目标系统，充分体现了复杂性思维的多样性和非线性。

技术创新的绿色价值对绿色制造体系构建的影响，就是要把传统的线性的技术创新模式转变为以环境为终端和开端的循环模式。传统的技术创新往往把创新活动和环境割裂开来，而没有将二者有机地结合起来。基于循环经济的绿色化技术创新活动是以生态效益为导向的经济活动，将有效地推动四川绿色制造体系的构建。

5.3.1.3 以技术创新为源动力的四川绿色制造体系模型的构建

结合绿色制造体系的特征及内容，借鉴"为环境而设计—面向环境的制造—面向环境的营销"思想，构建基于技术创新的四川绿色制造体系模型。根据技术创新源动力，依据时间递延顺序，可以将构建过程大体划分为四个阶段：创新决策、研究与开发、生产和市场实现阶段（见图 5.1）。

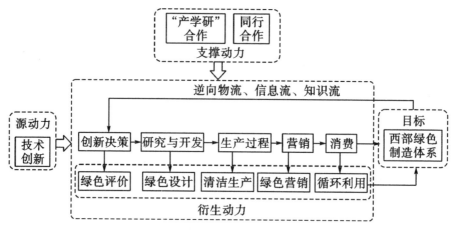

图 5.1 以技术创新为源动力的四川绿色制造体系构建模型图

（1）创新决策

绿色技术创新是一项高投入、高风险的技术经济活动。随着生态环境的日益恶化，人们将越来越关注环境问题，对绿色产品、绿色工艺的需求也日益增加，对制造企业来说，谁能在技术上倾向绿色化，谁就能在未来的市场占有重要的地位，可以说绿色技术创新对企业的生存与发展极其重要。对社会及自然环境来说，绿色技术创新将有益于减少环境污染并缓解资源压力。为了有效地利用企业有限的资源，避免由于决策失误给企业带来的资源浪费和对企业生存与前途产生危害，在生态技术创新过程中的每一阶段，都要根据创新的进展情况和变化，认真地进行生态评估，慎重、果断、适时地作出暂停、中止、继续和加速进行的决策，同时在创新决策时要以最大限度地保护环境、最大程度进利用资源作为指导思想，创新的决策要有前瞻性，要主动去适应政府的环境保护法律法规。

（2）研究与开发

该阶段是绿色制造体系构建的重要环节，环境意识的形成是绿色技术研究与开发的主要动力，在这一阶段必须秉承生态设计的思想。增加研究开发资源的投入力度是成功进行技术创新的基本保证，创新投入包括人力、物力和财力资源，其中财力资源——资金是技术创新的重要投入，由于生态化技术创新的复杂性，资金的投入会较大。资金投入在生态化技术创新过程中呈大幅度阶段递增的特点：一般地说，绿色技术创新的前期是知识密集型活动，其资金投入相对较少，主要集中在对研究和开发人员的生态观念、生态道德、环境保护等方面的教育和培训；而在后期阶段，要投入大量的技术设备及原材料等，具有资金投入密集型的特点。

（3）清洁生产

根据绿色制造体系的指导原则，在已研制的生态化技术的指导下，进行试制与生产。在生产过程中要注重与外部环境的信息交流，包括相关的技术信息、安全要求、工艺瓶颈需求、环保要求以及产品试制模型或模拟模型的反馈信息等，实行清洁生产。

（4）市场实现

提倡绿色营销方式，即提供的产品与服务在满足消费者需要，实现企业的营销经济目标的同时，也有利于保护生态平衡与提高环境质量，提高资源的循环利用效率。

以技术创新为主导的四川绿色制造体系建设过程突破了传统技术创新的线性模式，实现了创新的经济效益、社会效益和生态效益的共赢。此外，四川绿色制造体系建造过程并不是一个封闭的自循环过程，而是一个不断与外部环境进行物质流、信息流和知识流交换的，包含"产学研"合作、同行合作等多种创新方式的开放过程。

5.3.2　以"互联网+"为源动力的四川绿色制造体系构建模型

以"互联网+"为代表的信息技术改革作为一种新的经济形态，对制造业的制造范式和运营方式带来变化。随着新一代信息技术的发展，主要工业国家都把信息技术作为制造业转型升级发展的驱动力，智能制造、物联网、数据分析技术成为提升制造业竞争力的必由之路。美国的《工业互联网》、德国的《工业4.0》、日本的机器人战略等为"互联网+"促进四川制造体系构建提供了可资借鉴的经验。"互联网+"所带来的资源配置模式变革以及制造模式变革，会促进企业协同、产业融合、地域联动创新，最终建成四川绿色制造体系。

5.3.2.1　模式变革

（1）资源配置模式变革

随着科技高速发展，制造业的资源配置沿着"劳动密集—设备密集—信息密集—知识密集"的方向发展，"互联网+"下云计算技术的发展，为制造业提供了新的资源配置模式——制造资源云化。

制造资源云化，就是融合现有的网络化制造、ASP平台、物联网和制造网格等概念和技术，将各类制造资源和制造能力虚拟化、服务化构成云制造资源池，具有分布性、多样性、异构性、独立性、异步协作性和共享性等特点，并进行统一的、集中的智能化经营和管理。通过网络和云制造服务平台为用户提供标准规范、可共享、可随时获取、按需使用、安全可靠、优质廉价的制造全生命周期服务。与传统的制造业资源配置模式不同，云资源是指无须制造业企业维护、也不为某一企业所有的资源，通过资源融合产生的规模经济降低制造成本。云资源不仅强调分散资源的集中使用，还强调集中资源分散服务，不仅有"多对一"的形式，更强调"多对多"，即汇聚分布式资源进行集中管理，为多个用户同时提供服务。

"互联网+"时代下，随着数据处理技术的进步和数据来源的迅速扩展，制造业的一切业务活动都被数字化，制造业得以在更多领域和更深层次获得并使用更加全面、完整、系统的数据。大数据将衍生众多具有商业价值的资源共享平台，可以帮助制造业提升业务洞察力，涉及制造的每个环节。如关联设计系统。关联设计系统通过和虚拟现实系统的集成，实现虚拟现实环境下的设计协调、干涉检查和分析，可以支持成百上千的在线用户进行实时并行设计。利用这个技术，任何一个系统或一台装备的总体、各子系统、机械结构等三维设计的结果均可相互关联。只要在整体结构图上对零件进行了更改，就可以自动地完成零件图的修改，对相关零件进行必要的调整，从而缩短设计迭代周期，有效提高设计效率。

（2）制造模式变革

与资源配置模式变革相适应，制造业的制造模式沿着"手工—机械化—单机自动化—刚性流水自动化—柔性自动化—智能自动化"的方向发展。"互联网+"时代，企业不再是简单生产产品、销售产品，更重要的是与用户随时互动，并让其参与到需求收集、产品设计、研发测试、生产制造等环节。"云""网""端"越来越成为制造企业发展的新基础设施，用户、原料、设备和产品之间可以通过互联网实现实时交互和有效交流，极大地促进了产品智能化、协同化、绿色化水平的提升。

① 智能制造。智能制造是在现代传感技术、网络技术、自动化技术、拟人化智能技术等先进技术的基础上，利用"互联网+"优化设计、生产、管理等制造环节，提高效率，并实现智能决策、精准执行的先进制造模式。智能制造模式能够缩短产品研制周期、降低运营成本、提高生产效率、提升产品品质、实现制造过程最优配置。

"互联网+"下的智能制造具备以下优势：工业信息系统通过互联网实现互联互通和综合集成，促进机器运行、车间配送、企业生产、市场需求之间的实时信息交互，让原材料供应、零部件生产、产品集成组装等全生产过程变得更加精准协同。工业云平台成为新型生产设施，为研发设计、加工制造、经营管理等生产经营活动提供资源支撑和服务保障，工业生产要素实现优化整合和高效配置。工业大数据应用将贯穿设计、制造、营销、服务全过程，成为生产辅助决策的支撑，更成为企业生产的重要生产要素。

制造企业通过打造自动化、智能化的生产线，搭建信息化、数字化信息系统，建立企业与用户需求数据无缝对接的智能化制造体系，在数据实时共享的基础上实现智能生产，能够快速准确地生产出满足客户需求的产品。

②协同制造。目前中国制造业大多分散经营，即使集中在同一个产业园区，企业间也缺乏沟通合作。整个行业缺乏紧密的区域性联系，集聚效益不强，导致闲置资源的浪费。在制造资源云化的基础上，制造业之间及制造业与其他组织之间可以进一步实现网络协同制造。协同制造是指各主体间通过资源共享、协同合作、相互学习，突破壁垒，充分实现彼此间人才、资本、信息、技术等要素的深度合作，形成生产制造网络化。在"互联网+"支持下，网络协同各主体之间建立紧密的合作关系，形成网络化系统制造模式，实现生产要素与资源的最大范围整合和优化，使得制造过程在供应链空间配置上实现最优。协同制造的关键是突破地域、组织的限制，整合各方面的优势资源，形成跨领域、网络化的系统平台，通过信息、知识和创新资源的共享、集成、利用和再创造等方式，实现满足各方利益、知识增值和价值创造的目的，从而提高"产学研"协同创新的质量和效益。

③绿色制造。制造业对环境的影响往往是超越空间的，保护地球是人类的共同责任。资源、能源的压力，使制造企业必须考虑产品在全生命周期中，如何降低对环境的负面影响，提升资源利用率，并使企业经济效益和社会效益协调优化，即实现绿色制造。

"互联网+"对海量工业数据等资源的集聚作用，可以提高制造企业用户端设备、产品的运营效率、智能决策和清洁制造水平。绿色制造数据库和知识库的建设，为绿色设计、绿色材料选择、绿色工艺规划和回收处理方案设计提供数据支撑和知识支撑；可以建设绿色制造集成系统，包括：产品和工艺设计与材料选择系统的集成、用户需求与产品使用的集成、绿色制造系统中的信息集成、绿色制造的过程集成等；基于知识系统、模糊系统和神经网络等的人工智能技术也能够在绿色制造中发挥重要作用。如在制造过程中应用专家系统识别和量化产品设计、材料消耗和废弃物产生之间的关系，来比较产品设计和制造对环境的影响等。

"互联网+"能够为企业实施绿色制造提供大量的实施工具和软件产品，如计算机绿色产品设计系统、绿色工艺规划系统、绿色创造决策系统、产品生产周期评估系统、ISO14000 国际认证支撑系统等，都将推动绿色制造业的发展。

"互联网+"下的制造业创新驱动发展动力系统，是指能够促使制造业产生创新驱动发展要求和欲望，并展开创新驱动发展活动的一系列与"互联网+"相关的因素和条件。本研究通过深入剖析"互联网+"促进制造业创新驱动发展的作用方式，拟构建"互联网+"下的制造业创新驱动发展动力系统，包括源动力、衍生动力、支撑动力，作用路径和目标输出。源动力为"互联网+"，衍生动力为资源配置模式变革、制造模式变革及盈利模式变革。支撑动力为政策、市场、人才和技术，目标输出为创新驱动力下制造业的转型升级（见图 5.2）。

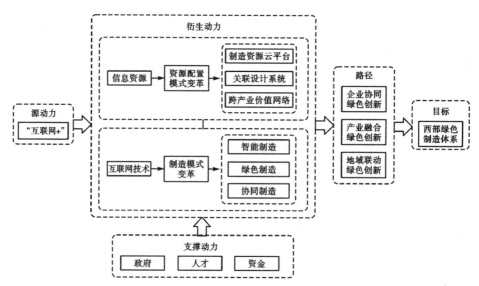

图 5.2　以"互联网+"为源动力的四川绿色制造体系构建模型图

5.3.2.2　实施路径

"互联网+"代表一种新的经济形态，是将互联网发展的创新成果与制造业进行深度融合，并对制造业各方面产生影响。随着新一代信息技术和互联网技术迅猛发展和加速应用，技术工程规模越来越大，技术复杂性及相互渗透性不断增加，需要以多层面突破、交叉集成为特征的协同式创新取代单一的离散式创新；以多元主体参与互动协作为基础的协同创新逐渐取代单个企业完成的独立的链式创新。

（1）"互联网+"促进企业协同绿色创新

企业协同创新包括企业内部协同创新，以及企业与外部之间的协同创新。前者是指同行业中企业与企业之间的协同；后者是指企业与外界政府、高校、科研机构等之间的形成的"产学研政"协同创新。

① 企业内部协同绿色创新。"互联网+"为企业提供了新的发展思路，企

业在战略规划、技术研发和商业模式等方面均可借助互联网优势，将互联网思维、技术特点和商业平台引入到企业创新发展中，在市场需求、技术研发、生产制造、销售模式、资金回流等方面影响企业绿色发展。企业通过"互联网+"各种要素形成的平台，为企业绿色协同创新提供直接推动力，并通过以下几个方面促进四川绿色制造体系的构建：

市场需求层面。"互联网+"的普及，推动了社交网络、移动计算和传感器等新的渠道和技术的不断涌现和应用，企业可以通过购买或自建的方式建设消费者和企业的互动平台，进行零时滞的沟通，或通过社交网络、物联网、电子商务等非结构化数据，利用大数据技术挖掘用户绿色需求点，获取新的洞察力，并将其与已知业务的各个细节相融合，开发新市场。

产品研究与开发层面。推进"互联网+"数控技术和智能技术广泛用于产品绿色创新中，使产品功能极大丰富，性能发生质的变化，并向智能化方向发展。在产品设计和开发环节，广泛应用具有丰富设计知识库和模拟仿真技术支持的数字化设计系统，实现绿色产品的全数字化设计，使其结构、性能、功能的模拟与仿真优化。

生产制造层面。利用信息技术和软件分析技术提高机器的智能性和设备的性能，并在机器设备之间互相通信和协作，提高生产线的协同水平；根据工厂动态生产情况实现不同工序流程环节的组织优化，提高产出，降低能耗；根据供应链情况和市场需求，面向具体的生产任务，实现多个车间、多条生产线之间生产资源的统筹优化和调度；所有制造系统、设备都与人互联，围绕如何提升人的效率、为人更好地服务这一主线，实现人与智能制造系统交互，推动生产制造向数字化、网络化、智能化方向发展。并通过使用信息技术动态、智能监测生产流程，完成对生产过程的渐进式创新，进而实施对生产制造系统的更新改造，降低生产制造过程中的损耗，降低能源消耗以及污染排放，逐步向精细化生产转变并通过降低生产成本的方式提升附加值

销售层面。互联网技术的普及大大减少了企业的广告宣传成本，同时也扩大了企业销售的渠道。"互联网+"降低了制造企业与用户交互的成本，制造业企业可以通过建立自己的垂直网站或借助公共网络平台，如工业 APP、O2O、移动社交营销、搜索比价等互联网服务，与众多分散的消费者实现广泛、实时、频繁的交流互动。面对"移动化、碎片化、场景化"的销售环境和"个性化、社交化、娱乐化"的消费主体，企业利用场景与网络融合技术，将传统业务的线下场景（产品、媒体、门店等）快速转变成互联网平台，从而提高企业整合绿色产品上下游供应链的能力。

资金回流层面。企业的资金结算机构通过实现与集团 ERP 等相关信息系统的联网交互并与上下游客户以及商业银行实现系统交互，建设所属集团的产业链金融网，积极创新特色金融产品建设开放的资金平台，提高自身的风险管理能力和产品定价能力，除满足自身融资能力之外，为产业链上下游客户提供线上融资服务需要。

②"产学研政"协同绿色创新。"产学研政"是高校、科研院所、企业和政府四大主体，通过"互联网+"资源共享、资本融合、风险共担、联合攻关、成果转化、利益共享、分工协作等方式发挥各自长处，实现知识创新、技术创新、科技成果孵化及转移等的创新协作过程。

"互联网+"为"产学研政"协同创新搭建起了宽阔的平台，在技术、人才等要素的作用下形成合力，通过大数据、云计算、高效的数字信息化处理，极大地推动了"产学研政"多主体协同创新。"互联网+"利用信息优势和创新资源，强化对企业的宏观指导和顶层设计，攻克成果转化中的技术瓶颈问题，革新生产和工艺技术，对信息进行集成、共享、交换，形成大数据，加快科技成果的转化和产业的转型升级，极大地提高了知识的利用效率，成为"产学研政"协同创新重要的支撑平台。"产学研政"多主体协同创新主要通过技术创新和知识创新促进制造业创新驱动发展。

"产学研政"促进绿色技术创新。利用大型互联网企业和基础电信企业具有的技术资源优势、产业整合资源能力、超大计算能力、较强的研发实力、良好的经营管理能力，建立"产学研政"创新合作平台。一方面运用"产学研政"创新平台在生产初期就掌握市场信息，针对市场需求和国家战略拟定可行的生产策略；另一方面在技术成熟后，利用互联网平台进行宣传和推广。随着"产学研政"的深入，"互联网+"可基于互联网络的"产学研政"创新合作平台，提供"产学研政"合作项目的协调服务等，使得"产学研政"多方的优势得以充分发挥，最终更好地促进技术创新。通过"互联网+"构建"产学研政"协同创新的众创空间，把国家倡导的国家自主创新示范区、商贸企业集聚区，高校"产学研"协同创新倡导的大学创新产业园、高校校办产业，科研院所技术扶持的小微企业创业示范基地，政府协助和大型企业支撑下建立的科技企业孵化器，通过市场化方式联系起来。融人力资源、物力资源和财力资源等资源与技术创新、知识创新于一体，从而提高创新效率。

"产学研政"促进绿色知识创新。建立核心知识库，各创新主体向核心知识库提供知识，如讲义、书稿、论文、技术说明、工艺流程等，供成员共享，这样核心知识库就融汇了许多理论知识、技术经验和信息资源，各创新主体就完成了一次螺旋上升的知识创新，实现了显性知识到隐性知识、隐性知识到显性知识的社会化（S）、外在化（E）、组合化（C）、内化（I）的螺旋提升，把系统化、规范化的能编码的显性知识内化为各成员的不可编码的、内在能力的隐性知识，实现一次知识创新。由于个体知识位势差的存在，"互联网+"是三网融合的互联网平台，能把能源、通信和交通这三种网络以新的方式联合在一起，形成一种新的技术平台，并在网络软件和相关硬件的支持下，实现数据通信和资源的共享。

（2）"互联网+"促进产业融合绿色创新

产业融合创新指不同产业或同一产业不同行业之间，是如何通过"互联网+"进行产业渗透、产业交叉和产业重组，相互渗透、相互交叉，逐步从技术融合到产品和业务融合，再到市场融合，最终融为一体，逐步形成新产业。制造业细分行业内部，制造业与其他产业之间都存在上下游产业链的关系。借助互联网的载体，打通制造业所涵盖的细分行业之间的产品供需配套关系，从而形成新业态、新产业促进绿色制造体系的构建。

① 制造业与服务业的深度融合绿色创新。

做加法。提高服务性要素投入。利用"互联网+"的跨领域、网络化的协同创新平台提高服务性要素的作用。通过信息、知识和创新资源的共享、集成、利用和再创造等方式，使研发设计、生产管理、人员培训、商贸物流、金融担保、检测认证等服务性要素在制造业的全部投入中占据越来越重要的地位，实物形式生产要素比重逐渐下降，从源头减少能源排放。从而使制造企业在制造中结合服务，增加产品的服务价值与绿色价值，向客户提供产品以及依托产品的全套服务推进制造企业进一步提高经济效率和效益的同时，也实现环境、资源、社会效益。

做减法。剥离制造业中非核心的生产性服务。将制造业中扮演辅助角色的服务业务从主营业务中剥离出来，交由第三方服务企业或公共机构承担，由其对制造企业提供生产性服务。既有利于制造企业更加专注于核心业务，避免制造企业普遍存在的"大而全、小而全"问题①，增强企业核心竞争力；也有利于物流配送等生产性服务业向规模化、产业化方向发展。在"互联网+"背景下，制造企业基于网络的分布式生产方式，利用众包、协同研发、物流服务等平台，发布生产性服务的需求，可以更有效地寻求合适的第三方服务企业，实现有效的产业分工，促进企业价值创造的社会化。

---

① 制造业普遍采取"大而全、小而全"的企业组织模式，是指制造企业采用自有自理自营物流模式，自身承担原材料采购、产品制造、商品销售以及运输仓储物流等所有活动。

② 制造业与第一产业的融合绿色创新。

在农业领域，发展智能作业机具及装备，加快农机及农业装备与信息技术融合，有效监测环境，控制生产，追溯质量，提高农业生产效率和农产品质量；通过集成应用感知技术、无线网络技术、GIS 技术、控制技术等监控各项农业生产信息，把农业做成制造业一样的精细、精准；政府应以互联网为媒介引进国外各种先进科技和管理方式以提升农产品加工技术，提高农产品附加值。对于畜牧业、水产养殖业，建设集智能感知、传输、控制为一体的智能化的饲料自动饲喂系统和设备，促进畜禽、水产增产增效。

③ "互联网+"促进地域联动绿色创新。

地域联动创新指产业不同的价值链之间如何通过"互联网+"进行产业集聚、产业集群和产业联盟，达成横向联动、纵向联动和混合联动，并在此基础上实现不同产业链在时间结构、空间结构和功能结构上的管理协同效应提升和运营协同效应提升，从而实现制造业创新发展。各区域资源的类型和分布各具特色，相互之间存在着较强的互补性，只有依托地域联动创新才能最大限度地发挥产业集群的资源潜力，形成综合功能和主体经济效益。"互联网+"与制造业的地域联动创新意味着制造业可以在更大地域范围内配置资源，从单一企业生产到形成区域性的产业集群，进一步拓展形成更广的生产网络体系。

打造制造业产业带。互联网发展带来产业跨界融合的便捷性，促进经济社会运行方式的全面转型，行业集聚方式和机理也随之而变，行业集聚表现为价值链上相关企业的空间集聚。科学技术的不断发展，为发挥区域生产要素比较优势，促成产品分模块集聚生产，带来最终产品竞争优势提供了条件（刘金山等，2017）。Baptista 和 Swann（1998）认为，线上平台的出现并不会削弱产业的地理性集聚，反而进一步降低了产业内部的创新成本。庄雷等（2015）研究不同集聚程度下制造业互联网化的动力来源，认为集中度较高的行业，企业自身是互联网化的推动力量，而对于较为分散的行业，网络化的动力来自集群外部。

借助互联网、大数据等信息管理工具，制造业的生产方式日益由集中生产向网络化异地联动生产转变，网络化异地联动生产表现为在临近地区形成产业集群以及跨越国界形成国际分工体系，继而向着集群化和国际化方向发展。

由于各个区域具有不同的产业集群，这就决定了各个产业集群联动创新的方式应具有差异性，应立足于产业集群的特点、规律、现实基础和经济发展水平选择与之相适应的联动创新方式。具体表现为，在基础条件好、需求迫切的重点地区、行业和企业中，分类实施流程制造、离散制造、智能装备和产品、新业态新模式、智能化管理、智能化服务等试点示范、应用推广及制定实施路线图。重点领域、重点行业开展智能制造试点示范，便于集中优势资源、重点突破、积累经验。在小范围进行试点，能够灵活调整、降低风险；通过示范，能够起到榜样和引领的作用（郭楠，2016）。

重塑制造业上下游产业链。制造业细分行业内部、制造业与其他制造业之间、制造业与生产性服务业之间都存在上下游产业链的关系。互联网突破了地域、组织的限制，能整合各方优势资源，形成跨领域、网络化的协同创新平台。目前，受空间、资源等限制，传统企业研发设计、制造等环节基本上都是在企业内部独立完成，区域性的产业协同主要是依靠产业集群的形式，这种区域性的组织生产模式主要表现为制造业内部各个部门或系统之间的协同、大型企业内各个工厂之间的协同制造以及依靠产业链上的分工产生，产业主体之间的联系趋于单一化（多是基于生产要素的联系），且相互联系构成的网络由于地理位置的限制只能是地区性的，即是一种本地化的"协同制造"，在产业链连接的基础上，制造业企业直接依靠互联网平台，实现相互之间的业务信息共享，强化相互产业联系，在生产进度跟踪、产品质量控制和组织运营管理等方面实现广泛互联，做到与原料厂商的原材料供应自动化、与营运销售企业物流产品信息快速更新以及消费者需求的及时响应。

伴随着互联网技术的发展，基于互联互通和信息共享的区域性，甚至全球化协同制造网络开始逐渐形成，一方面，企业可以选择将研发设计、制造等环节拆分，即"部分价值链企业"向生产服务型制造企业或专注装备生产的企业转型，其余的生产业务环节可以交由全球性的网络化"协同生产联盟"企业完成，实现产品设计或生产的高效化运行，众包设计研发及云制造就是其典型的表现形式。另一方面，对于传统的"全价值链"企业，同样可以依靠互联网平台开放的协同服务，整合分析涵盖产品全生命周期的海量数据，并反馈至研发、制造和销售等环节，形成各环节紧密协作，提升绿色制造体系的系统性。

5.3.3 混合动力的四川绿色制造体系模型构建

四川绿色制造体系的源动力不仅仅是单独的各个新动能，也包括由各个动能组合而成的混合动力。在这三大新动能所形成的混合动力中，由于各个动能要素发挥的效用有所不同，即有的动力发挥主动力作用而有的动能发挥辅助作用。不同的动能组合方式将形成不同的路径推动四川绿色制造体制的构建。混合新动能系统应当从以下四个方面出发，构建四川绿色制造体系。

5.3.3.1 产业由低端迈向中高端

产业由低端迈向中高端是指四川制造业的高、中、低端产业层次分布的合理性，要逐步摆脱低端锁定状态，在技术进步、生产率提高的基础上不断增加附加值、提高经济效益。实现制造业主要产业占据世界市场的较大份额，产业附加值水平达到或超过发达国家平均水平的中高端化目标。从而提高产品质量和标准，满足消费者多层次的需求。逐步降低中低端的传统制造业比例，提高具有引领带动作用、知识技术密集、成长潜力大的新兴产业，如，高端装备制造、信息技术产业、集成电路、新材料、生物医药、航空发动机、燃气轮机等新兴产业。

5.3.3.2 产业由高能耗、高污染转向低能耗、低污染

调整制造业内部的行业结构，淘汰高能耗、低增加值的落后生产能力，降低钢铁、水泥、炼焦、有色金属冶炼、化工等高耗能、高污染行业的比重，改善以煤为主的行业结构，积极开发风能、太阳能、生物能源等可再生能源，壮大固废处理行业、污水处理行业、烟气尾气治理行业、噪声及振动治理行业、生态保护等环保产业的规模。扶持以废弃资源综合利用业为主的再制造行业的发展，修复、改造废旧产品，发挥节能、节材和低污染的效用。

5.3.3.3 产业结构与区域资源结构和区域发展战略相协调

一方面能充分有效地考虑本地区的生态状况、水土资源承载力、区位特征、环境容量、现有开发密度、人口聚集状况等多种因素，集中利用优势资源，提升区域产业结构层次和竞争力。另一方面，积极发展与城市基础设施、医疗保险、住房保障、社会养老等服务配套的制造业，从而不断推动城镇化建设，满足不断扩大的消费需求和不断升级的消费结构。此外，要提高不同地区、不同产业之间的协同度和融合度，限制不符合区域定位的产业扩张，实现区域产业的协调发展。

5.3.3.4 产业内部、产业之间的产业链遵守减量化、再利用、资源化的循环原则

要符合清洁生产，能在企业、园区、行业、区域间链接共生和协同利用，大幅度提高资源利用效率。即，绿色制造体系的产业链能够按照"原料—产品—废弃物—原料"的循环过程，将上一个产业的副产品或者废弃物作为下一个产业的原材料，形成一个链条，使资源得到循环、合理、综合的利用。

本研究依据四川绿色制造体系的构建思路提出四川绿色制造体系混合动能系统模型框架，如图5.3所示。

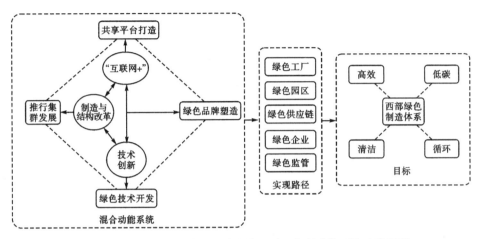

图5.3 以混合动能系统为源动力的四川绿色制造体系构建模型图

6 基于新动能成长的四川绿色制造体系实施路径

传统动能与新动能组合而成的新动能系统是构建四川省绿色制造体系的动力源，但新动能系统的能效释放不稳定，作用方向具有不确定性，不能直接对绿色制造体系的构建与发展产生推动力。构建路径是一个动态的过程，其目标是将动能转化为动力，稳定能效，明确方向。具体包括剖析路径依赖、解决路径障碍、进行路径创造。

6.1 传统制造体系发展的路径依赖

路径依赖是指外部偶然事件对系统产生影响之后，会确立自我强化机制，形成特定的演化路径，其他潜在的甚至更优的路径很难对它进行替代。大量的研究显示，四川制造体系具有很强的路径依赖性，导致转型升级难以进行。制造体系的路径依赖是由发展的初始条件与自我强化机制共同作用而成，具体表现如下：

制造体系发展的初始条件表现在资源、技术、需求三个方面。从资源条件来看，四川制造体系的比较优势是初级自然资源和廉价的劳动力资源，由此发展起来的资源密集型和劳动密集型行业推动了四川制造体系的初步建立。从技术条件来看，在制造体系建立的初期，四川研发能力不足，技术落后，利用出口加工行业来实现技术积累是必然的选择。同时，国际的产业转移给出口加工行业的发展提供了机遇。因此，技术含量低的出工加工业成为四川制造体系的重要组成部分。从需求条件来看，初期的制造体系面临着国内国外两个市场。由于经济状况的制约，国内市场需求主要是生活消费品等低端产品；在国际贸易当中，四川制造体系处于全球供应链的低端，面对的需求主要是低端产品。低端产品的需求成为四川制造体系发展初期的主要市场动力之一。资源、技术、市场的初始条件决定四川制造体系必须走资源或劳动密集型、技术含量低、附加值低的发展路径。

自我强化机制是经济体自我繁殖、自我强化的一种机能和态势，它可能引发无效率、锁定和路径依赖等现象，导致强者更强、弱者更弱。四川制造体系初期的发展路径具有明显的自我强化机制，表现为，磁场效应、挤出效应、沉没效应三个方面。磁场效应是指四川技术含量低、附加值低的制造体系形成规模经济与集聚效应后，会不断吸纳外界的投资，使得整个制造体系发生"倾斜"，如行业结构集中于劳动与资源密集型、空间结构集中于东南沿海等发达地区。挤出效应是指，对劳动力、自然资源、低端产品的大量投资会造成对技术创新等战略性环节的挤压。低端制造带来的溢价收入同时也会产生"惯性"，对制造体系的管理创新活动造成挤压。沉没效应是指，经济上形成了大量的专用性资产，无法通过转移来获得补偿，如钢铁行业大量的过剩产能得不到处理；社会上形成了大量低素质劳动力，转移成本大，无法符合产业升级的需要，如电子装备业中机器人对劳动力的挤压；环境上形成了大量的污染，生态治理成本大，如木材加工行业对森林资源的破坏。自我强化机制使得制造体系的发展路径得到了巩固。

制造体系发展的初始条件使依赖于自然资源与廉价劳动力的发展路径成为必然选择，自我强化机制使得此路径得到了巩固，从而形成了路径依赖。在发展的初期，路径依赖推动了制造体系的建立与发展。但随着经济的变化与资源环境的压力，绿色发展成为四川制造体系的主题，传统的路径依赖成为构建四川绿色制造体系的路径障碍。

6.2 建设四川省绿色制造体系的路径障碍

在路径依赖的影响下，四川制造体系的发展仅仅是在原有轨迹上的延伸，无法达到"绿色化"。路径依赖造成的"锁定效应"成为构建四川绿色制造体系的路径障碍。具体表现为思维障碍、市场障碍、技术障碍、组织障碍。

思维障碍主要指"代际公平"与"代内公平"的缺失。"代际公平"是从时间维度出发，指经济发展不能以牺牲环境为代价，要在保证当代人福利的同时，后代人的福利不会减少。"代内公平"是从空间维度出发，指经济发展要保持"区域协调"，不以牺牲其他地区环境为代价，发展本地经济。制造体系的路径依赖造成了企业和政府的短期行为，其中产能过剩与环境污染反映了"代际公平"的缺失，区域发展不平衡与转嫁污染的行为反映了"代内公平"的缺失。

市场障碍主要是指绿色产品往往处于市场劣势，制造企业缺乏积极性。一是四川制造体系缺乏设计能力，同时绿色消费的意识不够成熟，导致绿色产品与消费者的需求不匹配。绿色产品与普通产品相比，处于功能上的劣势。二是四川尚处于弱势市场，在制造企业与消费者信息不对称的情况下，消费者为了避免信息不对称带来的风险，往往只愿意以普通商品的价格购买绿色产品，但绿色产品的定价一般高于普通产品，处于价格上的劣势。绿色产品功能与价格都处于市场劣势，制造商的积极性降低，阻碍了绿色制造体系的构建。

技术障碍是指技术的绿色性与经济性之间存在矛盾。一是研发绿色技术需要大量资金投入，但复制成本很低。传统制造体系的发展路径中是鼓励技术模仿，缺乏对技术的产权保护，导致制造企业将绿色技术的研发视为不经济的行为。二是绿色技术转换成本高于绿色技术带来的收益。传统制造体系的发展路径已经造成了资源浪费与环境污染，而回收废弃物与治理污染技术的研发与实施都需耗费大量资金。同时，技术转换会引起专用性资产的转换，转换成本的压力进一步增加。技术研发和推广的环节也存在绿色性与经济性的矛盾。

组织障碍是指绿色制造会造成组织利益相关者之间的矛盾，遭到既得利益方的抵制。传统的发展路径形成了稳定的利益分配关系，但绿色制造对不同利益相关者有着不同的影响，打破了原有的利益分配格局。绿色制造的实施符合股东的长期利益，但是与员工、债权人的短期利益冲突，组织内部矛盾加剧。绿色制造符合政府、环保组织的要求，但是需要消费者付出更大的经济代价，对上下游企业造成新的压力，组织外部矛盾加剧。既得利益者会阻碍绿色制造体系的构建，导致组织内部与组织之间的矛盾加剧，绿色制造体系缺乏稳定的组织载体。四川绿色制造体系的构建必须消除路径障碍，摆脱路径依赖，突破原有路径，才能实现路径创造。

6.3 基于新动能的四川绿色制造体系路径创造

新的路径必须满足两个基本条件：一是将动能能效转化为平稳、持续的动力；二是动力方向必须保持"绿色化"，结合四川制造体系新动能的发展现状，提出了以下路径：

6.3.1 以资源环境承载力为基础，优化产业布局，解决内部结构性问题

长期以来，四川制造体系的产业布局优先考虑经济效益，较少考虑资源

环境因素，造成产能过剩、区域发展不平衡、环境压力大等问题，违背了绿色发展的目标要求。优化产业布局是一项系统工程，四川 12 个市（州）之间的绿色发展水平不同，高绿色度的地区应发挥示范作用，带动低绿色度的地区发展，完成四川自身的结构性调整。生产效益与治污投资是绿色发展水平的决定性因素，生产效益反映了资源能源利用效率，是对污染来源的控制；治污投资反映了企业对环境管理的主动意识，是对已有污染的处理。

由于经济效益、生产效益、治污投资与污染水平的变化在区域间存在差异，这四项指标在同一地区有着不同的发展水平，且相互之间存在一定的关联。通常经济效益与生产效益都处于中等偏下水平的地区，造成的污染较大，经济效益的增长受到环境制约的因素会增大。甘孜与攀枝花相比，尽管前者经济效益低于后者，但生产效益高于攀枝花，因此污染也较小；绵阳、德阳虽然生产效益较高，但未实现同等水平的经济效益，污染水平相对较高。治污投资与污染水平具有一致性，污染水平较高的地区，治污投资也相对较大，这说明目前的企业主要是被动型的环境治理，缺乏主动型的绿色投资。

绿色发展首先需解决经济发展与环境保护的矛盾。统计资料数据表明，不同地区有着不同强度的环境问题。这种差异性体现了四川绿色发展的结构性问题。通过进一步分析发现，环境问题的差异性源于生产效益水平和治污投资水平的不同。因此，解决绿色发展的结构性问题应从提升生产效益水平、改善污染投资效率、增加主动型绿色投资方面入手。

6.3.2 以技术创新为核心，开发绿色技术与产品，建设绿色工厂

技术创新的动能可以通过开发绿色技术、生产绿色产品转化为动力，着力点是建设绿色工厂。技术创新能效包括技术开发与技术应用，技术开发是指生产过程中的创新，包括产品与工艺升级；技术应用是指技术开发成果的产业化。绿色技术确定了技术开发的方向，绿色产品实现了技术应用，从而发挥了技术创新的能效。绿色工厂为绿色技术提供管理与组织上的支持，实现了绿色技术与绿色产品的集成，绿色工厂是绿色技术与绿色产品的重要组织载体与发展方向。

6.3.3 以制度与结构改革为指导，推行集群式发展模式，打造绿色园区

改革的动能可以通过推动集群式发展模式转化为动力，着力点是打造绿色园区。制度与结构改革的能效主要包括产业配套能力、公共基础设施和政策市场环境建设。集聚式发展模式通过优势产业集中布局、集聚发展，扩大规模经济范围和集聚效益，来发挥产业配套能力优势、公共基础设施优势、

政策环境优势，从而释放制度与结构改革的能效。绿色园区是在资源环境承载力的基础上实现关联企业在空间上的集合，可以强化企业间的合作，是集聚式发展模式的重要组织载体与发展方向。

6.3.4 以"互联网+产业"模式为主导，打造共享平台，构建绿色供应链

"互联网+"通过现代信息技术，如"移动互联网、云计算、大数据"等，为产业的发展提供新产品、新技术、新业态。"互联网+产业"是一种生产要素优化配置的模式，提高制造体系的创新力和生产力，其动能可以通过共享平台转化为动力，着力点是构建绿色供应链。"互联网+产业"的模式的能效主要表现为效率提高，跨界合作、供需匹配。共享平台将能效转化为动力，具体表现为：资源平台减少了重复投资，提升了使用效率；技术平台构建了技术创新协同网络，提升了技术研发水平。管理平台培育企业生态圈，促进同一生态圈不同行业之间的企业战略联盟发展；信息平台使得制造企业可以便捷地获取消费者的及时信息，增强对市场需求的反应能力。随着共享平台范围的扩大，联系的加深，多个平台进行有机组合后，形成了供应链。共享平台促进供应链企业之间的合作，加强对污染的监控，实现采购、生产、营销、回收及物流等各个环节的资源节约、环境友好的目标，是绿色供应链的重要组成部分。

6.3.5 以提升产品绿色价值为前提，塑造绿色品牌，建立绿色企业

传统动能与新动能的综合能效可以通过提升产品绿色价值，打造绿色品牌转化为动力，着力点是建立绿色企业。提升后的传统动能能效包括资源利用率提高，劳动力素质提升，产品附加值增加；成长后的新动能能效包括绿色技术革新，信息不对称性降低、制度阻碍减小。提升产品绿色价值、建立绿色品牌可以促进绿色技术产业化，提升产品的附加值与市场竞争力，促使劳动力素质提升与制度变革，进而发挥综合能效。企业是绿色产品与绿色品牌的组织载体，是绿色产品与绿色品牌的创造者与受益者。建立绿色企业，提升其竞争力，是绿色产品与绿色品牌的发展方向。四川制造业企业既缺乏资金等硬实力，又缺乏人才、知识等软实力，导致其核心竞争能力不足，无法塑造绿色品牌。因此，四川制造业企业应该转向学习创新（innovation）的对立面——挖掘（exnovation），亦可称为"减法创新"，一是指对过去的活动进行深入思考，去除糟粕和定势思维，为新的思想提供成长空间；二是指反向推理，利用原有经验来推理未知的世界，周而复始的探索。而"工匠精神"

是"挖掘"的战略思维在制造业领域的体现，指企业在以往熟悉的领域，通过精益生产的方式，不断提升产品品质，最终达到追求卓越的目标。品牌的核心是"品质"。"工匠精神"有助于四川制造业企业改变以往"低品质"的形象，提升产品的绿色价值，建立自身的绿色品牌。

6.3.6 以健全法律体系为保障，推行社会责任报告制度，强化绿色监管

健全相关法律体系，制定绿色标准，为企业社会责任报告制度的建立提供法律依据。同时，完善的法律体系也为透明、便捷的信息平台提供了法律保障，有利于企业社会责任报告制度的实施。企业社会责任报告制度的建立与实施能进一步强化绿色监管。因为健全法律体系是制度与结构改革新动能的重要组成部分，所以制度与结构改革的新动能通过构建企业社会责任报告制度，转化成绿色制造体系的动力，着力点为绿色监督。企业短期行为不会影响未来利益，长期环境投资无法得到利益相关者的认可，最终导致其绿色行为的动机不足。通过建立环境信息评价体系，将环境违法企业列入"黑名单"并予以公布，让失信企业一次违法、处处受限。企业社会责任报告制度可以提升绿色企业的社会声誉，同等条件下绿色企业予以优先支持。绿色监管最终要达到使守信者处处受益、失信者寸步难行的效果，强化四川制造业企业的绿色行为动机。

7 绿色制造业发展的典型行业分析

本章研究重点在于比较不同样本类型的西部绿色制造体系的发展情况。根据本研究第一章的产业划分，将制造业按劳动密集型制造业、资源密集型制造业和资本技术密集型制造业的分类，选取成都建工集团建筑绿色制造业发展的案例为样本进行研究。最后针对制造业特色小镇与城镇化进程，分析讨论我国西部地区绿色制造体系的构建。

7.1 典型制造业绿色发展分析

7.1.1 劳动密集型制造业

7.1.1.1 绿色发展现状

劳动密集型制造业是指企业在生产运营过程中相对密集地使用劳动力作为投入要素的制造业。国家统计局没有单独对劳动密集型制造业的类型进行种类分类，本研究依据国际贸易标准分类（SITC）中对劳动密集型产品的划分结果并结合相关文献研究，将我国劳动密集型制造业的行业范围限定为：农副食品加工业（C13）、食品制造业（C14）、纺织业（C17）、纺织服装、服饰业（C18）、皮革、毛皮、羽绒及其制品和制鞋业（C19）、家具制造业（C21）、印刷和记录媒介复制业（C23）、金属制品业（C33）、金属制品、机械和设备修理业（C43）共9个行业。

现阶段，人口红利的消失，造成劳动力成本越来越高，使得劳动密集型制造业的成本优势慢慢降低，但劳动密集型制造业的竞争优势并没有完全丧失。张建华（2013）指出，美国"再工业化"计划中，不仅包括先进制造业（知识技术密集型制造业）和资源密集型制造业，还应包括劳动密集型制造业。并认为廉价的能源、低技能的劳动力、自动化技术等条件为劳动密集型制造业回归提供了便利。丁平（2013）认为，我国劳动密集型制造业的成本优势并没有真正失去，主要来源于生产集聚效应、网络效应、贴近消费市场的便利效应，以及由基础设施改善而带来的成本节约效应等。因此，一些低技术，但并非高污染、高耗能的劳动密集型产业的长期存在具有客观必然性，而且在未来很长的一段时间里，劳动密集型制造业仍是具有较强竞争力的产业。从 2016 年我国对外制造业投资流向的主要二级类别中可以看出，劳动密集型制造业向国外投资的金额较小。如图 7.1 所示。

(单位：亿美元)

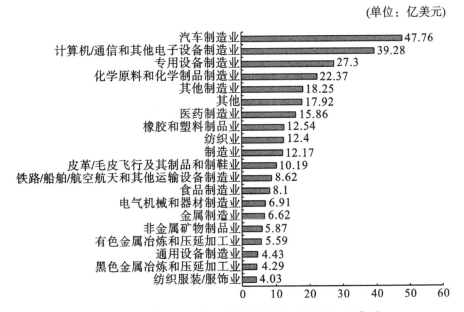

图 7.1　2016 年中国对外制造业投资流向的主要二级类别

资料来源：2016 年度中国对外直接投组统计公报。

西部地区正在承接东部地区劳动密集型制造业的产业转移。以食品制造业为例，其产业转移趋势非常明显，从 2000 年在中西部 27% 的聚集份额上升到 2009 年的 41.3%。大部分东部地区的食品制造业向中西部迁移，特别是向河南、内蒙古、湖南和四川等地区集聚。此外，农副食品加工业和非金属矿物制品业也开始逐步向西部地区转移。

7.1.1.2　绿色发展困境

（1）应对外部环境变化能力较弱

我国劳动密集型制造业因其分工细化、追求效率而导致应对外部环境变化能力较弱，常规化生产而缺乏探索式或突破式创新，具有特殊的生产力困境，如图 7.2 所示。这种困境不利于产业绿色化进程的推进。我国西部地区劳动密集型制造业仍占有较大比重，并具有承载从东部地区向西部地区转移的功能。

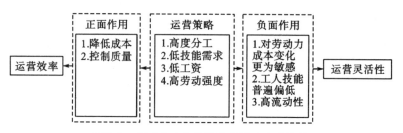

图 7.2　中国劳动密集型企业的生产力困境

资料来源：李祥进，等. 中国劳动密集型制造业的生产力困境——企业社会责任的视角〔J〕. 南开管理评论，2012，15（3）：122-130.

（2）劳动力结构偏低

据测算，每一单位固定资本所吸纳的劳动力数量，劳动密集型的轻纺部门是资本密集型的重化工业部门的 2.5 倍，劳动密集型小企业是大企业的 10 倍以上。从可预见的 3~5 年，传统的劳动密集型产业如纺织服装、食品加工业等可能出现相对较大的投资市场萎缩，从而可能使这些部门的就业需求大大减弱。而中国东部和中西部巨大的薪酬鸿沟带来的虹吸效应，中国城市化进程的推进程度以及交通便捷带来劳动力流动的便利性及成本的下降，导致逐渐成长起来、"安土重迁"思想淡薄的年轻劳动力主体和经验程度高或受教育程度较高的劳动力更倾向于迁往东部地区，导致西部地区的劳动力结构偏低，不利于传统劳动密集型制造业的绿色化发展。

（3）劳动密集型产品出口阻力加大

劳动力低成本使得我国产品在国际市场具有竞争优势，但也最易触动贸易摩擦敏感的神经，国际上除了设置技术（绿色）壁垒、实施反倾销手段来限制我国劳动密集型产品出口外，目前又有一道无形的外贸壁垒—SA8000 标准正越来越被国际社会所广泛接受。SA8000 标准是全球第一个可用于第三方认证的社会责任管理体系标准，规定企业或组织在赚取利润的同时，必须主动承担对环境、社会和利益相关者的责任，其内容包括环境保护、公益事业、健康安全、差别待遇、工作时间和劳动报酬等。尽管该标准的宗旨不错，但它却极易成为发达国家限制发展中国家劳动密集型产品出口的工具。据悉，我国出口到欧美国家的服装、玩具、鞋类、家具、日用五金等产品均受到 SA8000 的约束。

7.1.2　资源密集型制造业

7.1.2.1　绿色发展现状

资源密集型制造业指在生产要素的投入中需要使用较多的土地等自然资源才能进行生产的产业。资源密集型制造业直接或间接的依赖自然资源的开采和开发，而随着自然资源的深度开采和开发，其成本往往呈现递增的趋势，导致低成本的竞争优势逐渐消失。并且，由于资源产品的差异度较低，在达到低平均利润水平之后，难以通过技术创新和产品创新提高效益。这些均是制约资源密集型制造业绿色发展的硬性约束。

本研究将酒、饮料和精制茶制造业（C15）、烟草制品业（C16）、木材加工和木、竹、藤、棕、草制品业（C20）、造纸和纸制品业（C22）、石油加工及炼焦（C25）、橡胶和塑料制品业（C29）、非金属矿物制品业（C30）等原材料依赖性较强的 7 类制造业归为资源密集型制造业。

资源密集型制造业分布因受农林牧渔资源、能源、矿产等自然资源的影响较为显著，主要集中在资源富裕的省份。其中，烟草加工业最为突出，烟草的生产对地区温度和湿度比较敏感，烟草加工过程中的烤制过程对光照强度的要求也较为严格等，这些因素直接影响着烟草的产量和品质的好坏。烟草加工业这种对原料的特殊要求使得中国国内只有少数几个地方生产的烟叶品质较好，如云南、贵州、湖南、陕西等省。因此，烟草加工业的生产也主要集中在西部地区。除此之外，石油加工及炼焦和非金属矿物制品业也较为类似，其地理分布与能源、矿产资源分布高度正相关，特别是运输成本高成为这些行业聚集在西部地区的主要原因。如表 7.1 所示，西部地区矿产资源开采及加工基地，其主要矿产资源占全国总产量 30% 以上，西部地区已成为我国重要的资源供应基地，矿业及其后续相关产业在西部地区经济发展中占有重要地位。并且，资源密集型制造业从 2005 年开始从东部地区逐渐集聚至中西部地区，除山西、湖南外，其余均为西部地区，如内蒙古、广西、重庆、四川和宁夏等内陆地区。

表 7.1 西部地区优势矿产资源开采及加工基地

矿产资源种类	所在地区
有色金属综合开发利用	云南、新疆铜；广西、贵州、重庆、内蒙古铅；云南铅锌；四川钒钛；陕西钼；甘肃镍；青海钠镁锂；宁夏钽铌铍
稀土研发和生产	内蒙古、四川、甘肃
钾肥	青海柴达木、新疆罗布泊
磷复合肥	云南、贵州
钢铁	包钢、攀钢、酒钢、柳钢、昆钢、八一钢厂、水钢等

资料来源：《西部大开发"十一五"规划》，中国西部开发网。

此外，西部地区应该积极探索自身新的区域分工地位，以现有资源的开发作为发展的主线。在目前阶段，新增的投资应该主要集中在资源导向型行业。在这类行业中，主要原材料和半成品的运输成本远远高于成品的运输成本，因此企业更应该选择靠近原材料基地进行生产，在当地进行一定程度的加工之后供应其他地区。

7.1.2.2 绿色发展困境

（1）资源利用率低

西部地区因为具有较为丰富的资源，从某种程度上而言，属于资源开发型区域，但资源开发型区域往往因资源相对丰裕而忽视了资源的充分利用，在资源投入方面更为粗放和浪费，故其资源利用效率偏低，资源浪费严重。西部地区矿产资源开发利用效率低，采选回收率低于全国平均水平 10%~20%；矿产加工深度低，经济效益不高，矿产资源开发重点几乎全部集中到资源开采和初级产品的开发上。产品质量档次和附加值不高，大量资源难以形成优势和取得应有的经济效益。如青海柴达木盆地的钾盐资源丰富，但95%以上的产品是向其他化肥厂提供原料。西部铝产量已占到全国的43%，但铝材加工量不足全国的3%，地方建筑所用铝材几乎全部依赖外地输入；优质矿产和低成本矿石储量消耗过快，一些优质矿产已经到了难以增产的局面，综合利用程度低。一些矿产在开采过程中，采富弃贫、采主弃副、采厚弃薄，没有合理利用丰富的共伴生矿产资源，有些小矿的尾矿中，有用成分的含量已达到了工业品位；大矿小开、一矿多开现象普遍，大型、超大型矿山企业较少，中小型占有较大比重。

（2）生态环境脆弱性较高

西部地区的资源开发历史较短，规模增长过快。一方面，西部大部分地区本身处于缺水、干旱区域，或山区、丘陵地带，生态环境较为脆弱。另一方面，传统的资源开发模式严重影响了西部地区的生态环境，制约了地方经济社会的发展。这种不合理的发展模式和生态环境保护观念的缺失，增加了区域生态环境的压力，产生了环境污染、水土流失、沙漠化、草原退化等突出生态环境问题。以造纸和纸制品业为例，可以看出西部地区单位产品的废水产生量明显高于全国平均水平，东部平均水平以及中部平均水平。其中，甘肃、陕西、内蒙古和宁夏等省份造纸业的单位产品废水产生量较高，如图7.3所示。在单位产品化学需氧量产生量的指标中，也存在着较为一致的状况，如图7.4所示。

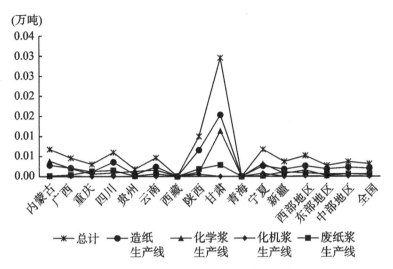

图 7.3 造纸业单位产品的废水产生量

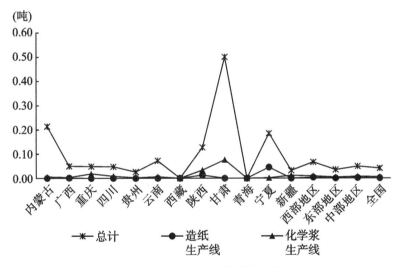

图 7.4 造纸业单位产品的化学需氧量产生量

（3）资源开发强度高

研究发现，资源开发强度对制造业的发展产生抑制作用（邵帅、杨莉莉，2010），这种抑制效应作为"资源诅咒"，并会成为一个重要传导机制。选取2006—2015 年西部地区各省（市、区）（除西藏外）资源工业产值与规模以上工业企业总产值的比率计算资源开发强度①，如表 7.2 所示。从各省（市、区）资源开发强度年均值来看，新疆处于经济学命题"资源诅咒"的魔咒中，宁夏、陕西已经临近曲线拐点，若不及时采取措施，很有可能落入"资源诅咒陷阱"之中。

表 7.2　　　　2011—2015 年西部各省（市、区）资源开发强度　　　　单位：%

省（市、区）	开发强度				
	2011	2012	2013	2014	2015
内蒙古	36.929	36.985	36.280	37.139	34.545
广西	11.297	12.598	11.204	10.287	8.670
重庆	8.915	8.411	7.715	6.870	6.579
四川	13.330	13.239	10.827	10.417	12.218
贵州	39.188	38.448	35.306	33.182	29.931
云南	19.894	19.843	21.582	19.111	18.642
陕西	46.003	42.777	39.225	37.522	31.898
甘肃	40.938	38.394	34.706	32.070	30.812
青海	35.839	37.003	33.939	31.223	22.662
宁夏	44.241	48.379	46.936	46.470	44.293
新疆	54.335	52.264	48.374	48.095	47.726

7.1.3　资本技术密集型制造业

7.1.3.1　绿色发展现状

资本技术密集型制造业指单位产品成本中，对固定资本和流动资本、技术和智力要素要求较高，依赖程度超过对其他生产要素依赖的制造业。结合相关学者的研究，本研究将制造业中除去劳动密集型制造业和资源密集型制造业之外的制造业界定为资本技术密集型制造业。其中，尤其以医药制造业（C27）、黑色金属冶炼及压延加工业（C31）、通用设备制造业（C34）、专用设备制造业（C35）、汽车制造业（C36）、铁路、船舶、航空航天和其他运输设备制造业（C37）、电气机械和器材制造业（C38）、计算机、通信和其他电子设备制造业（C39）、仪器仪表制造业（C40）等为代表的行业，其资本和

---

① 选取煤炭采选业、石油天然气开采业、石油加工、炼焦及核燃料加工业、燃气生产和供应业、电力和热力生产和供应业五大资源工业产值并进行加总求和，和值与工业总产值的比作为各省（市、区）的资源开发强度。

技术要素密集程度更高。

经过多年的发展，我国资本技术密集型制造业规模不断扩大，以高技术制造业为例，ICT 行业（通信、计算机、半导体）和制药业，其产业规模均位居世界第一，分别占全球的 39% 和全球的 28%，但这些资本技术密集型制造业严重依赖于最终装配等低附加值活动。如大多数智能手机和电子产品生产所需的核心半导体元器件还是依赖国外企业供应。制造业企业生产的主要药品为非专利制药，主要的先进生产设施也被发达国家所掌握。技术创新能力不断加强。表现在一是企业创新主体地位进一步加强，"产学研"协同创新不断深化。目前，在 3D 打印、纳米材料、生物医学工程等一些重点领域，我国已经建立起一批"产学研"创新战略联盟，组织开展重大战略性问题研究，推动产业转移对接；二是核心领域关键技术取得突破，成果产业化程度有所提升，我国在载人航天、探月工程、载人深潜、新支线飞机、大型液化天然气船（LNG）、高速轨道交通等核心领域，集中力量突破了一批关键核心技术并进入世界先进行列，特高压输变电设备、百万吨乙烯成套装备等部分领域装备产品技术水平已跃居世界前列。

在绿色制造方面，绿色创新能力在不断积累。以家电制造业为例，重点设计、研发节能减噪，以及模块化、可拆卸、材料的可循环利用等的关键技术为绿色制造体系提供了绿色创新的基础能力。其中格力、美的、海尔等明星企业不断推出新的资源节约型家电，这些产品利用新的材料和工艺进行节能和创新。如格力在 2013 年首创"双级变频压缩空调"，采用该技术突破传统空调运转极限，"双级高效永磁同步变频离心式冷水机技术"比普通离心式冷水机组效率提升 65% 以上，节能达 40% 以上。2014 年美的空调的 R32、R290、R161 三项新型环保冷媒关键工艺不仅能提高能效水平，而且有效地降低空调制冷对环境的负面影响。在石化装备制造业中，能源消耗大，在生产过程中消耗大量能源，泵、风机、压缩机等通用机械设备的运行效率还比较低，节能减排潜力较大。其原因一方面是机械装备故障较多，国内同类机组的连续运转周期只有国外领先水平的 50%~60%，另一方面是许多国内和进口的机组实际生产运行只能达到设计效率的 55%~20%（见表 7.3）。

表 7.3　　　　　某制造业企业泵设备运行效率统计

项目	<51%	51%~70%	70%~83%	>83%	备注
装置 1	13	0	1	1	1963 年投产 2007 年改造
装置 2	16	5	1	0	1990 年投产
装置 3	10	5	2	3	1998 年投产

7.1.3.2 绿色发展困境

（1）基础制造工艺耗能和污染高

资本技术密集型制造业中大部分行业涉及装备制造，而基础制造工艺是汽车、电力装备、石化装备、造船、钢铁、纺织、机床制造等产业发展的基础制造核心技术。但在装备制造生产过程中，基础制造工艺又往往是耗能及污染物排放的主要环节。据统计，铸造、锻造和热处理工艺年消耗能源量约4 000万吨标煤，约占装备制造业规模以上企业总能耗的50%。铸造行业不仅要排烟、排尘，而且要排出大量的废砂、废渣。例如，锻造行业中的废弃物容易造成水体、土壤中有机烃和毒害物累积，锻压时产生的巨大震动和噪声严重影响了精密装备的精度和生态环境，从而影响产品的质量和性能。传统切削加工过程中大量使用的切削液污染严重，也不符合绿色制造体系清洁生产的要求。

通过采用无毒无害或低毒低害的原辅料、清洁能源以及高效节能的先进制造工艺与设备，可带动整个制造业的技术改进、产品和产业结构优化，从而提升工业发展的质量和效益。可以说，基础制造工艺的绿色化、精益化水平直接决定着工业绿色发展基础能力的高低。

（2）绿色工艺创新能力有待加强

西部资本技术密集型制造业整体创新能力经过多年的发展有所提高，但绿色工艺技术能力还有待加强，对制造体系"绿色化"发展支撑不足。绿色工艺创新仍受到资源和环保等因素的制约。以家电制造业为例，欧美等跨国公司早在多年前就已经展开替代工艺技术和物质的研究，而国内家电制造业中实现ROHS指令有害成分材料替代的企业并不多。国外家电制造业已掌握的不含6种有害物质（铅、汞、镉等）的专利技术对中国家电制造业已经形成工艺技术垄断，导致中国家电制造业被迫以高额专利费用去引进国外成熟的绿色工艺技术。

（3）信息技术融合程度有待提高

从整体上看，西部地区高科技人才匮乏，西部制造企业开展技术创新的动力不足、活动不够活跃，尚未真正成为技术创新的主体。对高技术产业或产业高端的吸引力不强，主要承接的还是技术含量低，产业带动及升级动力不足的产业。因此，在全球产业梯度转移中，西部还是以产业价值链的低端为切入点被动进入跨国公司的生产体系。例如成都、重庆等西部地区在快速推进的信息产业承接中，主要还是集中于承接信息产业中的最低的价值端生产者，集中于劳动密集型产业的承接，无法支撑制造体系"绿色化"的持续发展。

7.2 绿色制造业发展典型个案分析

建筑工业产业化是绿色制造体系建设的典型代表。以构配件预制化生产、装配式施工为生产方式，以设计标准化、构件部品化、施工机械化为特征，能够整合设计、生产、施工等整个产业链，实现建筑产品及建筑方式绿色、低碳、节能、环保，全生命周期价值最大化的可持续发展的新型建筑生产方式，建筑工业产业化的不断发展，有力地推进了绿色制造业的发展。

《国务院办公厅关于促进建筑业持续健康发展的意见》（国办发〔2017〕19 号）明确提出了要推进建筑产业现代化，推广智能和装配式建筑。坚持标准化设计、工厂化生产、装配化施工、一体化装修、信息化管理、智能化应用，推动建造方式创新，大力发展装配式混凝土和钢结构建筑，在具备条件的地方倡导发展现代木结构建筑，不断提高装配式建筑在新建建筑中的比例。力争用 10 年左右的时间，使装配式建筑占新建建筑面积的比例达到 30%。在新建建筑和既有建筑改造中推广普及智能化应用，完善智能化系统运行维护机制，实现建筑舒适安全、节能高效，不断推进绿色制造体系建设与绿色建筑工业产业化的协调发展。

7.2.1 典型绿色制造业——建筑工业产业化简介

建筑工业化是伴随西方工业革命出现的概念，工业革命使造船、汽车生产效率大幅提升。随着欧洲兴起的新建筑运动，推行建筑设计标准化，实行工厂预制、现场机械装配，逐步形成了建筑工业化最初的理论雏形。二战后，西方国家亟须解决大量的住房问题而劳动力严重缺乏，为推行建筑工业化提供了实践的基础，建筑工业化也因其工作效率高而在欧美风靡一时。1974 年，联合国出版的《政府逐步实现建筑工业化的政策和措施指引》中定义了"建筑工业化"：按照大工业生产方式改造建筑业，使之逐步从手工业生产转向社会化大生产的过程。它的基本途径是建筑标准化，构配件生产工厂化，施工机械化和组织管理科学化，并逐步采用现代科学技术的新成果，以提高劳动生产率，加快建设速度，降低工程成本，提高工程质量。

建筑工业产业化具有设计简化、施工速度快、施工质量提高、施工环境改善、劳动条件改善、资源能源节约、成本节约、建筑效果丰富、抗震性提高、可持续性提高等特点。因此，推行建筑产业化的优点很多，一是节省资源能源。与传统建筑业的建造方式相比较，建筑产业化可节水 60%、节省木材 80%、节省其他材料 20%、减少建筑垃圾 80%、减少建筑能耗 70%。据万科工业化实验楼建设过程的统计数据显示，与传统施工方式相比，工业化方式每平方米建筑面积的水耗降低 64.75%、能耗降低 37.15%、人工减少47.35%、垃圾减少 58.89%、污水减少 64.75%。其他统计数据显示，工业化建造方式比传统方式减少能耗 60% 以上、减少垃圾 80% 以上，大大地节约了资源能源的消耗。二是推动技术创新，提高建筑品质。建筑产业化的内在要求，可促进新技术、新材料、新设备和新工艺的大量运用，大大提升建筑安全性、舒适性和耐久性，同时可带动设计、建材、装饰等 50 多个关联产业产品的技术创新。三是集约增效，利于企业"走出去"。建筑产业化促进建设标准规范化、流程系统化、技术集成化、部品工业化以及建造集约化，能减少用工 50%、缩短工期 30%～70%，可显著降低用工需求的特点，也为建筑业"走出去"注入了强大的活力。四是促进建筑企业转型升级，走上集约化、绿色化、可持续发展的道路。

7.2.2 建筑工业产业化是绿色制造体系建设的必然趋势

绿色城市是指拥有最洁净和最高效率的能源、交通和建筑设施的城市，应具备以下特征：①从可再生渠道获取能源，并通过高效可靠的微电网进行能源分配；②由节能、节水、减少废弃物产生的建筑物构成；③通过干净和易获得的公共交通网络连接起来，并易于骑行和步行；④是一个更健康，更实惠，更令人愉快的居住地。因此，绿色城市是拥有绿色建筑的城市，绿色城市的建设离不开绿色的建筑材料与绿色的建筑方式。

绿色建筑是建筑业走向高效、节能发展的必然趋势，建筑工业化是提高建筑业施工效率和提升建筑质量的有效绿色建筑方式。建筑工业化是实现绿色建筑节能减排目标的有效途径之一，是建筑产业化的前提，是建筑施工理念和技术的重大变革。建筑生产工业化是建筑工业产业化的核心，其本质是：标准化的生产、机械化的生产过程、规范化的建设管理、集成化的建设过程，以及一体化的技术生产和科研。建筑工业化是绿色建筑实现的重要途径，是绿色城市建设的重要推手。而绿色城市的建设必将推进建筑工业产业化的进程速度。

绿色城市建设离不开绿色建筑的支撑。2013 年 1 月 1 日，国务院办公厅以 1 号文件的形式转发发改委和住房和城乡建设部的《绿色建筑行动方案》，将"绿色建筑"定调为最高级别的战略共识，将"建筑工业化"列为十大任务之首。开展绿色建筑行动，以绿色、低碳、循环、节能、环保的理念指导城市与乡镇的建设，认真严格执行建筑节能的强制性标准，扎实推进既有建筑的节能改造，集约节约利用资源，提高建筑的环保性、安全性、舒适性和健康性，对转变城乡建设模式，破解能源资源瓶颈约束，改善群众生产生活条件，培育节能环保、新能源等战略性新兴产业，具有十分重要的意义和作用。要把开展绿色建筑行动作为贯彻落实科学发展观、大力推进生态文明建设的重要内容，把握我国城镇化和新农村建设加快发展的历史机遇，切实推动城乡建设走上绿色、循环、低碳的科学发展轨道，促进经济社会全面、协调、可持续发展。

《绿色建筑行动方案》提出：①城镇新建建筑严格落实强制性节能标准。"十二五"期间，完成新建绿色建筑 10 亿平方米；到 2015 年年末，20% 的城镇新建建筑达到绿色建筑标准要求。②对既有建筑进行节能改造。"十二五"期间，完成北方采暖地区既有居住建筑供热计量和节能改造 4 亿平方米以上，夏热冬冷地区既有居住建筑节能改造 5 000 万平方米，公共建筑和公共机构办公建筑节能改造 1.2 亿平方米，实施农村危房改造节能示范 40 万套。到 2020 年年末，基本完成北方采暖地区有改造价值的城镇居住建筑节能改造。③大力发展绿色建材。因地制宜、就地取材，结合当地气候特点和资源禀赋，大力发展安全耐久、节能环保、施工便利的绿色建材。加快发展防火隔热性能好的建筑保温体系和材料，积极发展烧结空心制品、加气混凝土制品、多功能复合一体化墙体材料、一体化屋面、低辐射镀膜玻璃、断桥隔热门窗、遮阳系统等建材。引导高性能混凝土、高强钢的发展利用，到 2015 年年末，标准抗压强度 60 兆帕以上混凝土用量达到总用量的 10%，屈服强度 400 兆帕以上热轧带肋钢筋用量达到总用量的 45%。大力发展预拌混凝土、预拌砂浆。深入推进墙体材料革新，城市城区限制使用黏土制品，县城禁止使用实心黏土砖。发展改革、住房城乡建设、工业和信息化、质检部门要研究建立绿色建材认证制度，编制绿色建材产品目录，引导规范市场消费。质检、住房城乡建设、工业和信息化部门要加强建材生产、流通和使用环节的质量监管和稽查，杜绝性能不达标的建材进入市场。积极支持绿色建材产业发展，组织开展绿色建材产业化示范。④推动建筑工业化。住房城乡建设等部门要加快建立促进建筑工业化的设计、施工、部品生产等环节的标准体系，推动结构件、部品、部件的标准化，丰富标准件的种类，提高通用性和可置换性。推广适合工业化生产的预制装配式混凝土、钢结构等建筑体系，加快发展建设工程的预制和装配技术，提高建筑工业化技术集成水平。支持集设计、生产、施工于一体的工业化基地建设，开展工业化建筑示范试点。积极推行住宅全装修，鼓励新建住宅一次装修到位或菜单式装修，促进个性化装修和产业化装修相统一。

7.2.3 建筑工业产业化对绿色城市建设的推进作用

传统建筑行业的生产方式，是将设计与建造环节分列开来，设计环节仅从目标建筑体及结构的设计角度出发，然后将所需建材运送至工地进行露天施工，施工完成后交底验收；而建筑工业化的生产方式，是将设计与施工合二为一的一体化生产方式，通过标准化的设计、构配件的工厂化生产，然后进行现场装配的预制装配式生产过程。

建筑工业化是对传统建筑生产方式的一种颠覆，它体现了建筑生产全生命周期的理念，将建筑的前期设计与后期的施工两个环节一体化。前期的建筑设计环节成了关键，因为该环节不仅是设计蓝图到施工图纸的简单过程，还必须将预制构配件的标准、建造环节的配套技术、建造规范等都纳入建筑设计方案当中，因此，建筑设计方案成了预制构配件生产标准以及现场装配施工的重要指导文件。

建筑工业化采取了建筑设计与施工一体化的生产方式，从建筑方案的设计开始，建筑物的设计就遵循一定的规范与标准，遵循工艺设计及深化设计标准。预制构配件可以实现工厂化的大批量生产，后续短暂快速的现场装配过程，建造过程中的大部分时间都是在工厂采用机械化手段、少数技术工人操作即可完成，大大提升了工程建设的效率与质量。

与传统的现场混凝土浇筑、缺乏培训的低素质劳务工人手工作业相比，建筑工业化将极大地提升工程的建设效率。据相关资料显示，发达经济国家预制装配的建造方式与传统的现场手工方式相比，可节约工期 30% 以上。每平方米建筑面积能耗可降低近 40%、人力减少 50%、脚手架减少约 70%，扬尘、噪声污染也可大幅减少。

建筑产业是节能减排、环境保护和生态文明建设的重要领域。据相关调查报道，建筑产业的投资、消费及带动作用占国家 GDP 的 20%，是产业结构调整和转变经济发展方式的重要领域。我国建筑能耗占全社会总能耗比重达 28%，在既有的近 400 亿平方米建筑中，99% 属于高耗能建筑，建筑资源化利用率不到 10%，而欧盟国家的建筑资源化利用率达到 50%。按照国际经验和中国目前建筑用能水平发展预测，到 2020 年，中国建筑能耗占全社会总能耗比例将达到 35% 左右，超越工业用能成为用能的第一大领域。

要彻底扭转建筑业高能耗、高污染、低产出的状况，必须转变建造方式，全面推进建筑产业化，大力发展绿色建筑。国务院办公厅印发的《关于加强节能标准化工作的意见》，对如何进一步加强节能标准化工作作出了全面的部署。其中，对于建筑生产领域，要加快完善绿色建筑与建筑节能设计、施工验收和评价标准，修订建筑照明设计标准，建立绿色建材标准体系。此前，已有专家预计，到 2020 年以前，我国用于节能建筑项目上的投资将至少达到 1.5 万亿元，是一块巨大无比的"绿色蛋糕"。

在建筑产业化中，各种建筑材料采取工厂化生产，这种材料的生产的全过程都是低碳的、绿色的，不仅如此，它所用的原材料有 50% 是煤矸石、粉煤灰、工业废弃物，也包括建筑垃圾。做成墙体之后，没有水，没有粉尘，其过程是绿色的。

而且使用新型材料建筑的房屋，节能可以达到 50% 以上。可以测算一下，一栋建筑面积 15 000 平方米的高层，采用建筑装配整体式框架，节约常规周转材料约 80%，减少建筑垃圾约 70%，节约施工用水约 50%，是真正的绿色建筑。

建筑产业化是对整个建筑产业链的产业化，把建筑工业化向前端的产品开发、下游的建筑材料、建筑能源甚至建筑产品的销售延伸，是整个建筑行业在产业链条内资源的更优化配置。建筑工业化起主导作用的是技术，而建筑产业化是技术与经济和市场的更加紧密的结合。发展建筑产业化是建筑工业生产方式从粗放型生产向集约型生产的根本转变，是产业现代化的必然发展方向，是绿色城市建设的重要途径。

建筑工业产业化的最终目标是实现绿色建造，就是在工程建设的全过程中，最大限度地节约资源能源（节能、节地、节水、节材）、保护环境和减少污染，为人们建造出健康、舒适、适用的房屋。建筑业是我国国民经济发展的支柱性产业，是实现绿色建造的主体。我国大约有 50% 以上的固定资产投资需要通过建筑业来形成新的生产力，建筑能耗约占全社会全部终端能耗的 27.5%，是我国最大的能源消耗行业。建筑工业的产业化是新型城镇化建设中实现节能减排，降低资源消耗的有效途径，也是实现绿色化建造的有力保证，是解决建筑行业发展模式由粗放型转向集约型的必然选择。建筑工业产业化主要是通过优化前期标准化的设计，减少因设计不合理而导致的材料、资源的浪费；通过工厂化的规模化生产，减少现场手工湿作业产生的建筑垃圾、污水和固体废弃物；通过装配式施工，减少现场施工的噪音、扬尘、运输遗洒，从而提高建筑施工的质量和效率；通过采用信息化技术，依靠动态参数，实施动态、定量的施工管理，以最少的资源投入，达到绿色、高效、低碳、低耗和环保的目标。建筑工业的绿色建造是一项复杂的系统工程，它有利于建筑业整体素质的提升，是现代工业文明的主要标志之一。但是，建筑工业化的绿色发展必须依靠技术支撑，必须将绿色建造的理念贯穿到建筑行业工程建设的全过程当中。

建筑产业化是以科技进步为动力支撑，是以提高质量、效益和竞争力为核心的工业化生产。建筑产业化之所以成为世界各国发展的大趋势，就是因为工业化可以大大提高劳动生产率、提高房屋建筑的质量和效益，促进社会生产力加快发展，使整个产业链上的资源得到优化并发挥最大化的效益。建筑产业化在行业中具有牵一发而动全身的作用，在推进过程中必须要掌握成套的、成熟适用的技术体系，必须要具备完整的、有机的产业链，二者缺一不可。因此，它是推动绿色城市建设领域技术进步和产业转型升级的有效途径。

7.2.4 案例分析

成都建工集团建筑工业化——绿色制造业发展案例

7.2.4.1 成都建工工业化建筑有限公司概况

成都建筑工程集团总公司是成都市委、市政府 2003 年 5 月批准成立的全民所有制企业。是成都市唯一拥有建筑业特级资质、唯一产值突破 300 亿元、唯一跻身中国企业 500 强的企业，是四川省和成都市政府着力培育的大企业大集团。公司拥有注册资金 25.44 亿元，总资产 430 亿元，净资产近 69 亿元；所属全资、控股和参股企业 60 家；自有职工 1 万余人，其中具有高、中级职称的各类经济、技术、科研等管理人员 3 000 余人，年均从业人员 14 万余人。

公司具有住房和城乡建设部批准的建筑工程施工总承包特级资质、建筑行业（建筑工程）设计甲级资质、市政公用工程和机电工程施工总承包一级资质等门类齐全、等级最高的行业资质，以及经商务部批准的对外经济合作经营资格、进出口经营资格。经营业务覆盖房建施工、房地产开发、市政路桥建设、建材生产销售和物流、科研设计、装饰装修、建筑工业化和旅游酒店等领域。

自 2005 年以来，公司 11 次跻身中国企业 500 强，连续第 11 年入围"中国承包商企业 80 强"（原"中国承包商企业 60 强"），并先后获得"全国五一劳动奖状""中国建筑业竞争力百强企业""全国建设系统思想政治工作先进集体""全国建筑业科技进步与技术创新先进企业"、四川企业 100 强、成都企业 100 强等荣誉，在中西部地区的建筑行业保持较强的竞争优势。

成都建工工业化建筑有限公司是成都建工集团下属全资国有企业，成立于 2015 年 8 月 7 日，注册资本金 2 亿元；是含设计研发（含 BIM 技术）、构件生产、装配式建筑施工、物流及设备租赁、运营服务一体化的综合性新型建筑工业化企业。该公司中长期发展战略目标如下：

一是更加积极、主动地顺应生态文明建设和绿色低碳发展要求，通过大力实施建筑工业化,推动施工转型。抓住四川省和成都市积极推广绿色建筑、装配式建筑、成品建筑,全面推广绿色施工的政策机遇,优化建筑工业化生产基地布局,抓紧实施青白江基地提标扩能改造和形象再造;以成都为轴心深入开展新基地的选址工作,力争尽快建设形成每年 80 万~100 万立方米的产能布局,实现"全国一流,西部领先"的战略目标。

二是加快技术研发设计及其转化,整合集团内外技术资源,开展与大专院校、科研院所、设计生产施工企业、行业协会等合作,以绿色建筑工业化为基础,不断增强预制 PC 装配体系建设,并不断探索构建预制钢结构体系建设。

三是加快市场开拓,以保障性住房、公益性项目为突破口,迅速形成生产和销售,并逐步做大规模,成为支撑集团核心竞争力的关键要素,将建筑工业化板块发展成为成本低、质量优、施工便捷、品种齐全的绿色建筑工业化产品,努力实现绿色建筑现代化,力争 2020 年建筑工业化产值达到 60 亿元,巩固建筑工业化西部引领者地位。

7.2.4.2 成都建工集团建筑工业化发展现状

成都建工集团作为四川省建筑行业的龙头企业之一,一直致力丁引领带动四川省建筑行业的发展。集团努力践行市委、市政府"改革创新、转型升级"总体战略,紧扣"建筑工业化和绿色施工",顺应行业发展趋势,高起点、高标准、高质量推进建筑工业化。2014 年,在市政府的大力支持和市发改委、市建委、市科技局的牵头组织下,集团随同相关政府部门及单位组成考察组,赴北京、沈阳、深圳三地考察,详细了解建筑工业化的技术体系和发展现状。其间,考察组专程拜访了住房和城乡建设部科技与产业化发展中心,该中心领导和专家的指导坚定了成都市政府和成都建工集团发展建筑工业化的决心。

为切实推进建筑工业化工作,成立了由集团董事长任组长的建筑工业化领导小组。为推进具体的工作,成立了由集团总经理任组长的建筑工业化推进小组。筹备组整合集团土地、技术人才等资源,迅速调配技术研发、房地产开发、混凝土生产、建筑设备安装、土建施工等方面的优秀技术人员,筹备成立成都建工工业化建筑有限公司(以下简称"工业化公司"),分阶段统筹推进建筑工业化相关工作。

近年来,实施了全国体量最大的装配式保障房项目锦丰新城(80~100 米高,52.3 万平方米共 6 579 套保障房)、四川首个全装配式结构的青白江 PC 生产基地办公楼项目、成都市第二三批公办幼儿园标准化建设项目(67.3 万平方米共 182 所幼儿园)、全长 42 千米的成都市中环路改造工程人行道路铺装、全长 51 千米的成都市三环路改造提升工程、人民南路人行下穿隧道、日月大道综合管廊项目等 10 余个建筑工业化项目。2016 年，集团施工的装配式建筑面积已突破 100 万平方米，除房建项目外，还承接了海绵城市、综合管廊等大量市政项目。工业化公司签订构件供应合同总额突破 5.5 亿元，2016年实现产值突破 3 亿元。

集团公司制定了《成都建筑工程集团总公司关于新型建筑工业化 2015—2020 年发展战略规划》，确定了利用 3~5 年时间发展成为"国内一流、西部领先"的建筑工业化示范企业的目标定位。

第一步：三年时间达到西部建筑工业化领先水平。前三年重点是规划建设 PC 工厂硬件设施和建筑工业化相关人员培训，计划 PC 工厂一期产能达到每年 15 万立方米部品构件规模，满足 150 万平方米工业化住宅的市场需求（按 30%预制率计算），可占成都市工业化住宅 1/3 的份额，成为四川省乃至西部最具影响的建筑工业化企业。

第二步：再用三年时间重点推进设计研发能力建设，真正建成集设计、生产、施工为一体的，适应建筑工业化发展的工程总承包公司，每年完成 300万平方米工业化住宅建设目标，同时大力推动市政基础设施的工业化建造，真正达到西部领先、全国一流水平建筑工业化公司的规划目标。

7.2.4.3　案例：锦丰新城保障房项目 预制装配式绿色建筑

锦丰新城工程项目是成都市首个工业化高层住宅示范项目，也是西南地区乃至全国规模最大的工业化住宅项目。其深化设计由成都建工集团与设计院共同完成。工程总建筑面积 52.3 万平方米，共拟建保障房 6 579 套，由 23栋塔楼组成，层数 26~32 层，高度 80~100 米，全部楼栋均采用预制装配方式建造，预制装配率约 50%。钢筋混凝土预制构件包含预制外角模、预制夹心保温承重外墙板、预制夹心保温非承重外墙板、预制外挂墙板、预制叠合楼板、预制空调板、预制飘窗板、预制梁、预制外角模、预制女儿墙、预制女儿墙外挂板、预制女儿墙外角模、预制女儿墙外墙模板、预制屋面梁、预制楼梯等 15 种构件，共计 83 818 块板。该工程在省内首次使用 RFID 预埋信息芯片技术，所有构件均预埋芯片，以信息化手段管理整个建造过程。该工程项目对绿色施工技术进行了策划和实施，在绿色施工方面做出了一定成效，实现了"四节一环保"，使绿色建筑施工在日常管理中常态化、标准化。

本工程将预制构件厂生产完成的预制构件运至现场，进行预制构件安装，减少现场建筑垃圾产生量。由于构件表面平整，减少了抹灰工序，从而减少了现场湿作业量，节约了模板及水泥量。具体表现在如下几个方面：

（1）预制构件在工厂生产完成后运输至施工现场，减少了现场模板、钢筋、混凝土量，极大地降低了施工对周边环境的影响。

（2）总平规划考虑构件吊装施工，合理布置堆场，减少二次转运，运用科学的运输方式，降低材料、能源损耗。

（3）外墙为预制外墙，从而减少了模板的使用量。混凝土内外表面的平整度得以保证，减少了内外抹灰工序，减少了现场湿作业。

（4）采用预制叠合楼板作为楼板底模，减少了楼板的模板量。同时叠合梁板支撑采用工具式独立支撑，节约了钢管扣件的租赁费。楼板托梁采用型钢支撑，保证楼板的安全和重复周转使用。

（5）采用预制叠合楼板减少了现场混凝土的浇筑量和浇筑时间，从而达到降噪减排的目的。

（6）施工现场主体结构外架采用工具式防护架（外挂架），每栋标配两层外架，一次性投入、重复循环使用，比传统结构钢管式脚手架节约了大量的钢管、扣件等。

（7）竖向连接主要采用钢筋套筒灌浆连接，主要采用钢筋直径大于25毫米的直螺纹套筒灌浆连接，减少搭接，可节省钢材约12%。

（8）木工程临时支撑结构大量采用可重复利用的钢制工具式支撑件，比传统方式节约木材。

本工程大量采用新技术、新工艺、新方法，可实现节水40%、节能30%、节时20%、节材20%、节地20%、减少碳排放20%，同时，还做到了工地现场无粉尘、无噪音、无污水。绿色建材的使用和绿色建筑方式的实行，有力地推进了绿色城市的建设。

7.3 绿色制造业小镇建设分析

7.3.1 新型城镇化与制造业绿色发展的互动关系

制造业作为产业中的重要组成部分，其在产业结构调整、城镇建设布局、经济转型方面具有十分重要的地位和作用。在我国，工业制造业是地区经济增长和城市发展的重要动力，工业用地扩张是城镇化建设的重要途径之一（傅元海等，2014），制造业结构和布局的合理性直接影响着土地利用效率的提升、经济结构的调整、城市间的分工协作与功能互补，以及区域经济的协调发展。陈曦、席强敏等（2015）指出，中国城镇化水平与制造业空间分布之间存在倒"U"形关系，即当城镇化水平低于36.26%时，制造业份额会随城镇化水平的提升不断增加，当城镇化水平高于36.26%时，二者呈反比；此外，城镇化水平与劳动密集型、资本密集型和技术密集型三类制造业间也均存在倒"U"形关系，且三者拐点随城镇化水平逐渐升高，较好地证明了随着城镇化水平的持续提升，制造业内部存在着由劳动密集型和资本密集型向技术密集型转型升级的基本规律。因此，必须充分注重城镇化水平与制造业发展之间的相互作用及关系，通过城镇建设，推动制造业结构调整与优化升级，反过来又进一步促进我国积极稳妥、扎实有序地推进城镇化，形成良性循环过程。

7.3.2　绿色发展理念下小城镇的产业布局

产业布局类型可归纳为工业驱动型城镇、农业驱动型城镇、旅游驱动型城镇、商贸驱动型城镇和综合发展型城镇五类。推进新型城镇化建设，必须以城镇空间体系设计与区域资源禀赋和区位优势为基础，综合考虑区位优势、生态环境以及绿色发展理论，按照城镇化发展类型，合理布局各城镇产业，为不同城镇选择适合自身发展的城镇化类型，而且在发展过程中要有不同的方向。

7.3.2.1　工业驱动型城镇

我国工业驱动型城镇发展过程中，存在着严重的"城市病"，工业化的发展采用以大量消耗资源为特征的粗放型发展模式。尽管该发展模式刺激了经济的快速增长，但却以浪费资源和牺牲环境为代价，造成环境质量不断恶化、社会贫富差距逐渐拉大等突出问题。工业驱动型城镇的产业布局应把握以下要点：

（1）推动产业集约化、高效化发展

工业驱动型城镇需要统筹新型工业化和新型城镇化互动发展，不断增强自主创新能力，推动产业转型升级，全面提高工业发展水平和质量，走出一条创新驱动、绿色低碳、高端切入、开放合作、加速推进的新型工业化路子。以优势企业为龙头，以产业园区为依托，科学规划统筹，促进新型工业化和新型城镇化互动发展，强化协作配套，优化要素配置，引导相关产业向优势产业带集中、向特色产业园区集聚，形成专业化集群。

（2）强化产业支撑，加快劳动力转移

强力推进工业强市战略，实现劳动力的最大转移。以重点优势企业为纽带，加大招商力度，引进配套产业，延伸产业链，促进工业向园区集中，提高工业集中度。以项目带动产业升级，加快企业技术改造步伐，增强企业核心竞争力。

（3）加速推进第一、三产业发展

积极推进农业和农村经济结构调整，大力推进农业产业化，推进农民进社区、促进产业和人口集聚，加快农村城镇化进程。同时，在扩充、提升传统第三产业的基础上，大力发展为现代生活服务的高层次第三产业。

7.3.2.2 农业驱动型城镇

农业驱动型城镇通过改变传统农业生产方式、发展现代农业，引导农业人口聚集。农业驱动型城镇的产业布局应把握以下要点。

（1）夯实农业发展基础，转变农业发展方式

农业驱动型城镇化要求夯实农业发展基础，转变农业发展方式，提高农业综合生产能力、抗风险能力、市场竞争能力，坚持以工促农、以城带乡和多予少取放活的方针，加大强农惠农力度，大力改善农业农村发展条件，以农田水利为重点加强农村基础设施建设，大力提高农村公共服务能力，提高农业现代化水平和农民生活水平。

（2）调整农业产业结构，发展农业新型业态

随着新型城镇化的推进，人民生活水平不断提高。人们不仅需要维持生存所必需的农产品，也需要生态、休闲的精神追求。因此，在注重农产品生产的同时，积极推进农业功能拓展，进一步调整农业产业结构。使农业不再局限在单一的食品供给，增加就业增收、生态涵养、观光休闲、文化传承等功能，推动相关产业发展，包括农产品加工业、服务业、交通运输、民居建设、乡村文化等，满足城乡居民新型消费需求，开辟现代农业发展的新型业态。例如，加快发展休闲农业与乡村旅游融合，延伸农业产业链条，鼓励农民就地就近就业，为农民带来更多增加收入的机会（张桂玲，2010）。

（3）推进农村产权制度改革，发展规模化、集约化现代农业

以农村建设用地、承包地、农房和林权为重点，推进农村产权制度改革，抓好确权颁证工作。在明晰产权的基础上，建立健全乡村两级土地流转服务机构，配套完善运行规则、办法，进一步规范农村土地流转。把农村分散的土地，特别是无力耕种的撂荒土地通过土地流转交易平台，向规模种养殖大户、龙头企业适度集中，发展规模化的业主制、公司化农业，提高农牧业生产的规模化、集约化水平，引领全市现代农业加快发展。

（4）加快培养新型职业农民，为现代农业提供人才支撑

加快培育有科技素质、有职业技能、有经营能力的新型职业农民，是推进新农村建设和发展现代农业的必由之路。建立完善的农民教育培训、认定管理制度，加强教育培训保障机制。借助新型农民培训、农村劳动力转移阳光工程、创业农民培训、农业科技入户工程、农业实用技术培训等农民培训项目，帮助新型农民具备现代农业的发展理念以及先进技术，为现代农业的发展提供充足的人力资源。

7.3.2.3 旅游驱动型城镇

旅游驱动型城镇是以旅游经济的增长与发展作为推动城镇化的主要因素，引导人口向城市集中的过程。它强调旅游业是城市复兴与发展的触发点和主导因素，在此过程中，旅游业的发展也需要得到其他产业部门的支持。旅游驱动型城镇的产业布局应把握以下要点：

（1）结合资源特点选择不同的开发模式

大多数情况下，区域旅游发展需建立在原有旅游资源基础之上。面对所拥有的旅游资源，是否开发的问题对于以自然资源为发展基础的地区尤为重要。针对生态脆弱、对人的影响敏感以及原始自然保留较为完整的区域，应从国家层面严格保护，不宜发展大众旅游。在制定严格保护规划的前提下，围绕生态敏感地区的边缘区域可有限制地开发替代性旅游，或通过科学研究建设少量低影响服务设施，确保资源核心区的生态环境不受干扰。

（2）通过旅游发展提升城市整体水平

旅游是一个综合的系统，从软性指标来讲，设计城市整体形象、投资吸引力、产业结构提升、环境卫生水平、现代服务质量等；从具体产业部门来讲，涉及民航、铁路、交通、航运、酒店餐饮、商务购物、娱乐演出、地产开发、公共服务、治安保障等上百个行业。与许多其他产业不同，旅游业的产业范围较难界定，其产品生产的社会化程度较大、关联性强、依托和带动功能明显。政策对旅游业发展起到重要的影响作用，各地政府需要通过建立科学的产业政策体系，用以引导建立起竞争有序、分工合理的旅游市场体系。

（3）协调城市旅游发展与本地居民利益分享的关系

一个城市发展旅游业的根本目的在于促进本地社会经济的全面发展，旅游发展首先应考虑当地居民的意愿和需要。照顾当地人的利益、满足当地社区的发展需要是城镇化的重要基础。当地居民应参与旅游发展的决策过程，促进旅游发展政策制定的透明化、公开化，旅游发展应促进当地人增收，其成果与利益应被当地居民分享。同时，在旅游发展中应充分注意旅游移民对当地风貌与生活带来的影响，只有当地人和外地人共同努力、协同发展、互惠互利时，旅游驱动型城镇化过程才是积极的、健康的。

7.3.2.4 商贸驱动型城镇

商业驱动型城镇是以商业贸易活动为核心驱动力而产生的城镇化现象及过程，既包括传统型商贸活动，也包括现代商业服务业。商业驱动型城镇的产业布局应把握以下要点：

（1）转变理念，高度重视城市商业职能

城市功能决定城市兴衰。无论是工业化时代还是后工业化时代，商业一直是拉动城市产业结构升级、集聚城市发展优势的核心产业活动，"以市兴城"在许多地方已达成成为共识。在此背景下，城市应突破工业化时期的发展框架和思路，转变理念，重视新兴的、最具增长潜力的商业职能的培育和壮大。

（2）多管齐下，因地制宜制定商业发展模式

商业活动具有广泛的关联性和依赖性，城市商业发展需要多方面的支撑，同时又反过来推动城市多方面的发展。在推动城市商业发展方面，系统观的确立十分重要，应高度重视商业、工业、服务业、金融业等产业部门的协同发展，增强城市商业体系的稳定性、多元性和抗风险能力。

（3）找准突破点，打造城市商业核心竞争力

城市内生要素对城市商业发展具有关键意义，不同城市在商业竞争网络中具有不同的绝对优势，内生要素利用方式很大程度上又决定城市商业的相对优势。商贸驱动型城镇化应统筹城市资源结构、发展阶段、区位交通、人口规模等多方面因素，遵照相关政策部署，合理确立重点、商贸产业优先，形成突出的商业发展能力和独特的竞争优势。

（4）积极参与区域合作，建立广阔的市场网络

出于对集聚效应、溢出效应的追求，通过横向关联和纵向关联来实现业间互惠、业内互惠，是现代商业的基本特征。政府和相关组织应积极搭建区域合作平台、完善区域合作机制，引导、鼓励各类商业主体进行合作，共享市场，互惠互利，推动城市商业持续发展和壮大。

7.3.2.5 综合发展型城镇

综合发展型城镇要求在区域内部各产业部门之间建立密切的经济联系，使当地的自然资源和劳动力资源得以有效利用，使得城镇经济全面协调发展。综合发展型城镇的产业布局应把握以下要点：

（1）以产业布局为主线，完善城镇功能

城镇功能是否完善是影响产业可持续发展的重要因素，是避免产业园区只见工厂不见人、留不住人导致发展难以为继的关键。综合发展型城镇要根据产业布局和发展情况，统筹推进市政基础设施和公共服务设施向产业园区延伸，规划布局水、电、气、通信、道路、机场、港口、污水及垃圾处理等基础设施建设，提高城镇综合承载能力，规划布局教育、科技、卫生、文化体育等公共服务设施建设，提升城镇公共服务功能，加快形成城镇与产业园区为一体的基础设施和公共服务设施体系。

（2）以城镇体系为脉络，强化产业支撑

产业支撑是否坚实是影响城镇规模、结构、功能和层次的根本因素，是

避免新城成为"空城""睡城""赌城"的关键。综合发展型城镇要根据城镇布局和建设情况，促进新城以产业园区为依托，推动生产要素集中集聚，重点发展新兴产业和先进制造业，以及以生产性服务业为主的现代服务业。积极支持二、三圈层区（市）县的县城、区域中心镇加快完善乡镇产业发展规划，按照宜工则工、宜商则商、宜农则农、宜旅游则旅游的原则，发展特色优势产业，不断壮大镇域经济实力，提高公共服务能力，打造一批工业兴镇、商贸兴镇、旅游兴镇、农业兴镇、生态兴镇等特色经济强镇，切实增强新城、县城和区域中心镇的集聚能力和辐射带动能力。

总的来说，不同地区资源禀赋不同，各地区应结合其城镇定位、区位特征、产业基础、资源优势、政策导向、环境承载力等因素，科学规划产业布局，合理设定与城镇发展相匹配的产业，因地制宜、分型发展、产城适配，构建我国新型城镇化的产业支撑体系。

7.3.3 制造业对小城镇发展的推动作用

城镇化的过程是人口聚集，产业非农化的过程。制造业的集聚效应推动了城镇化的进程。首先因为制造业的发展，带来了乡镇企业的产生，提供了就业机会，促进了人口的集聚。制造业生产是为了追求利润最大化，需要通过规模经济降低成本，提供生产效率。因此需要聚集生产要素，优化资源配置，尤其是劳动力的集聚和分工。低成本是制造业生产追求的目标，为降低成本需要实现规模经济，因此需要劳动力的集聚和分工。生产的集中最终会带来居住的集聚，因此制造业的发展带动了人口往城镇积聚，推动了城镇化的进程。制造业为小镇的稳定发展提供了产业支撑，有了产业的支撑，城镇才能为人口的定居提供稳定的就业机会。

其次，制造业创造了供给，城镇化创造了需求。随着收入的提高，消费需求增加，促进了小城镇市场的发育，与生活服务相关，为居民提供日用消费品的行业发展起来，这些第三产业的兴起，进一步让要素资源向小城镇聚集。

除此之外，乡镇企业的发展为城镇提供了资金积累，帮助城镇完善基础设施，改善居住条件与公共服务设施，扩大城市规模。苏南地区的制造业与城镇化就是由乡镇企业的发展驱动的。乡镇企业创造了"离土不离乡，进厂不进城"的城镇化模式。促使农村剩余劳动力向非农产业聚集，提高其收入水平。制造业对农村剩余劳动力有显著的拉动作用，使其向城镇集聚。产业的城镇化是经济支撑，没有产业的发展不会吸引劳动力，无法支撑城镇化的发展；人口也应城镇化，建了很多城市却无人住就是空城，必须要有人转移过去。由于产业的聚集必然带来土地城镇化，需拿出更多的土地为城市运行、城市发展、为城市的人口服务，这将带动城镇的发展。

7.3.4 小城镇推进绿色制造业的发展路径

发展制造业是许多小城镇经济的主要依托，也是小城镇扩大经济总量、增加财政收入和就业机会的主要途径。但是现在相对于大中城市，除少数沿海地区城镇以外，我国大多数以传统制造业为支撑的小城镇是依靠低附加值的加工制造或靠消耗资源维持发展的。这种发展模式造成了劳动力素质的低端化，影响了城镇化的稳定发展。同时，长期呈现粗放式的发展模式，资源消耗大，科技含量不高，经济效益低，产业升级受阻也影响了城镇创新能力的提升。要推进集约、智能、绿色、低碳的新型城镇化，绿色制造是推动新型城镇化的一个发展方向。绿色制造是高效、清洁、低碳、循环的新型制造方式。而新型城镇化是在推进城镇化过程中贯彻生态文明理念，是一条集约、智能、绿色、低碳的道路。绿色制造与新型城镇化可以相互促进。绿色制造推动城镇经济摆脱以往粗放型的发展方式，向集约型转变，走布局集中、城镇密集、用地节约的城镇化之路（袁业飞，2013）；培养以低能耗、低排放、低污染为典型特征的新型制造业发展模式，保证新型城镇化高起点驶入科学发展的轨道。

2016 年 7 月 18 日发布的《工业绿色发展规划（2016—2020 年）》中指出，全面推进绿色制造，需要强化产品全生命周期绿色管理，支持企业推行绿色设计，开发绿色产品，建设绿色工厂，发展绿色工业园区，打造绿色供应链。这为小城镇实现构建绿色发展格局提供了思路。小城镇不仅需要从绿色技术、绿色产品、绿色工厂、绿色园区、绿色供应链、绿色企业和绿色监管等核心内容对传统制造业进行绿色改造，还需兼顾制造业在要素结构、生产组织方式和空间结构上的均衡协调发展，以推动小城镇制造业的绿色发展。

（1）以技术创新为核心，打造绿色工厂，发展循环经济

技术创新包括技术开发与技术应用，技术开发是指生产过程中的创新，包括产品与工艺升级；技术应用是指技术开发成果的产业化。绿色技术确定了技术开发的方向，绿色产品实现了技术应用，从而发挥了技术创新的能效。因此，技术创新的动能可以通过开发绿色技术、生产绿色产品将其转化为动力，着力点是建设绿色工厂。绿色工厂为绿色技术提供管理与组织上的支持，实现了绿色技术与绿色产品的集成，绿色工厂是绿色技术与绿色产品的重要组织载体与发展方向。

创建技术含量高、能耗低的"绿色工厂"是建设资源节约型、环境友好

型制造业小镇的必然选择。绿色工厂的建立与运行主要包括以下内容：首先，绿色工厂的设计概念是通过科学的整体设计，集成生态景观、自然通风与采光、再生能源与资源、超低能耗、智能控制、舒适环境、人机工程等常规及高新技术；其次，绿色工厂需要借助能源管理系统，整合工业自动化和信息化技术，对企业生产全过程中各类能源数据进行实时采集和监测，建立能源消耗评价体系，实现在信息分析基础上的能源监控和能源管理的流程优化再造。最后，建设绿色工厂标准体系，形成国家标准、行业标准互为补充的标准体系，还要充分发挥第三方机构作用，开展绿色工厂宣传、培训、咨询、评价等服务。

以制造业为主导产业的小城镇可以通过开发节能和循环技术，打造绿色工厂，改变传统制造工艺，采用先进设备，优化生产流程。在设计环节实现数字化，在生产上实现自动化和信息化，在设备控制上实现数控化，带动传统制造流程更新改造（叶敏弦，2014）。在工厂推广运用高性能加工设备和网络系统，使得生产流程可以实现信息化和智能化控制。同时，鼓励制造业工厂实现清洁生产，采用先进的清洁生产工艺，推动传统制造工艺绿色化、智能化改造；提高原材料的使用效率，强化原料精细加工，推广循环生产方式，综合利用各类资源，加大废料多层次回收利用，按照厂房集约化、生产洁净化、废物资源化、能源低碳化原则，优化制造流程，应用绿色低碳技术建设改造厂房，集约利用厂区。

以制造业为主导产业的小镇在打造绿色工厂时可以参考福建龙岩的经验。福建龙岩的传统建材、能源企业在过去的发展过程中，一方面，对资源消耗过大。这种粗放型的发展方式导致资源过度开采，资源拥有量变得越来越少，另一方面因为对环境的过度破坏，环境问题也日益凸显。"十里山沟，处处冒烟"的发展方式违背了可持续发展的理念。福建龙岩近年来致力于打造节能减排、循环利用的绿色产业链，龙雁工业集中区的坑口电厂主要负责向园区其他企业输送原材料与热气，与此同时，另一家企业，龙能公司通过利用先进技术，将粉煤灰再次利用，实现废弃物的"资源化"再循环，既减少了废气排放量，也提高了资源能源利用效率。通过资源的回收利用，循环再造使坑口电厂实现了零排放的清洁生产（温晓明，2015）。

（2）推行集群式发展模式，打造绿色园区

以制造业为主导产业的小城镇可通过推动集群式发展模式转化为动力，着力点是打造绿色园区。绿色园区是指积极采用清洁生产技术，利用无害或低害的新工艺、新技术，大力降低原材料和能源消耗，实现少投入、高产出、低污染的产业聚集园区。绿色园区是指积极采用清洁生产技术，利用无害或低害的新工艺、新技术,大力降低原材料和能源消耗,实现少投入、高产出、低污染的产业聚集园区。建立绿色园区,要建立相应的公共服务设施支撑企业产业的发展,构建服务平台,促进技术创新、产业联盟、"产学研"的结合,设立服务机构,加强技术评估、检测认证、产权交易、成果转化等。严格企业产业入园的标准,将资源节约和利用、生态环境承载能力与环境保护作为衡量标准,鼓励园区企业推进绿色发展、循环发展与低碳发展。支持产业链前端设计企业和具有发展潜力的园区开辟其他配套服务,鼓励园区企业将绿色制造的发展与移动互联网、云计算、大数据、物联网的应用融合。加快推进电子商务,建立现代流通体系建设,应用工业智能化,注重发展包括生物医药、纳米技术应用、云计算在内的新兴产业。绿色园区是在资源环境承载力的基础上实现关联企业在空间上的集合,可以强化企业间的合作,是集聚式发展模式的重要组织载体与发展方向。集聚式发展模式通过优势产业集中布局、集聚发展,扩大规模经济范围和集聚效益,发挥产业配套能力优势、公共基础设施优势、政策环境优势。福建省的尤溪县、云霄县、连城县、南靖县等就是走绿色工业集成优化的路子,通过开展绿色投资、完善产业配套能力和公共基础设施,打造绿色低碳循环发展的产业园区;通过对产业链进行配套引资、填平补齐、培育发展绿色制造业集群,让城镇制造业走向集约化、专业化、低碳化的绿色发展道路。

　　同时,通过建设少投入、高产出、低污染的产业聚集绿色园区,促进企业之间,产业之间的资源循环利用实现资源使用的减量化和节能化,还可将绿色生产与绿色消费结合起来,打造具备城镇综合开发功能的生态绿色新园区,加快城乡统筹发展(叶敏弦,2014)。山东省烟台市是一个典型的例子,将各类园区打造为城镇反哺乡村的平台,推动城镇化发展的进程。烟台经济技术开发区打造了多个小城镇经济集中区,通过山东半岛海洋蓝色经济、黄三角高效生态经济和胶东半岛高端产业经济的发展,为周边的龙口、莱州、莱阳、招远、栖霞、海阳等县(市)带来了发展配套产业的机会,推动包括机械制造、现代化工、电子信息等多个产业集群的形成。通过工业开发区、高新技术产业区、经济开发区的建设,整合小城镇经济集中区建设的叠加优势,通过功能区的发展加快生活区配套设施的完善,带动了城乡一体化的发展(王金虎,2013)。

　　(3)以"互联网+产业"模式为主导,打造共享平台,构建绿色生态链

　　"互联网+产业"通过现代信息技术,如"移动互联网、云计算、大数据"等,为产业的发展提供新产品、新技术、新业态。"互联网+产业"是一种生产要素优化配置的模式,提高制造业的创新力和生产力,其动能可以通

过共享平台转化为动力，着力点是构建绿色生态链。这种模式的能效主要表现为效率提高、跨界合作、供需匹配。共享平台将能效转化为动力，具体表现为：资源平台减少重复投资，提升使用效率；技术平台构建了技术创新协同网络，提升了技术研发水平。管理平台培育企业生态圈，促进同一生态圈不同行业之间的企业战略联盟发展；信息平台使得制造企业可以便捷地获取消费者的及时信息，增强对市场需求的反应能力。随着共享平台范围的扩大，联系的加深，多个平台进行有机组合后，形成了生态链。共享平台促进企业之间、行业之间的合作，加强对污染的监控，实现采购、生产、营销、回收及物流等各个环节的资源节约、环境友好，推动绿色生态链的构建。

宁海智能汽车小镇是一个典型的例子。宁海智能汽车小镇的定位是发展高端装备制造业，以德国《工业4.0》为制造标准，以"互联网+"为发展模式，打造智能汽车小镇。智能化首先体现在产业发展上，以知豆为代表的电动车生产集智能制造和"互联网+"为一体，以《工业4.0》的标准设计生产线。以机器换人的方式实现了生产过程的智能化。智能化也体现在小镇管理上。积极推进智能化小镇建设，成立智能化社区。推动物联网、云计算、大数据等新一代信息技术创新应用，实现与城镇经济社会发展深度融合。广东东莞以"互联网+"为基础发展智慧城市，实现城镇化、工业化和信息化的深度融合。小镇通过建立大数据共享中心，以智能化的方式建设小镇公共设施、提供公共服务、确保公共安全。通过将新能源汽车研发、规模化生产、产业配套、休闲旅游融合发展，打造生态链有效循环的"创新智镇、生活天堂、文化家园、生态绿岛"。

(4) 通过强化产品全生命周期的绿色管理，发展绿色企业，生产绿色产品，打造绿色品牌

绿色企业通过用绿色技术，清洁工艺制造和销售环境友好型的产品，在生产过程中实现资源利用减量化，以及"三废"排放低量化，并对产品进行回收、处理和再利用的企业。绿色企业贯彻绿色管理理念，通过绿色战略的实施、绿色标准的落实、绿色管理的贯彻和绿色企业文化建设，提升企业绿色竞争力（乔龚斌等，2003）。产品生命周期的绿色管理是发展绿色企业的一个途径，促使企业在产品生命周期的各个阶段实现绿色化，包括绿色设计、绿色生产、绿色包装、绿色回收和处理等。产品的最初设计环节就是考虑对环境的影响，以环境友好型的设计作为设计出发点，从设计上尽可能减少产品对生态的负面影响。绿色生产主要指在产品制造过程中实现清洁生产，采用先进的清洁生产工艺，推动传统制造工艺绿色化、智能化改造。绿色包装主要指在生产过程中遵循减量化原则、可重复利用原则、可回收再生原则、

可降解化原则，这是在绿色设计环节中就应重点考虑的。绿色回收和处理，侧重加大废料多层次回收利用，通过废弃物的"资源化"再利用实现变废为宝。

引导企业建立集资源、能源、环境、安全、职业卫生为一体的绿色管理体系，将绿色管理贯穿于企业研发、设计、采购、生产、营销、服务等全过程，实现生产经营管理全过程绿色化。可以通过提升产品绿色价值，打造绿色品牌转化为动力，着力点是建立绿色企业。企业是绿色产品与绿色品牌的组织载体，是绿色产品与绿色品牌的创造者与受益者。建立绿色企业，提升其竞争力，是绿色产品与绿色品牌的发展方向。德源镇地处川西平原腹心地带，位于成都市近郊，是郫都区的南大门，是四川省小城镇建设试点镇。随着德源镇不断改善生产经商的环境，一些包括成都科沣兔业绿色基地在内的技术含量高、附加值高、市场占有率高的项目纷纷落户德源，大力推动了镇域经济的发展，增加了当地农民的收入。除了建成成都市近郊最大的家禽养殖基地，德源镇还大力发展绿色大蒜基地化建设，建成以东林村、义林村、平城村等为主，并辐射到友爱、红光等镇的大蒜标准化生产基地。同时，充分发挥生产优势，注册品牌，生产的大蒜获得了绿色食品标志，成为云南大蒜的种源基地，形成了省内外优质蒜薹、优质蒜种基地的规模效应。

（5）以健全法律体系为保障，推行企业社会责任报告制度，强化绿色监管

通过相关法律体系，制定绿色标准，为企业社会责任报告制度的建立提供法律依据。同时，完善的法律体系也为透明、便捷的信息平台提供了法律保障，有利于企业社会责任报告制度的实施。企业社会责任报告制度的建立与实施强化了绿色监管。优化政策保障体系，按照绿色法律和法规，检测企业节能减排的进度，加大对能耗、排污的动态监管，并完善评估审查制度。首先，需要完善绿色标准与管理规范。按照绿色制造原则，全面清查和评估现行标准，对已有标准进行补充修订，加快推进新技术、新产品的标准制定，并严格实行标准管理。加快制定包括绿色技术、绿色设计、绿色产品在内的行业标准，并对其进行规范的管理（黄群慧，2015）。其次，做到"正向激励"与"负向激励"结合，建立公正透明的奖惩机制。不仅要通过法律法规对污染行为进行惩罚，也要通过补贴等优惠政策对绿色企业实施奖励。利用现代的网络平台，建立公正、透明、及时的奖惩机制。除此以外，还要保护知识产权，促进绿色技术产业化。企业是绿色技术研发的主体，但绿色技术往往无法带来经济利益，导致企业技术研发积极性下降。提升企业研发与使用绿色技术的积极性，不仅仅在于保护知识产权，还需要促进绿色技术产业

化，彻底解决绿色技术的市场障碍。

（6）培养和创建制造业特色小镇，既要明确产业定位，也要注意产业融合与产镇融合

立足城镇产业的发展特色，做好产业规划，每个小镇聚焦一个产业，围绕一个产业做好项目组合。在确定制造业为特色小镇主导产业之后，要结合当地产业特色、人文环境、生态禀赋等，发展配套产业，注重产业、文化、旅游、休闲等功能的叠加，整合产业间和产业内的发展。突出产业融合是指不同产业之间相互渗透、相互交叉，最终融合为一体，逐步形成新产业的动态发展过程。促进制造业与其他产业的整合有利于传统制造业提高产业竞争力，推进制造业结构优化升级，是小镇传统制造业向中高端发展的助推器。首先，有利于促进产业间技术的更新与替代，从而实现产业间供给技术的融合创新。一方面促进传统制造业由高耗能低技术向绿色化高技术过渡，另一方面产生融合型新兴市场，催生新兴业态发展。其次，产业融合催生了多种新产品、新服务以及新生产模式，等等，不仅丰富了消费者的选择范围，也极大地拓展了小镇产业发展空间，逐步形成新的业态。小镇特色制造业不仅可以与第一产业、第二产业或第三产业协同发展，突出产业间的相互支撑与互补，也要在特色产业内部，将各种要素与创新要素渗透融合，实现信息化、高端化和系列化。

除了产业间与产业内部的融合，也要突出产镇融合。建设制造业特色小镇要符合城镇建设的要求，实现产城融合。要按照产业发展和空间布局协同发展的原则，运用创新资源，打造创业创新的生态系统，促进制造业转型升级与小镇空间布局的协调融合，使特色小镇同时具备产业、旅游、文化、社区等功能，实现"生产、生活、生态"的融合。

8　绿色制造体系路径优化

根据绿色制造体系的发展水平与新动能的能效水平，本章对绿色制造体系的构建路径进行优化，以解决西部地区内部的不均衡性。虽然经济发展与环境保护之间存在固有的矛盾，但在不同地区之间依然存在差异。数据显示，西部地区内部依然存在发展的不均衡性，不同地区的绿色发展水平和新动能成长情况存在显著的差异。所以，基于区域特征的路径优化是构建绿色制造体系的必然选择。

8.1　路径优化的背景

在环境经济学中，对经济发展和自然环境的关系有两种不同的论断（袁鹏、程施，2011）。一种是"增长极限论"，认为由于资源的有限性，经济增长最终会陷入停滞。另一种是"环境库兹涅茨曲线"，认为环境质量在经济增长的初期会逐渐下降，但随着经济增长至高级阶段，技术进步、环保政策等措施会改善环境质量。根据以上所划分的四类地区，结合环境经济学中的两种论断，可以推断出两条不同的发展轨迹。绿色发展轨迹：在经济发展到拐点后，经济发展会改善环境质量，逐渐进入绿色发展期。生命周期轨迹：在经济发展到拐点后，环境质量的下降会阻碍经济发展，逐渐进入衰落期。如图 8.1 所示。

在区域经济研究中，西部地区长期以来都是作为一个独立的经济单元，被贴上了"粗放""生态脆弱""落后"等标签。西部经济发展水平落后于东部地区，一直扮演着"模仿者、追赶者"的角色。西部地区发挥"后发优势"，承接东部的产业转移，沿袭东部的发展模式，将发展目标锁定在"追赶东部"。由于东西部地区的发展历史、资源禀赋、战略地位存在巨大差异，单纯的"模仿战略"无法使西部地区获得可持续性发展。传统的"先污染，后

191

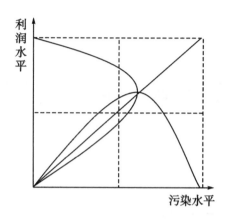

图 8.1 发展轨迹图

治理"的惯性模式加剧了西部地区经济发展与环境保护之间的矛盾。经过多年发展,西部地区内部已形成显著的不均衡性,其发展水平不能以"落后"来一概而论。例如,成都、重庆均已入选"国家中心城市",发展水平直追一线城市。经济与环境的矛盾在发展水平不同的西部城市也有着不同的强度。合理解决该矛盾是实现绿色发展的前提。

西部地区沿袭东部地区的发展路径,优先发展资源密集型的高污染、高能耗、低附加值的产业,旨在短期内实现经济的跨越式增长。但由此产生的环境问题制约了西部地区的进一步发展。随着我国经济进入增速放缓、结构调整、提质增效、转型升级的经济新常态,中央提出"创新、协调、绿色、开放、共享"五大发展理念,正在实施的"供给侧改革""中国制造2025""一带一路"倡议等发展战略,促进各省逐步打造绿色制造体系。西部各省(市、区)积极响应,对传统产业进行了改造提升。由于各地在人力资源、科技水平、经济实力、政策执行效率等方面存在差异,传统产业改造提升的效果不尽相同,这进一步加剧了西部地区内部的不均衡性。

初期的"追赶模仿"和后期的"改造提升"将西部地区内部的不均衡性逐渐放大,造成了西部企业在经济利润与污染水平上的差异。传统的"整体思维"忽视了西部地区内部的差异性,从而无法解决绿色发展的结构性问题。

从图8.2可以看出,西部各地经济利润与污染水平的变化具有差异性,经济发展与环境保护的矛盾在不同地区有不同的强度。

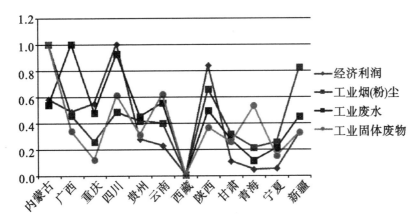

图8.2 西部12省（市、区）经济利润与污染水平的不均衡性

资料来源：本研究根据2015年《中国统计年鉴》《中国环境统计年鉴》整理；图中数据进行了无量纲化处理。

可以看出，重庆、四川改造提升效果较好，经济与环境的矛盾较小。内蒙古、陕西仍处于以牺牲环境为代价、追求经济快速增长的阶段。广西、贵州、云南等7个地区的环境问题已制约了其经济发展。西藏地区经济水平和污染水平均比较低，仍有待进一步开发，应避免走"先污染、后治理"的传统模式。西部地区内部结构性问题制约着绿色制造体系的发展。但经济利润和污染水平是一种存量，只能描述地区发展的状态，而不能得出地区发展的潜力。与此同时，绿色制造体系不仅仅是污染问题，还包括高效、低碳、清洁和循环发展问题。绿色作为发展目标也无法用经济利润来直接衡量。从增量的角度来看，新动能反映了经济发展的方向和潜力。从经济与环境的矛盾上看，绿色制造体系为区域发展提供了新的战略思维。

8.2 路径优化的准则

绿色制造体系的路径优化是基于西部地区内部发展不均衡性提出的，但如何实施路径优化还需从绿色制造体系发展水平与新动能能效水平出发。经济发展与环境保护之间的矛盾存在地区之间的差异性，缺乏一致性的衡量标准。经济利润不足以代表一个地区的经济发展趋势，污染水平也无法概括反映环境发展水平。绿色理念既包含了经济因素，又以环境发展为目标，为解决经济发展与环境保护之间的矛盾提供了新的理念。所以，绿色制造体系发展水平成为路径优化的准则之一。新动能包括技术创新、产业融合（互联网)、制度与结构改革，是实现绿色制造体系的动力来源。以劳动人口、资金、自然资源为基础的传统动能无法实现绿色发展。所以，新动能成长成为路径优化的准则之二。绿色制造体系与新动能同样存在地区之间的差异，二者之间的匹配成为路径优化的准则之三。路径优化首先需要对西部各地区的绿色制造体系发展水平和新动能能效水平进行评估、分类，其次是明确二者之间的匹配关系，如贵州地区的绿色水平高，但新动能能效相对较低。

8.2.1 绿色制造体系发展水平的地理分布

根据前文的研究，2015 年绿色制造体系发展水平被分成四类，如表 8.1 所示。其中广西、重庆发展水平最高，属于第Ⅳ类，贵州、陕西、四川、新疆发展水平较高，属于第Ⅲ类，云南、宁夏、内蒙古发展水平较低，属于第Ⅱ类，青海、甘肃水平最低，属于第Ⅰ类。西藏地区虽然缺失数据，但其制造业基础较为薄弱，自然环境具有特殊性，环境承载力较低，所以西藏的绿色制造体系发展水平属于第Ⅰ类。

表 8.1　　2015 年西部省（市、区）绿色制造体系发展水平分类表

省（市、区）	绿色制造体系发展指数	分类
广西	0.601	Ⅳ
重庆	0.599	Ⅳ
贵州	0.59	Ⅲ
陕西	0.526	Ⅲ
四川	0.519	Ⅲ
新疆	0.488	Ⅲ
云南	0.456	Ⅱ
宁夏	0.438	Ⅱ
内蒙古	0.393	Ⅱ
青海	0.354	Ⅰ
甘肃	0.244	Ⅰ

根据表 8.1 可以看出绿色制造体系发展水平的地理分布。西部地区的绿色制造体系发展水平由东向西递减，一方面是由于环境承载力的差异，另一方面是由于经济发展水平的高低。由此可以推断，绿色制造体系发展水平与经济利润和自然环境基础有着密切联系，发展绿色制造体系是一个系统性的工程。

8.2.2 新动能能效水平的地理分布

新动能由技术创新、产业融合（互联网）、制度与结构改革三个维度构成，维度之间具有明显的区分，无法聚合，因此对每个维度进行评估与分类。分类的标准为"分位数"，与绿色制造体系发展水平分类一致，采取四级分类。

第一，技术创新。根据前文对 2015 年技术创新能力的评价结果，采用四分位数对各地区进行排名与分类，如表 8.2 所示。四川、重庆技术创新能力强，属于第Ⅳ类；广西、内蒙古、陕西技术创新能力较强，属于第Ⅲ类；甘肃、云南技术创新能力较弱，属于第Ⅱ类；新疆、宁夏、贵州技术创新能力最弱，属于第Ⅰ类。

表 8.2　　　　　2015 年西部省（市、区）技术创新能力分类表

省（市、区）	得分	分类
新疆	−0.543 13	Ⅰ
宁夏	−0.424 07	Ⅰ
贵州	−0.310 56	Ⅰ
甘肃	−0.225 7	Ⅱ
云南	0.099 27	Ⅱ
广西	0.108 04	Ⅲ
内蒙古	0.166 22	Ⅲ
陕西	1.006 97	Ⅲ
四川	2.286 5	Ⅳ
重庆	2.314 2	Ⅳ

第二，以"互联网+"为代表的信息化发展与变革。根据前文对 2015 年互联网整合能力的评价结果，采用四分位数对各地区进行排名与分类，如表 8.3 所示。重庆、陕西、四川"互联网+"能力最强，属于第Ⅳ类；西藏、内蒙古、云南"互联网+"能力较强，属于第Ⅲ类；贵州、青海、宁夏"互联网+"能力较弱，属于第Ⅱ类；广西、甘肃、新疆"互联网+"能力最弱，属于第Ⅰ类。

表8.3　　　　　2015年西部省（市、区）"互联网+"能力分类表

省（市、区）	得分	分类
广西	−0.382 37	Ⅰ
甘肃	−0.237 89	Ⅰ
新疆	−0.198 98	Ⅰ
贵州	−0.152 17	Ⅱ
青海	−0.039 03	Ⅱ
宁夏	−0.034 91	Ⅱ
西藏	0.043 93	Ⅲ
内蒙古	0.137 76	Ⅲ
云南	0.214 69	Ⅲ
重庆	0.407 63	Ⅳ
陕西	0.547 31	Ⅳ
四川	1.404 91	Ⅳ

第三，制度与结构改革。根据前文对2015年制度与结构改革能力的评价结果，采用四分位数对各地区进行排名与分类，如表8.4所示。陕西、四川制度与结构改革能力最强，属于第Ⅳ类；内蒙古、广西、重庆制度与结构改革较强，属于第Ⅲ类；新疆、贵州、云南制度与结构改革较弱，属于第Ⅱ类；宁夏、青海、甘肃制度与结构改革最弱，属于第Ⅰ类。

表8.4　　　　　2015年西部省（市、区）制度与结构改革能力分类表

省（市、区）	得分	分类
宁夏	−0.975 16	Ⅰ
青海	−0.634 84	Ⅰ
甘肃	−0.441 86	Ⅰ
新疆	−0.309 93	Ⅱ
贵州	−0.059 89	Ⅱ
云南	0.333 511	Ⅱ
内蒙古	0.447 188	Ⅲ
广西	0.479 199	Ⅲ
重庆	1.447 828	Ⅲ
陕西	2.102 518	Ⅳ
四川	3.418 713	Ⅳ

8.2.3 绿色制造体系与新动能的匹配程度

不同区域的绿色制造体系发展水平与新动能能效水平匹配程度不同，存在四种情况：高动能高绿色、高动能低绿色、低动能高绿色、低动能低绿色。高绿色高动能、低绿色低动能属于正常匹配，高动能低绿色、低动能高绿色属于非正常匹配。在不同的动能之间也存在匹配程度的差异。如广西绿色制造体系发展水平属于第Ⅲ类，技术创新和制度改革的能效水平也属于第Ⅲ类，但"互联网+"的能效水平属于第Ⅰ类，明显低于其他地区，与其他动能发展状况也不符合。为了可以清晰地看出各地区匹配程度，根据各地区的绿色制造体系发展水平与新动能能效水平的分类，形成表8.5。

表 8.5　2015 年西部省（市、区）绿色制造体系发展水平与新动能能效水平的匹配程度

省（市、区）	匹配程度		
	（绿色水平，技术创新）	（绿色水平，互联网+）	（绿色水平，制度改革）
广西	（Ⅳ，Ⅲ）	（Ⅳ，Ⅰ）	（Ⅳ，Ⅲ）
重庆	（Ⅳ，Ⅳ）	（Ⅳ，Ⅳ）	（Ⅳ，Ⅲ）
贵州	（Ⅲ，Ⅰ）	（Ⅲ，Ⅱ）	（Ⅲ，Ⅱ）
陕西	（Ⅲ，Ⅲ）	（Ⅲ，Ⅳ）	（Ⅲ，Ⅳ）
四川	（Ⅲ，Ⅳ）	（Ⅲ，Ⅳ）	（Ⅲ，Ⅳ）
新疆	（Ⅲ，Ⅰ）	（Ⅲ，Ⅰ）	（Ⅲ，Ⅱ）
云南	（Ⅱ，Ⅱ）	（Ⅱ，Ⅲ）	（Ⅱ，Ⅲ）
宁夏	（Ⅱ，Ⅰ）	（Ⅱ，Ⅱ）	（Ⅱ，Ⅰ）
内蒙古	（Ⅱ，Ⅲ）	（Ⅱ，Ⅲ）	（Ⅱ，Ⅲ）
青海	（Ⅰ，Ⅰ）	（Ⅰ，Ⅱ）	（Ⅰ，Ⅰ）
甘肃	（Ⅰ，Ⅱ）	（Ⅰ，Ⅰ）	（Ⅰ，Ⅰ）
西藏	（Ⅰ，Ⅰ）	（Ⅰ，Ⅲ）	（Ⅰ，Ⅰ）

促进新动能释放能效，构建绿色制造体系必须以经济发展与环境质量的关系为基础。从表8.5中可以看出，不同地区的经济与环境基础决定了路径的选择。根据不同地区的匹配程度，重点对"高动能高绿色、高动能低绿色、低动能高绿色、低动能低绿色"四类区域进行路径优化，释放新动能，构建绿色制造体系，推动生命周期轨迹向绿色发展轨迹转变。

8.3 路径优化的具体措施

8.3.1 匹配地区

匹配地区包括两类，高动能高绿色与低动能低绿色。对于高动能高绿色地区来说，动能在绿色制造体系过程中发挥了相应的作用。这一类地区是构建西部绿色制造体系的领导者。对于低动能低绿色地区来说，应该明确自身跟随者的角色，在吸收领导者的产业转移的同时，要更加注意环境问题。

高动能高绿色地区包括四川、重庆、陕西、广西四个区域。从发展历程上看，川渝地区起步较早，并且很多产业之间存在高度关联性，如食品制造及烟草加工业非金属矿物制品业、金属冶炼及压延加工业、交通设备制造业等（韩斌等，2008）。因此，川渝经济区在西部地区率先突破省域限制，实现资源跨地区优化配置（黄森、蒲勇健，2012）。在川渝经济区形成之后，陕西制造业加大"产学研"合作（刘民婷、孙卫，2011），产业体系得到了较好的发展，经济水平也稳定上升。以西安为中心的关中城市群，加入成渝经济区，逐渐形成西三角经济区（张建清、张燕华，2014）。广西本身是"南贵昆"经济区的重要组成部分（涂妍，2004），随着湾区的战略地位提升，位于北部湾地区的广西得到了快速发展（柯丽菲，2013）。四川、重庆、陕西、广西四个区域具备很强的地域优势。对于领导型的地区来说最主要的路径是研发新的绿色技术，同时对落后地区进行技术、产业等转移，升级自身绿色制造体系。在技术创新方面，该地区应该加大对探索式创新的研发投入，积极推进绿色技术向其他落后地区转移。在"互联网+"方面，该地区应作为产业融合的枢纽，要大力促进跨地区、跨行业的合作。在制度与结构改革方面，该地区应进行制度创新，试行新的管理制度与思想。

低动能低绿色地区包括云南、甘肃、宁夏、青海、西藏五个区域。绿色制造体系包括高效、低碳、清洁、循环，并不仅仅指环境污染问题。这些地区的低绿色主要是由于环境承载力弱和制造业较为落后，无法实现高效生产。尤其在青海和西藏地区，制造业发展尚处于初期阶段，其脆弱的生态环境决定了路径的特殊性。从产业结构上看，西藏地区第一、三产业比重较高，第二产业比重较低，主要以采冶业和原料及其初加工业为主，制造业与高技术企业数量少、产值低（彭泽军，2014）。从环境承载力来看，由于地理位置的特殊性，西藏地区不仅自身生态系统脆弱，修复能力较低并对全国的气候、水资源、生物基因等有重要影响（阎欣等，2011）。从制度和政策上看，为了缩小东西部之间的差距，国家在 21 世纪初实施了西部大开发政策。西藏作为西部地区中的落后城市，成为西部大开发的重点，并获得了大量的政府资助，基础设施得到了改善。但西藏地区的工业缺乏内生动力，对政府援助产生了依赖和副作用（李国政，2013）。在以上五个地区，经济因素、宗教因素、民族因素、边疆因素等都决定了制造体系的复杂性。由于这些地区的环境具有不可逆性，在承接发达地区的产业转移时，应该将环境保护放在首位。对于产业布局来说，这些地区应该增强政府在产业集群中的服务作用。政府通过产业配套能力、公共基础设施和市场环境的建设，为制造业企业提供良好的商业生态系统。对于产业融合来说，制造业企业需明确自身优势，构建核心竞争力，积极进行同业合作与跨界联盟，形成生态型产业链。比如，文化创意型制造业，利用本地的文化、旅游等无形资源来开发高附加值低能耗的产品。

8.3.2 非匹配地区

非匹配地区指低动能高绿色和高动能低绿色。低动能高绿色地区包括新疆与贵州，此类地区主要以第一、第三产业为主，第二产业中的制造业比重较低。虽然绿色制造体系发展水平较高，但污染水平也较高（见图 8.2），说明制造业由于比重较少，对环境的影响较小，但其他产业，如畜牧业、采矿业、旅游业等对环境的负面依然较大。从长期来看，这些产业与制造业具有很强的关联性，环境压力会转移到制造业。所以，该地区的绿色制造体系发展水平不具有可持续性，仍需提高动能能效水平。高动能低绿色地区指内蒙古地区。内蒙古地区的经济发展存在一定程度上的"资源诅咒"现象，即自然资源对经济增长产生了限制作用，资源丰裕经济体的增长速度往往慢于资源贫乏的经济体（徐盈之、胡永舜，2010）。动能在该地区没有发挥应有的作用，主要是结构性的资源错配。非匹配地区不符合动能与绿色制造体系之间的关系，属于异常现象。本研究重点关注路径优化问题，对其原因的探讨超出了本研究的范围，还有待其他学者进一步深入研究。

第一，提升生产效益，加大主动型绿色投资，解决内部结构性问题。西部地区 12 个省（市、区）之间的绿色发展水平不同，高绿色度的地区应发挥示范作用，带动低绿色度的地区发展，完成西部地区自身的结构性调整。生产效益与治污投资是绿色发展水平的决定性因素，生产效益反映了资源能源利用效率，是对污染来源的控制；治污投资反映了企业对环境管理的主动意识，是对已有污染的处理。绿色发展首先需解决经济发展与环境保护的矛盾。统计资料数据表明，不同地区有着不同强度的环境问题。这种差异性体现了西部地区绿色发展的结构性问题。通过进一步分析发现，环境问题的差异性源于生产效益水平和治污投资水平的不同。因此，解决绿色发展的结构性问题应从提升生产效益水平、改善污染投资效率、增加主动型绿色投资方面入手。

第二，发扬"工匠精神"，塑造绿色品牌，建设绿色企业。非匹配地区的制造业以中小企业为主，既缺乏资金等硬实力，又缺乏人才、知识等软实力，导致其核心竞争能力不足，无法塑造绿色品牌。因此，制造业中小企业应该转向学习创新（innovation）的对立面——挖掘（exnovation），亦可称为"减法创新"，一是指对过去活动进行深入思考，去除糟粕和定势思维，为新的思想提供成长空间；二是指反向推理，利用原有经验来推理未知的世界，周而复始的探索。而"工匠精神"是"挖掘"的战略思维在制造业领域的体现，指企业在以往熟悉的领域，通过精益生产的方式，不断提升产品品质，最终达到追求卓越的目标。绿色品牌有助于解决绿色产品的市场障碍，用品牌溢价来弥补额外的绿色成本。品牌的核心是"品质"。"工匠精神"有助于制造业中小企业改变以往"低品质"的形象，提升产品的绿色价值，建立自身的绿色品牌。因此，西部地区制造业中小企业在软硬实力均缺失的情况下，必须通过"挖掘"思维下的"工匠精神"来提升品牌、建立品牌。

参考文献

一、外文部分

［1］Aragon-Correa J. A. Sanjay Sharma. A Contingent Resource-Based View of Proactive Corporate Environmental Strategy ［J］. The Academy of Management Review, 2003, 28（1）: 71-88.

［2］Brandt L, Biesebroeck J V, Zhang Y. Creative Accounting or Creative Destruction? Firm-level Productivity growth in Chinese Manufacturing ［J］. Journal of Development Economics, 2012, 97（2）: 339-351.

［3］Buysso K., Verbeke A. Proactive Environmental Strategies: A Stakeholder Management Perspective ［J］. Strategic Management Journal, 2003, 24（5）: 453-470.

［4］Carroll A. B. A Three-Dimensional Conceptual Model of Corporate Performance ［J］. Academy of Management Review, 1979, 4（4）: 497-505.

［5］Changtai Hsieh, Peter J Klenow. Misallocation and Manufacturing TFP in China and India ［J］. Quarterly Journal of Economics, 2009, 124（4）: 1403-1448.

［6］Christmann P. Effects of "Best Practices" of Environmental Management on Cost Advantage: The Role of Complementary Assets ［J］. Academy of Management Journal, 2000, 43（4）: 663-680.

［7］Denison D R. Corporate Culture and Organizational Effectiveness ［M］. New York: Johan Wiley & Sons, 1990. 51-78

［8］Eiadat, et al. Green and Competitive? An Empirical test of the Mediating role of Environmental Innovation Strategy ［J］. Journal of World Business, 2008, 43（2）: 131-145.

［9］Fleiter, et al. Energy Efficiency in the German Pulp and Paper Industry - A Model-Based Assessment of Saving Potentials ［J］. Energy, 2012, 40（1）: 84-99.

[10] Hart, OliverD. Firms, Contracts, and Financial Structure [M]. Clarendon, 1995.

[11] Henriques I., Sadorsky P. The Relationship Between Environmental Commitment and Managerial Perceptions of Stakeholder Importance [J]. Academy of Management Journal, 1999, 42 (1): 87-99.

[12] Honma, Hu. A Panel Data Parametric Frontier Technique for Measuring Total-Factor Energy Efficiency: An Application to Japanese Regions [J]. Energy, 2014, 78: 732-739.

[13] Hunt C. B., Auster E. R. Proactive Environmental Management: Avoiding the Toxic Trap [J]. Sloan Management Review, 1990, 31: 7-18.

[14] Hyatt D. G., Berente N. Substantive or Symbolic Environmental Strategies? Effects of External and Internal Normative Stakeholder Pressures [J]. Business Strategy & the Environment, 2017, (3): 1212-1234.

[15] L. Alting Life-Cycle Design of Industrial Products: A New Opportunity [J] Challenge for Manufacturing Enterprises, 1991, (9): 8.

[16] Miles R. E., Snow C. C., Meyer A. D., et al. Organizational Strategy, Structure, and Process [J]. Academy of Management Review, 1978, 3 (3): 546-562.

[17] Murillo-Luna J. L., Garces-Ayerbe C., Rivera-Torres P. Why do Patterns of Environmental Response Differ? A Stakeholders' Pressure Approach [J]. Strategic Management Journal, 2008, 29 (11): 1225-1240.

[18] Nagesha. Role of Energy Efficiency in Sustainable Development of Small-scale Industry Clusters: an Empirical Study [J]. Energy for Sustainable Development, 2008, 12 (3): 34-39.

[19] R. Züst, R. Wagner, B. Schumacher. Approach to the Identification and Quantification of Environmental Effects during Product Life [J]. Cirp Annals-Manufacturing Technology, 1992, 41 (1): 473-476.

[20] Ranasinghe A. Impact of Policy Distortions on Firm-Level Innovation, Productivity Dynamics and TFP [J]. Journal of Economic Dynamics & Control, 2011, 46: 114-129.

[21] Robert E Lucas. On the Mechanics of Economic Development [J]. Journal of Monetary Economics, 1989, 22 (1): 3-42.

[22] Robert M. Solow. A Contribution to the Theory of Economic Growth [J]. Quarterly Journal of Economics, 1956, 70 (1): 65-94.

［23］ Romer, P. Increasing Returns and Long-run Growth ［J］. Journal of Political Economy, 1986, 94 (5): 1002-1037.

［24］ Roome N. Modeling Business Environmental Strategy ［J］. Business Strategy and the Environment, 1992, 1 (1): 11-24.

［25］ Sharma S., Vredenburg H. Proactive Corporate Environmental Strategy and the Development of Competitively Valuable Organizational Capabilities ［J］. Strategic Management Journal, 1998, 19 (8): 729-753.

［26］ Vasauskaite, Streimikiene. Energy efficiency Development in Lithuanian Furniture Industry ［J］. 2016, 4.

［27］ Young A. Gold Into Base Metals: Productivity Growth in the People's Republic of China During the Reform Period ［J］. 2000, 111 (6): 1220-1261.

［28］ Young A. The Razor's Edge: Distortions and Incremental Reform in the People's Republic of China ［J］. Quarterly Journal of Economics, 2000, 115 (4): 1091-1135.

［29］ Young A. The Tyranny of Numbers: Confronting the Statistical Realities of the East Asian Growth Experience ［J］. Quarterly Journal of Economics, 1995, 110 (3): 641-680.

二、中文部分

［1］ 宝贡敏, 杨志蓉, 谢章澍. 中小企业技术创新战略的结构模型分析——以浙江省中小企业为例 ［J］. 科研管理, 2006, 27 (1): 62-69.

［2］ 毕克新, 王晓红, 葛晶. 技术标准对我国中小企业技术创新的影响及对策研究 ［J］. 管理世界, 2007 (12): 164-165.

［3］ 蔡昉. 全要素生产率是新常态经济增长动力 ［N］. 北京日报, 2015-11-23 (17).

［4］ 曹瑄玮, 相里六续, 刘鹏. 基于认知和行动观点的动态环境战略研究: 前沿态势与未来展望 ［J］. 管理学家 (学术版), 2011 (6): 18-30.

［5］ 曹勇, 苏凤娇, 赵莉. 技术创新资源投入与产出绩效的关联性研究——基于电子与通讯设备制造行业的面板数据分析 ［J］. 科学学与科学技术管理, 2010, 31 (12): 29-35.

［6］ 陈曦, 席强敏, 李国平. 城镇化水平与制造业空间分布——基于中国省级面板数据的实证研究 ［J］. 地理科学, 2015 (3): 259-267.

［7］ 陈晓红, 彭子晟, 韩文强. 中小企业技术创新与成长性的关系研究——基于我国沪深中小上市公司的实证分析 ［J］. 科学学研究, 2008, 26

（5）：1098-1104.

［8］池仁勇. 企业技术创新效率及其影响因素研究［J］. 数量经济技术研究，2003（6）：105-108.

［9］崔凡. 沿海部分劳动密集型制造业企业的内迁问题研究［J］. 国际贸易，2008（6）：16-19.

［10］党晨鹭. 供给侧结构分类及其对经济动能的贡献率测定［J］. 统计与决策，2016，466（22）：39-42.

［11］邓真，何一民. 论高原环境、民族特性及宗教信仰对西藏城市建筑的影响［J］. 四川大学学报（哲学社会科学版），2014（3）：37-44.

［12］丁宁，陈阿兴，周经. 制度改革流通创新与制造业效率提升［J］. 经济问题，2014（8）：83-88.

［13］丁平."中国制造"的成本优势真的丧失了吗［J］. 经济学家，2013，5（5）：14-20.

［14］段婕，刘勇. 基于因子分析的我国装备制造业技术创新能力评价研究［J］. 科技进步与对策，2011（20）：122-126.

［15］范静. 成渝经济区产业集群的发展现状、问题与政策［J］. 特区经济，2011（11）：208-210.

［16］方志耕. 产业经济发展动能及其测度模型研究［R］. 计量经济地理研讨会，2007-09-07.

［17］付强，马玉成. 基于价值链模型的我国高技术产业技术创新双环节效率研究［J］. 科学学与科学技术管理，2011，32（8）：93-97.

［18］傅元海，叶祥松，王展祥. 制造业结构优化的技术进步路径选择：基于动态面板的经验分析［J］. 中国工业经济，2014（9）：78-90.

［19］工业和信息化部. 工业绿色发展规划（2016—2020年）［EB/OL］.（2016-06-30）［2017-03-05］. http://www.miit.gov.cn/n1146285/n1146352/n3054355/n3057542/n3057544/c5142900/content.html.

［20］《工业绿色发展规划（2016—2020年)》解读之六——推广绿色基础制造工艺，提升精益制造水平［EB/OL］. www.miit.gov.cn/n1146285/n1146352/n3054355/n3057542/n3057545/c5213884/content.html.

［21］缑倩雯，蔡宁. 制度复杂性与企业环境战略选择：基于制度逻辑视角的解读［J］. 经济社会体制比较，2015（1）：125-138.

［22］郭淑宁. 刍议绿色企业文化的内涵及价值［J］. 商场现代化，2006（23）：309-310.

［23］郭永杰，米文宝，赵莹. 宁夏县域绿色发展水平空间分异及影响因

素［J］. 经济地理，2015，35（3）：45-51+8.

［24］韩斌，刘朝明，汪涛. 川渝地区产业关联与产业合作政策研究［J］. 经济学家，2008（6）：64-69.

［25］何伟军，袁亮，罗丽萍，等. 博弈论视角下的企业绿色生产的外部性问题［J］. 武汉理工大学学报（社会科学版），2013，26（6）：898-903.

［26］贺灿飞，谢秀珍，潘峰华. 中国制造业省区分布及其影响因素［J］. 地理研究，2008（3）：623-635.

［27］贺贵才，于永达. 知识产权保护与技术创新关系的理论分析［J］. 科研管理，2011，32（11）：148-164.

［28］贺正楚. 我国六大类制造产业的年度技术创新：2004—2012［J］. 社会科学家，2015（6）：15-20.

［29］侯一明. 中国劳动密集型制造业集聚研究［D］. 长春：吉林大学，2013.

［30］胡美琴，骆守俭. 企业绿色管理战略选择——基于制度压力与战略反应的视角［J］. 工业技术经济，2008，27（2）：11-14.

［31］胡永刚，石崇. 中国经济增长：内生还是外生型［J］. 学术月刊，2016，48（1）：87-100.

［32］黄丽馨. 生态性创新网络提升中小企业创新能力研究——以广西为例［J］. 学术论坛，2016（7）：66-71+117.

［33］黄群慧，杨丹辉. 构建绿色制造体系的着力点［N］. 经济日报，2015-12-10（14）.

［34］黄森，蒲勇健. 成渝经济区的空间经济机理研究——基于空间经济学模型［J］. 财经科学，2012（2）：103-110.

［35］黄俔丽，王晓红. 技术性贸易壁垒对中小企业技术创新的影响研究［J］. 科技与管理，2006（3）：76-78.

［36］江飞涛，武鹏，李晓萍. 中国经济增长动力转换机制［J］. 中国工业经济，2014（5）：5-17.

［37］姜波. 科技型中小企业技术创新绩效与企业社会资本关联机制研究：技术创新绩效信息披露的调节效应［J］. 科学管理研究，2010，28（6）：34-39.

［38］康志勇，张杰. 制度对我国本土制造业企业自主创新的影响——来自中国微观企业的经验证据［J］. 研究与发展管理，2010，22（6）：103-110.

［39］柯丽菲. 城市联盟与北部湾经济区产业协调发展［J］. 财经问题研

究，2013（4）：29-34.

[40] 李富强，董直庆，王林辉. 制度主导、要素贡献和我国经济增长动力的分类检验 [J]. 经济研究，2008（4）：53-65.

[41] 李国璋，刘津汝. 产权制度、金融发展和对外开放对全要素生产率增长贡献的经验研究 [J]. 经济问题，2011（2）：4-9.

[42] 李国政. 困顿与发展：改革开放以来西藏现代工业的回顾与反思 [J]. 生态经济，2013（2）：94-98+109.

[43] 李海滨. 努力构建绿色企业文化 [J]. 中外企业文化，2006（8）：26-27.

[44] 李克强. 2015年国务院政府工作报告 [R]. 2015.

[45] 李童. 徐绍史四方面详解中国经济新动能 [EB/OL]. （2016-07-15）[2016-02-03]. http://news.xinhuanet.com.

[46] 李祥进，杨东宁，徐敏亚，等. 中国劳动密集型制造业的生产力困境——企业社会责任的视角 [J]. 南开管理评论，2012，15（3）：122-130.

[47] 李晓西，潘建成. 中国绿色发展指数的编制——《2010 中国绿色发展指数年度报告——省际比较》内容简述 [J]. 经济研究参考，2011（2）：36-64.

[48] 梁敏. 中国经济半年报讲述"新动能"成长故事 [N]. 上海证券报，2016-07-19（1）.

[49] 梁双陆，张梅. 我国东中西部地区产业创新、技术创新与组织创新协调性研究 [J]. 科技进步与对策，2017（10）：33-38.

[50] 梁涛. 技术性贸易壁垒对中小企业技术创新影响的研究综述与展望 [J]. 科技管理研究，2013（19）：13-16.

[51] 林国建，王景云. 略论企业绿色文化管理体系的构建 [J]. 经济研究导刊，2006（6）：27-29.

[52] 林火灿. 使好提升传统动能"三板斧" [N]. 经济日报，2016-03-11（11）.

[53] 林毅夫，董先安，殷韦. 技术选择、技术扩散与经济收敛 [J]. 财经问题研究，2004（6）：3-10.

[54] 林毅夫，刘明兴. 经济发展战略与中国的工业化 [J]. 经济研究，2004（7）：48-58.

[55] 刘昌年，马志强，张银银. 全球价值链下中小企业技术创新能力影响因素研究——基于文献分析视角 [J]. 科技进步与对策，2015，32（4）：57-61.

[56] 刘飞，曹华军. 绿色制造的理论体系框架 [J]. 中国机械工程，2000，11 (9)：961-964.

[57] 刘民婷，孙卫. 基于 DEA 方法的"产学研"合作效率评价研究——以陕西省制造业为例 [J]. 科学学与科学技术管理，2011，32 (3)：11-15.

[58] 吕薇. 中国制造业创新与升级——路径、机制与政策 [M]. 北京：中国发展出版社，2013.

[59] 马景娜，罗有贤，苏维词. 成渝经济区作为四川增长极的 SWOT 分析 [J]. 乡镇经济，2009 (1)：95.

[60] 马晓芸，何红光. 网络关系嵌入对中小企业技术创新绩效的影响——考虑知识获取的中介作用 [J]. 技术经济，2015，34 (7)：13-17.

[61] 马中东，陈莹. 环境规制、企业环境战略与企业竞争力分析 [J]. 科技管理研究，2010，30 (7)：99-101.

[62] 潘华，孙林夫，刘述雅. 面向制造业产业链的集成体系框架研究 [J]. 计算机应用研究，2013，30 (2)：447-449.

[63] 彭泽军. 西藏经济发展方式转变探索 [J]. 西南民族大学学报（人文社科版），2014 (5)：108-112.

[64] 乔洪滨，马军，翁晓东. 浅谈发展绿色企业的意义及途径 [J]. 内蒙古工业大学学报：社会科学版，2003，12 (1)：26-28.

[65] 乔朋华，鞠晓峰. CEO 权力对科技型中小企业技术创新效率的影响研究 [J]. 科技管理研究，2015 (3)：94-96.

[66] 邱晓华，郑京平，万东华. 中国经济增长动力及前景分析 [J]. 经济研究，2006 (5)：4-12.

[67] 人民日报评论员. 变中求进，积聚发展新动能——二论学习贯彻习近平总书记吉林调研重要讲话精神 [N]. 人民日报，2015-07-24 (01).

[68] 邵帅，杨莉莉. 自然资源丰裕、资源产业依赖与中国区域经济增长 [J]. 管理世界，2010 (9)：26-44.

[69] 沈德聪，阮平南. 绿色制造系统评价指标体系的研究 [J]. 机械制造，2006，44 (3)：8-11.

[70] 宋之杰，高晓红. 一种多指标综合评价中确定指标权重的方法 [J]. 燕山大学学报，2002，26 (1)：20-22.

[71] 孙柏林. 试析绿色制造的仿真研究 [J]. 计算机仿真，2015，32 (1)：1-4.

[72] 孙萃萃，张志红. 钢铁行业传统制造与绿色制造的比较研究 [J]. 环境保护，2008 (18)：54-55.

［73］孙伍琴. 论不同金融结构对技术创新的影响 ［J］. 经济地理，2004，24（2）：182-186.

［74］田翠香，沈君慧. 环境战略选择对企业经营绩效影响研究 ［J］. 财会通讯，2016，（21）：88-89+128.

［75］童有好. 论"互联网+"对制造业的影响 ［J］. 现代经济探讨，2015（9）：25-29.

［76］涂妍. 南贵昆经济区产业分工与合作研究 ［J］. 中国工业经济，2004（11）：19-24.

［77］涂正革，肖耿. 环境约束下的中国工业增长模式研究 ［J］. 世界经济，2009（11）：41-54.

［78］王晨，黄贤金. 江苏省工业循环经济发展评价及障碍诊断 ［J］. 工业工程与管理，2006（2）：112-118.

［79］王海. 中央空调新技术节能高于40% ［N］. 科技日报，2013-03-22（4）.

［80］王靖，张金锁. 综合评价中确定权重向量的几种方法比较 ［J］. 河北工业大学学报，2001，30（2）：52-57.

［81］王能民，孙林岩，杨彤. 绿色制造战略的障碍性因素分析 ［J］. 中国机械工程，2005，16（8）：693-696.

［82］王玉荣，杨震宁. 我国制造业的创新环境及其动力：475个企业样本 ［J］. 改革，2010（1）：45-54.

［83］温晓明. 区域经济发展与产业转型升级研究——以福建省龙岩市为例 ［J］. 山东工会论坛，2015（5）：58-62.

［84］吴迪冲. 绿色生产企业创新 ［J］. 商业研究，2003（14）：138-140.

［85］吴椒军. 论公司的环境责任 ［D］. 青岛：中国海洋大学，2005.

［86］吴明隆. 问卷统计分析实务——SPSS操作与应用 ［M］. 重庆：重庆大学出版社，2010.

［87］熊彼特. 经济发展理论 ［M］. 北京：商务印书馆，2000.

［88］熊俊. 经济增长因素分析模型：对索洛模型的一个扩展 ［J］. 数量经济技术经济研究，2005，22（8）：25-34.

［89］徐盈之，胡永舜. 内蒙古经济增长与资源优势的关系——基于"资源诅咒"假说的实证分析 ［J］. 资源科学，2010，32（12）：2391-2399.

［90］阎欣，甄峰，席广亮. 高寒生态脆弱地区城市绿色工业选择与布局研究——以拉萨市为例 ［J］. 经济地理，2011，31（7）：1139-1145.

［91］杨汝岱. 中国制造业企业全要素生产率研究 ［J］. 经济研究，2015

（2）：61-74.

［92］杨长福，幸小勤. 库恩的范式理论与"李约瑟难题"［J］. 四川大学学报（哲学社会科学版），2008（2）：68-73.

［93］叶敏弦. 县域绿色经济差异化发展研究［D］. 福州：福建师范大学，2014.

［94］衣凤鹏，徐二明. 企业与上下游企业的连锁董事对环境战略的影响研究［J］. 商业经济与管理，2014（5）.

［95］游小珺，韦素琼. 闽台经济发展动能测算比较［J］. 人文地理，2012，127（5）：110-114.

［96］袁鹏，程施. 中国工业环境效率的库兹涅茨曲线检验［J］. 中国工业经济，2011（2）：79-88.

［97］袁业飞. 雾霾之忧：考验城镇化顶层设计——绿色城镇化如何破局？［J］. 中华建设，2013（4）：12-17.

［98］张桂玲. 闲话新型农业之——方兴未艾的休闲农业与乡村旅游［J］. 乡村科技，2010（10）：4.

［99］张建华. 美国复兴制造业对中国贸易的影响［J］. 国际商务研究，2013，34（1）：5-15.

［100］张建清，张燕华. 不同空间尺度下优势产业选择研究——以西三角经济区为例［J］. 科技进步与对策，2014（10）：19-23.

［101］张江雪，王溪薇. 中国区域工业绿色增长指数及其影响因素研究［J］. 软科学，2013，27（10）：92-96.

［102］张杰，李勇，刘志彪. 出口促进中国企业生产率提高吗？——来自中国本土制造业企业的经验证据：1999—2003［J］. 管理世界，2009（12）：11-26.

［103］张目，周宗放. 我国高技术产业自主创新能力分行业动态评价研究［J］. 软科学，2010（6）：1-4.

［104］张勇，阮平南. 绿色制造系统的动力学模型研究［J］. 机械制造，2006，44（1）：52-55.

［105］张优智，党兴华. 研发投入与技术创新关联性的动态分析——基于协整检验和状态空间模型的研究［J］. 科技管理研究，2014（8）：8-13.

［106］张志元，李兆友. 新常态下我国制造业转型升级的动力机制及战略趋向［J］. 经济问题探索，2015（6）：144-149.

［107］赵昌文，杨建龙，许召元. 加速改造提升传统动能和培育壮大新动能［N］. 光明日报，2016-07-30（2）.

[108] 赵建军. 绿色制造：中国制造业未来崛起之路 [M]. 北京：经济科学出版社，2016.

[109] 郑季良，邹平. 面向循环经济的绿色制造系统及其集成 [J]. 科技进步与对策，2006，23（5）：119-121.

[110] 中国共产党四川省第十届委员会第七次全体会议. 中共四川省委关于制定国民经济和社会发展第十三个五年规划的建议 [EB/OL]. （2015-11-17）[2017-03-25]. http://www.sc.gov.cn/10462/10464/10797/2015/11/30/10360612.shtml.

[111] 周世军，周勤. 中国中西部"集聚式"承接东部产业转移了吗？——来自20个两位数制造业的经验证据 [J]. 科学学与科学技术管理，2012，33（10）：67-79.

[112] 朱陈松，章仁俊，张晓花，等. 中小企业技术创新与管理者信用——基于社会资本视角 [J]. 科技进步与对策，2010，27（20）：65-69.

[113] 邹昭晞. 论企业资源与能力分析的三个纵向链条——价值链、供应链与产业链 [J]. 首都经济贸易大学学报，2006（5）：34-40.

[114] 袁业飞. 雾霾之忧：考验城镇化顶层设计——绿色城镇化如何破局？[J]. 中华建设，2013（4）：12-17.

[115] 叶敏弦. 县域绿色经济差异化发展研究 [D]. 福州：福建师范大学，2014.

[116] 杨彩华. 成都加快构建制造业绿色发展格局 [N]. 成都日报，2016-12-20（4）.

[117] 温晓明. 区域经济发展与产业转型升级研究——以福建省龙岩市为例 [J]. 山东工会论坛，2015（5）：58-62.

[118] 魏庆. 绿色园区是承接区域产业转移升级的主要阵地 [J]. 中国房地产，2016（17）：62-63.

[119] 乔洪滨，马军，翁晓东. 浅谈发展绿色企业的意义及途径 [J]. 内蒙古工业大学学报：社会科学版，2003，12（1）：26-28.

[120] 张翔，赵群. 低碳经济引领下的我国制造业绿色化发展综述 [J]. 机械制造，2013，51（10）：1-6.

[121] 工业和信息化部. 工业绿色发展规划（2016—2020年）159 [EB/OL]. （2016-06-30）[2017-03-05]. http://www.miit.gov.cn/n1146285/n1146352/n3054355/n3057542/n3057544/c5142900/content.html.

[122] 黄群慧，杨丹辉. 构建绿色制造体系的着力点 [N]. 经济日报，2015-12-10（14）.

［123］兰建平. 建设工业特色小镇 加快转型升级发展［J］. 浙江经济，2015（19）：14-15.

［124］浙江省政府办公厅. 中国制造 2025 浙江行动纲要［EB/OL］.（2016-02-17）［2017-03-20］. http：//www.zj.gov.cn/art/2016/2/17/art_37173_261403.html.

［125］贺灵童，陈艳. 建筑工业化的现在与未来［J］. 工程质量，2013，31（2）：1-8.

［126］中国工程建设标准化协会. 国外建筑工业化的历程、经验和我国的差距 161［EB/OL］.（2015-09-16）［2017-03-24］. http：//www.cecs.org.cn/zhxw/7975.html

［127］黄小坤，田春雨. 预制装配式混凝土结构研究［J］. 住宅产业，2010（9）：28-32.

［128］蒋勤俭. 国内外装配式混凝土建筑发展综述［J］. 建筑技术，2010，41（12）：1074-1077.

［129］王德华，华绍彬. 北京市全装配大板住宅建设评述（上）［J］. 建筑施工，1986（1）：27-31.

［130］李晓明. 现代装配式混凝土结构发展简述［J］. 住宅产业，2015（8）：46-50.

［131］赵西安. 钢筋混凝土高层建筑结构设计［M］. 北京：中国建筑工业出版社，1995.

［132］钱志峰，陆惠民. 对我国建筑工业化发展的思考［J］. 江苏建筑，2008（S1）：71-73.

［133］建设部科学技术司. 中国建设行业科技发展五十年（1949—1999）［M］. 北京：中国建筑工业出版社，2000.

［134］王晓峰. 装配式混凝土结构与建筑工业化、住宅产业化［J］. 城市住宅，2014（5）：26-33.

［135］郭正兴，董年才，朱张峰. 房屋建筑装配式混凝土结构建造技术新进展［J］. 施工技术，2011，40（11）：1-2.

［136］郭正兴，朱张峰. 装配式混凝土剪力墙结构阶段性研究成果及应用［J］. 施工技术，2014，43（22）：5-8.

［137］何继峰，王滋军，戴文婷，等. 适合建筑工业化的混凝土结构体系在我国的研究与应用现状［J］. 混凝土，2014（6）：129-132.

［138］王俊，赵基达，胡宗羽. 我国建筑工业化发展现状与思考［J］. 土木工程学报，2016（5）：1-8.

[139] 全国政协双周协商座谈会建言"建筑产业化"[N]. 人民日报,2013-11-08（1）.

[140] 国务院办公厅. 关于促进建筑业持续健康发展的意见[EB/OL].（2017-02-21）[2017-02-24]. http//www.gov.cn/zhengce/content/2017-02/24/content_5170625.htm.

[141] 宋健. 建筑产业化：趋势与机遇[N]. 中国建设报. 2014-01-10（5）.

[142] 张梦，李志红，黄宝荣，等. 绿色城市发展理念的产生、演变及其内涵特征辨析[J]. 生态经济，2016（5）：205-210.

[143] 姜腾腾. 绿色建筑背景下基于 BIM 技术的建筑工业化发展机制研究[J]. 土木建筑工程信息技术，2015（4）：56-60.

[144] 发展改革委，住房和城乡建设部. 绿色建筑行动方案[EB/OL].（2013-01-01）[2017-03-21]. http//www.mohurd.gov.cn/zcfg/gwywj/201302/t20130204_212772.html.

[145] 叶明，武洁青. 新型建筑工业化内涵及其发展[N]. 中国建设报,2013-02-26（5）.